Magnus Malm

Gottes Helden sehen weiter

Magnus Malm

Gottes Helden sehen weiter

Wie falsche Bilder uns beherrschen

scm R.Brockhaus

Die Edition AUFATMEN
erscheint in Zusammenarbeit
zwischen dem R. Brockhaus Verlag Wuppertal
und dem Bundes-Verlag Witten
Herausgeber: Ulrich Eggers

Die schwedische Originalausgabe erschien unter dem Titel
»Bildfaktorn« bei Artos bokförlag, 2003.

Deutsch von Dr. Friedemann Lux

Umschlag: Dietmar Reichert, Dormagen
Satz: Satz & Medien Wieser, Stolberg
Druck: CPI – Ebner & Spiegel, Ulm
ISBN 978-3-417-26229-2
Best.-Nr. 226.229

INHALT

Vorwort

Vor ungefähr zwölf Jahren begann ich mit meiner Tätigkeit als geistlicher Mentor und seelsorgerlicher Begleiter im Rahmen von Einkehrfreizeiten und Einzelgesprächen. Mir zur Seite standen gute Seelsorger, weise (und ältere) Kollegen sowie etliche bewährte Bücher aus dem großen Erfahrungsschatz der Kirche. Nicht zuletzt Ignatius von Loyola wurde mir so etwas wie ein geistlicher Vater, in meinem persönlichen Leben wie in meiner Arbeit.

Ich merkte bald, dass in meinen Gesprächen immer wieder zwei Grundfragen zur Sprache kamen: das Gottesbild und das Selbstbild. Sie traten natürlich in tausend Varianten auf; die konkreten Probleme können ganz unterschiedlich sein, und jeder Mensch ist anders. Aber durch all diese so verschiedenen Problemlagen schimmerten immer wieder zwei Fragen durch, die allem anderen ihren Stempel aufzudrücken schienen: Was für ein Bild habe ich von Gott? Und: Was für ein Bild habe ich von mir selber?

Ich merkte auch, dass es bei der geistlichen Begleitung und Seelsorge oft nicht so sehr darum geht, einen Menschen *in* eine bestimmte Art von Frömmigkeit *hinein*zuführen, als vielmehr darum, ihm *aus* einer bestimmten Frömmigkeit *hinaus*zuhelfen. Wir haben oft erstaunlich hartnäckige Vorstellungen davon, was Frömmigkeit ist. Und meist ist sie eher Hindernis als Hilfe für die Entwicklung einer persönlichen Gottesbeziehung. In unserem Seelsorgeteam haben wir uns eine Grundregel angeeignet: Je mehr jemand seine Frömmigkeitsschablonen ablegt und ganz einfach er selber ist, umso leichter kann er sich Gott öffnen.

Und nicht nur Gott, sondern auch seinen Mitmenschen. Denn auch dies ist eine immer wiederkehrende Erfahrung aus all den zurückliegenden Jahren: Das Gewand der Wirklichkeit ist aus *einem* Stück gewebt. Das, was unsere Beziehung zu Gott öffnet oder behindert, ist oft das Gleiche, was unsere Beziehung zum Mitmenschen prägt. Die Psychologie beschreibt im Grunde nichts anderes als die Gesetze und Zusammenhänge, von denen die Bibel redet, und in der Praxis der Seelsorge erweisen sich beide als untrennbare Seiten ein und derselben Wirklichkeitsmünze. Eine Ehekrise folgt den gleichen

»Spielregeln« wie unsere Persönlichkeitskrisen; wir finden dieselben Fluchtwege und dieselben Möglichkeiten zu einer konstruktiven Entwicklung. Eine politische Analyse ist nicht nennenswert verschieden von den Grundfragen der Identität, Angst, Geborgenheit und Selbstverteidigung, denen sich die geistliche Begleitung und Seelsorge widmet.

Jeder Versuch, die Wirklichkeit in »religiöse«, »politische« oder »wertfreie« Bereiche aufzugliedern, macht es nur noch schwerer, sie zu verstehen und mit ihr umzugehen. Erst wenn wir diese territorialen Abgrenzungen als falsch entlarven, bekommen wir die nötige Freiheit, um zu entdecken, wie alles zusammenhängt.

Und jetzt habe ich also versucht, ein Buch über dieses Thema zu schreiben. Die folgenden Seiten sind ein Versuch, in ein unergründliches Mysterium einzudringen, und der Leser sei vorgewarnt, dass sie vor allem in meiner eigenen Geschichte gründen. Was ich im Folgenden über krampfhaft festgehaltene Bilder und zerborstene Kulissen schreibe, dreht sich im Grunde um meine eigene Sehnsucht nach Orientierung, nachdem ich persönlich Bekanntschaft mit etlichen der in diesem Buch beschriebenen inneren Prozesse gemacht hatte. Wo der Ton gelegentlich theoretisch wird, ist der Grund dafür in der Regel mein eigenes Bedürfnis nach Distanz vom Schmerz. Ich weiß nur zu gut, dass man die Dinge, um die es hier geht, nur von innen her verstehen kann.

Womit wir zu einer weiteren Schwierigkeit kommen, die sich dem Autor wie dem Leser stellt: Ein großer Teil der im Folgenden beschriebenen Muster und Gesetzmäßigkeiten liegt auf der Ebene des Unbewussten, und das Unbewusste ist per definitionem etwas, das der direkten Anrede nicht zugänglich ist. Zeigen Sie mir, dass ich typischerweise so und so denke, und ich werde es ungefähr so heftig dementieren, als ob Sie behauptet hätten, dass in meinem Wohnzimmer ein Marsmensch wohnt. Wenn Sie Pech haben, werde ich vielleicht noch böse und fange an, mich zu verteidigen: Wie kannst du so etwas von mir behaupten ...!

Warum wage ich es trotzdem, dieses Buch zu schreiben? Weil es vier hoffnungsvolle Möglichkeiten gibt. Die erste ist, dass Sie, lieber Leser, bereits angefangen haben, diverse unbewusste Muster bei sich zu erahnen, sodass dieses Buch Ihnen helfen kann, sie besser zu erkennen.

Die zweite Möglichkeit ist, dass die in diesem Buch geschilderten Beispiele beim Leser eine erste vorsichtige Ahnung davon wecken, was alles unter der Oberfläche schlummern kann. Versuchen Sie in diesem Fall bitte nicht krampfhaft, gleich alles zu verstehen, sondern warten Sie ab. Es gibt Dinge, die ihre Zeit brauchen. Es ist viel wichtiger, auf unser Inneres zu lauschen als auf die Worte in einem Buch. Wenn Sie einen Seelsorger haben, können Sie ihm Ihre Überlegungen und Fragen mit Gewinn vortragen. Sie haben keinen Seelsorger? Dann sollten Sie sich vielleicht überlegen, ob es nicht gut wäre, das zu ändern.

Die dritte Möglichkeit ist, dass das, was ich in diesem Buch schreibe, den Leser so in Rage bringt, dass er das Buch wegschmeißt und sein Blutdruck auf 200 steigt. Das mit dem Buch wäre nicht so schlimm, das mit dem Blutdruck schon eher. Die Chance besteht hier darin, dass dieser Leser anfängt, mehr auf seine Wut als auf meine klugen Argumente zu hören. Die Abwehrreaktion kann Zugänge zu der eigenen Lebenserfahrung schaffen, die ungeahnte Perspektiven eröffnen.

Die vierte Möglichkeit schließlich ist, dass Menschen, die selber in der Seelsorge und geistlichen Begleitung tätig sind, in dieser kleinen Werkzeugkiste neue Schlüssel und Werkzeuge finden. Oder, um ein etwas weicheres Bild zu benutzen: Stimmen, mit denen sie reden, und Gesichter, in denen sie sich spiegeln können.

Und so lege ich diese provisorischen Skizzen beiden in die Hände: dem Leser, mit der Hoffnung auf eine gute Reise, und Gott, der solch ein Spezialist darin ist, unsere Fehler barmherzig zu korrigieren.

Bilder einer Ausstellung

Konferenzzimmer im »Goldenen Hahn«

»Unser Fazit nach diesem Herbst ist eindeutig: Entweder Sie verändern das Image Ihres Produkts radikal, oder Sie werden den Betrieb in zwei, drei Jahren schließen müssen. Die Möbelfabrik Möller hat ihre Stärken: loyale und sehr erfahrene Mitarbeiter und ein sehr robustes und funktionelles Produkt. Der Bürostuhl ›Skandex‹ ist viele Jahre lang ein Renner gewesen, und wie wir alle wissen, hat die Konkurrenz rein qualitativ nichts Vergleichbares zu bieten.

Das Problem ist, dass der Markt für Bürostühle in den letzten Jahren rasch gewachsen ist und es kleineren Herstellern immer schwerer fällt, sich in dem Konzert der Konkurrenz bemerkbar zu machen. Ein Stuhl mit dem anonymen Namen ›Skandex‹, der nach Rathausflur und Zahnarztwartezimmer riecht ... muss ich noch deutlicher werden?

Wenn Sie als kleiner Qualitätshersteller überleben wollen, ist Ihre einzige Chance, dass Sie gerade das Kleine und Exklusive an Ihrem Produkt deutlicher machen. Der Name des Stuhls muss Handwerksarbeit, heimische Hölzer und Tradition vermitteln. Wir schlagen vor, dass Sie den Namen ›Skandex‹ durch ›Möller: der Urstuhl‹ ersetzen. Sie verstehen mich recht: Es geht nicht darum, den Stuhl selber zu verändern, der ja ganz hervorragend ist.«

Am Küchentisch, spätabends

»Ich weiß wirklich nicht, wie Thomas und ich das auf die Reihe kriegen sollen. Als ich gestern versuchte, mit ihm über unsere Beziehung zu reden, wurde er fuchsteufelswild und nannte mich eine Gefühlsfaschistin. Er meinte damit, dass ich von allen erwarte, die gleichen Gefühle zu haben und sich genauso auszudrücken wie ich. Als ich ihn dann gebeten habe, mir doch mit seinen eigenen Worten zu erklären, wie er unsere Krise sieht, hat er erst einmal geschwiegen.

Dann hat er gesagt: ›Ich glaube, dass es eigentlich ganz gut ist zwischen uns, aber es frustet mich, dass du mir nie ein Lob gibst für all das, was ich für dich und die Kinder tue.‹

Weißt du was, Carina – mir wird immer klarer, dass er eigentlich mit seiner Mutter verheiratet ist. Nicht, dass er das je zugeben würde, natürlich nicht. Du weißt ja, wie sie all die Jahre gewesen ist. Die perfekte Hausfrau, die Stütze ihres Mannes, die liebe Mama, die alles für ihren Goldjungen tut. Total die Pflegeleichte, die nie sagte: ›He, Leute, ich bin auch noch da, wer kümmert sich um *mich*?‹ Was soll ich bloß machen? Er sieht mich ja gar nicht!«

Im Auto, auf dem Weg vom Flughafen in die Stadt

»Mal ehrlich gesagt, Lena: Ich kenne keinen anderen Menschen, der so versucht, auf der Überholspur zu leben wie du. Als ich in die Stadt kam und dich kennenlernte, war ich voll beeindruckt von dir. Es schien nichts zu geben, was du nicht konntest. Wie schnell du lernen und echt gut in etwas werden kannst, ob beruflich oder privat, es ist ein Phänomen. So warst du immer schon, du kannst es ruhig zugeben.

Du hast die neue Ambulanzklinik auf die Beine gestellt und bist als geschätzte Vortragsrednerin durchs ganze Land gereist. Ganz nebenbei hast du Tauch- und Kletterkurse gemacht, bist an den Amazonas gefahren und in Rekordzeit Reiseführerin geworden. Als du diese komischen Magenschmerzen bekamst, habe ich versucht, dich zu warnen, weißt du noch? Du hast gelacht und gesagt, dass ich dich an deine alte Lehrerin erinnerte, die dich dauernd bremsen und dir einreden wollte, dass du das Leben nicht packen würdest.

Manchmal frage ich mich, ob diese Lehrerin nicht mehr Schaden angerichtet hat, als du selber weißt. Warum musst du denn so durchs Leben rasen und hörst nicht auf das, was ich oder andere dir sagen? Willst du beweisen, dass deine Lehrerin nicht recht hatte?«

Pizzeria »Il Cavallo«, beim Mittagessen

»Angefangen hat das Ganze damit, dass unser Pastor von diesem Seminar in den USA zurückkam. Er war ganz aufgekratzt und sagte, dass er eine Vision für unsere Gemeinde bekommen hatte. Zuerst fand ich es prima, dass unser Pastor so fröhlich und positiv war; die letzten Jahre war er ja immer stiller geworden. Und in seinen Predigten brachte er ja eine Reihe neue und interessante Gedanken, obwohl wir ihn schier nicht wiedererkannten und zumindest ich mich manchmal fragte, wie lange das anhalten würde.

Dann fing er an, den Gemeinderat mit tausend Projekten zum Thema Gemeindewachstum und neuen Gottesdienstformen zu bombardieren. Zuerst war der Gemeinderat da auch recht offen, aber Peter hat mir erzählt, dass diese Ideen immer nur eine Richtung hatten: vom Pastor zu den anderen. Sobald jemand mit einer Frage oder einem Gegenargument kam, ging bei ihm der Rollladen runter, gerade so, als ob wir alle Saboteure wären, die keine Gemeindeerneuerung wollten.

Einige Leute versuchten mit ihm zu reden, aber als er darauf nur aggressiv reagierte, gaben sie es auf. Jetzt steht er ganz isoliert da und ist noch bitterer als früher. Es ist gerade so, als ob er ein fertiges Ölgemälde davon, wie die Gemeinde auszusehen hat, mit sich herumschleppt und nicht fähig ist, sich etwas anderes auch nur anzuhören.«

Autonomentreff im Café »Java«

»Ich check's nicht, wie ihr so naiv sein könnt zu glauben, dass man mit den Vertretern des Systems 'nen Dialog führen kann! Ihr wisst doch, dass die Bullen nur *eine* Sprache verstehen, und das ist ihre eigene: Macht und Gewalt. Dass das System ›weicher‹ geworden ist und dass man da was bewegen kann, das ist doch der reine Quatsch!

Es ist doch so: Alle Formen von Kolonialismus und Unterdrückung haben ihre Kollaborateure, also Leute, die gewisse persönliche Vorteile aus der Unterdrückung ziehen und sich damit revanchieren, dass sie ihre Zwischenstellung dazu nutzen, der Unterdrückung ein ›menschlicheres‹ Gesicht zu geben, um sie so noch mehr zu zementieren. So war das doch immer; das ganze kapitalistische System basiert auf solchen Kollaborateuren, die sich als willkommene Sandsäcke gegen den Widerstand betätigen.

Schnallt ihr nicht, dass diese ganzen Dialogbullen uns nur neutralisieren wollen? Die haben null Interesse daran, sich eine andere Version der Realität anzuhören als die, die ihre Oberen ihnen eingeimpft haben!«

Spaziergang im Park

»Es ist richtig komisch, aber seit ich angefangen habe, Gott auf einer tieferen Ebene zu suchen, habe ich mehr Angst vor ihm bekommen. Viele Jahre lang hatte ich Gott sozusagen auf Sicherheitsabstand. Er lag irgendwo am Rande meines Weltbildes, so ähnlich wie ein ferner Kontinent, von dem ich wusste, dass es ihn gab, aber wo ich nie selber gewesen war, oder wie ein entfernter Verwandter, dem ich zu Weihnachten eine Karte schrieb, aber für den ich mich nicht weiter interessierte.

Tja, und dann hatte ich eines Tages diese komische Idee: ›Du solltest mal anfangen, richtig zu beten.‹ Ich glaube, das war an einem Morgen beim Aufwachen, als meine Mutter diese Depressionen hatte, aber genau weiß ich es nicht mehr. Ich versuchte, den Gedanken beiseitezuschieben, aber jedes Mal, wenn ich das tat, schob eine unsichtbare Hand ihn wieder zurück in meinen Kopf, bis ich dachte: ›Okay, versuchen kann man's ja.‹

Und jetzt bin ich also auf dem Weg. Oder besser gesagt: auf zwei Wegen. Der eine führt zu Gott und ist ein schmaler Pfad, der hinführt zu etwas, das größer ist und mehr Hoffnung bringt als alles, was ich bisher im Leben kennengelernt habe. Und der zweite Weg führt nicht hin, sondern weg – weg von etwas, das mir Angst macht und den Boden unter meinen Füßen zittern lässt.«

Spieglein, Spieglein an der Wand

Was passiert, wenn unsere Bilder sich selbstständig machen und anfangen, ein Eigenleben zu führen?

In unserer Kultur wird der Strom der Bilder immer reißender – so reißend, dass er uns mitzuspülen droht. Von der Milchtüte auf dem Frühstückstisch bis zum Spätabendprogramm im Fernsehen werden wir Tag für Tag von Bildern bombardiert. Wir sind Süchtige, die eine unaufhörliche Zufuhr von Bildern brauchen, um überhaupt leben zu können – und die ständig ihrerseits visuelle Signale an die Umwelt aussenden müssen, um nicht im schwarzen Loch der Unsichtbarkeit zu verschwinden.

Es geht nicht nur darum, dass wir gerne Bilder um uns haben – das hatten schon die Menschen vor 30 000 Jahren mit ihren Höhlenmalereien –, sondern wir leben in einer Kultur, die, ohne es selber zu merken, die Grenze zwischen Wirklichkeit und Bild überschritten hat. Wir bewegen uns immer mehr in einer Scheinwelt der Bilder, mit enormen Auswirkungen auf unser Leben.

Wo verläuft im Straßengewühl unserer Städte die Grenze zwischen Bild und Wirklichkeit? Durchgestylte Schaufensterpuppen und Passanten wetteifern miteinander um Aufmerksamkeit. Manchmal hat man den Eindruck, die Menschen und die Puppen unterscheidet nur noch, dass sie sich bewegen können: die gleiche Kleidung, die gleiche Frisur, Körperhaltung, Einstellung, Eigenschaften, die gleichen Geräusche und Phrasen ... Wo wird am meisten Energie eingesetzt, um ein Bild zu schaffen, das sich verkaufen lässt: im Schaufenster oder auf dem Trottoir davor?

Und dann, vielleicht an einem Tisch in dem schicken Café, auf einmal ein Riss in der Maske. Ein schallendes Lachen oder ein Blick, der bleischwer vor Einsamkeit ist, und das Bild gleitet einen Augenblick zur Seite, unfähig, dem plötzlichen Gefühlsextrem standzuhalten. Das Gesicht wird nackt, wo die Freude zu überschwänglich oder die Verzweiflung zu dunkel ist. Lieber schön cool in der Mitte bleiben, das ist sicherer ...

Die ersten Schaufensterpuppen versuchte man dem Menschen so ähnlich wie möglich zu machen. Es war die Zeit, als die Bilder die Wirklichkeit nachahmten. Heute ist es gerade umgekehrt: Das Bild ist die Norm, und die Wirklichkeit hat sich ihm so weit wie möglich anzunähern. Wie im Fernsehen. Es gab eine Zeit, da war das Fernsehen mit seinen bewegten Bildern vor allem eine Methode, die Wirklichkeit kennenzulernen. Heute schafft es seine eigene Wirklichkeit; Seifenopern, Dokumentarfilme und Talkshows werden zu Vorbildern und Messlatten unseres Lebens, vom Kindergarten über Ehe und Partnerschaft bis zu kirchlichen Konferenzen. Was wäre die Abendpresse ohne das Fernsehen in dem immer schnelleren Karussell der Medien? Wir lesen den Artikel über die Sendung über den neuen Film, der das tragische Leben des Fernsehstars XY schildert und gerade unter dem Titel *AB* als Buch herausgekommen ist ...

Die Reklameindustrie ist zum Vorreiter geworden für eine ganze Kultur, in der einzig die Wirklichkeit zählt, die sich in ein Bild umsetzen lässt, das man verkaufen kann. Anna Serner, Geschäftsführerin des schwedischen Werbungsverbands, spricht von einer neuen Zeit:

> Die heutige Jugend ist aktiv markenbetont. Es gibt Clubs für bestimmte Marken und entsprechende Websites. Man möchte »dazugehören«. Die Reklame ist das Einzige in der heutigen Gesellschaft, was eine klare Botschaft hat. Die politischen Parteien unterscheiden sich kaum noch voneinander; es ist schwerer, sich für eine Partei zu entscheiden als für eine Marke. Die Reklame ist entscheidend für unsere Identität.[1]

Die Entwicklung der Werbebranche ist ein Spiegel der allgemeinen Entwicklung von der physisch greifbaren Wirklichkeit zum frei schwebenden Bild. Als das Auto noch jung war, konnte ein Autohersteller für sein Produkt werben, indem er schlicht dessen technische Eigenschaften beschrieb, die es von anderen Fahrzeugen auf dem

1 »En religion för vår samtid«, *Dagens Nyheter*, 21. April 2001

Markt unterschieden. Heute sind die verschiedenen Automarken so ähnlich, dass man, um auf dem Markt noch wahrgenommen zu werden, etwas anderes braucht als das konkrete Auto selber. An die Stelle der »Reklame« im Sinne von Annoncen ist die weitaus umfassendere »Marke« getreten. Eine Firma der Branche, Brand Management, erklärt:

> Heute sieht das ganz anders aus. Es gibt viele, die mitspielen und ihre Produkte verkaufen wollen. Aber auf den meisten Märkten ist es eng geworden. Zudem gleichen sich die Produkte immer mehr; sie haben die gleiche Funktionalität, sehen gleich aus, sind genauso gut, sind gleich teuer und bringen alle die gleichen Argumente, um den Kunden für sich zu gewinnen.
>
> Gleichzeitig sind die Kunden pappsatt, was sie immer anspruchsvoller und kritischer macht. Die Qual der Wahl ist furchtbar groß, und sie haben keine Zeit, Lust oder Möglichkeit, Produkt mit Produkt und Dienstleistung mit Dienstleistung zu vergleichen.
>
> Und genau hier setzt die Markenphilosophie ein und eröffnet neue Möglichkeiten. Wenn die Produkte in Aussehen und Eigenschaften immer ähnlicher werden, wo liegt dann das Besondere? Klar, in der Persönlichkeit des Produkts. Aber nicht als Produkt, sondern als Marke. Über die Marke kann man ein Profil aufbauen, das zu dem Rahmen wird, innerhalb dessen man mit den Produkten agieren kann. Dieses Profil, diese Persönlichkeit ist der Bezugspunkt, zu dem der Konsument sich verhalten und an dem er sich orientieren kann. Die Marke steht sozusagen für die Seele des Produkts.[2]

Man ersetze das Wort »Produkt« durch »Musiker«, »Politiker«, »Kirche« oder schlicht unseren eigenen Namen, und wir ahnen, dass wir hier vor einem Muster stehen, dessen Wurzeln tiefer reichen als die

---

2 »Processen«, Broschüre über Marken, hg. von Brand Management, Box 5519, 114 85 Stockholm, Schweden, S. 11–12

mächtige Reklameindustrie. 1957 machten Ella Fitzgerald und Louis Armstrong ihre erste gemeinsame Schallplatte. Auf der Plattenhülle prangte ein Foto – offenbar ein Schnappschuss –, das die beiden auf ihren Stühlen im Studio zeigt; Ella trägt ein sackartiges Kleid, Louis' Socken werfen Falten und die Trompete ruht auf seinen Knien, im Hintergrund sieht man Piano, Bass und Schlagzeug.

Man braucht kein Armstrong-Fan zu sein, um zu konstatieren, dass die heutige Popmusikindustrie ungleich mehr Geld für die »Markenpflege« ausgibt: ein beträchtliches Budget, für Studioproduktion, Styling der Musiker, Videos, Interviews, geschickt lancierte Details aus dem Privatleben für die Regenbogenpresse, Auftritte in Talkshows, Plakate für Schallplattenläden usw. Die naheliegende Frage, wie musikalisch dieser Musiker denn ist, stellt der Konsument schon lange nicht mehr; er würde auch keine Antwort bekommen. Sein Gegenüber ist kein Musiker, sondern ein Image.

Und man beachte, dass die »Alternativen« mit schlafwandlerischer Sicherheit in eben dem gleichen Image-Spiel landen, nur sozusagen spiegelverkehrt. Die konsequent »andere« Musikergruppe des »kleinen« CD-Labels feilt mindestens genauso emsig an ihrem (alternativen) Image und prüft mit Argusaugen jedes Glied der Vermarktungskette, damit das Bild auch stimmig rüberkommt. Wie etwa die Gruppe *Manic Street Preachers* mit ihrer knallharten antikapitalistischen Botschaft, deren Scheiben von dem Medienriesen Sony vertrieben werden und zu deren Image es selbstverständlich gehört, Sony schlechtzumachen.

Diese Welt der Bilder ist auch ein wichtiger Teil der persönlichen Imagepflege – das große Thema der heutigen Teenagerkultur und damit eines Großteils unserer Kultur überhaupt, in der ja der trendsüchtige Teenager die Norm für Kinder wie Erwachsene geworden ist. In einer Welt, in der unser Ich nicht mehr von Traditionen und anderen historischen Verwurzelungen definiert wird und die Ankerseile der Familienbande im Dschungel der Großstädte von der Unbeständigkeit des Arbeitsmarktes und dem Wechsel der Wohnformen gekappt worden sind, bleiben nur noch die Vorbilder, die uns die Stars der Medien- und Bilderwelt bieten: Musiker, Fernsehgrößen, Schauspieler, Sportstars usw.

1979 erschien das Buch »The Culture of Narcissm« des amerikanischen Soziologen Christopher Lasch (deutsch: »Das Zeitalter des Narzissmus«, 1980). In der Rückschau erweist es sich als ein geradezu unheimlich prophetisches Buch. Für den modernen Narzissten »ist die einzige Realität die Identität, die [er] sich aus Materialien bilden kann, wie sie ihm Werbung und Massenkultur, Themen populärer Filme und Romane sowie Bruchstücke vermitteln, die aus ihrem Umfeld kultureller Traditionen herausgerissen (...) sind«. Der neue Narzisst blickt »in sein eigenes Spiegelbild, nicht so sehr in Bewunderung versunken als auf unermüdlicher Suche nach Mängeln, nach Zeichen von Ermüdung und Verfall«. Die Werbung propagiert »als höchste Form von Kreativität für Männer wie Frauen die ›Kreation‹ ihrer selbst«.[3]

Wo die inneren Quellen der Identität verstopft sind, bleibt nur noch das rastlose Pingpongspiel zwischen den Signalen, die ich in meine Umgebung sende, und der Rückmeldung meiner Umgebung, dass sie mich annimmt oder ablehnt. Die Kamera wird zum allsehenden Auge Gottes, das entweder enthüllt oder verherrlicht. Wie einer von Madonnas Männern kommentierte: »Sie lebt nur vor der Kamera.«

Übertrieben? Nein, sondern ganz normaler Alltag in der psychologischen Beratung Jugendlicher und der kirchlichen Seelsorge, wo so mancher sein zwanghaftes Kreisen um sich selbst so beschreibt: »Das ist, als ob dauernd einer eine Kamera auf mich richtet.« Wie wirke ich gerade? Merkt man meine Unsicherheit? Verhalte ich mich richtig? Bin ich cool? Wie jemand in einem Pissoir an die Wand kritzelte: »Wenn du schnell gehst und fröhlich aus der Wäsche guckst, merkt keiner, wie hässlich du bist.«

Längst hat das Land der Spiegel auch die Politik erobert. Auf allen Ebenen ist die politische Alltagsmaschinerie eine so tiefe Symbiose mit der Welt des Marketing eingegangen, dass es immer schwerer fällt, Schein und Sein auseinanderzuhalten. Den Vorreiter machen wie üblich die USA, die den »Spin doctor« erfunden haben,

---

3 Christopher Lasch, *Das Zeitalter des Narzissmus* (München: Verlag Steinhausen, 1980), S. 122f

also den Public-Relations-Spezialisten, der sich im Hintergrund hält, aber es versteht, Stimmungen und Trends rechtzeitig zu erkennen und daraus ein brauchbares Profil zu basteln für den Politiker oder die Politik, die »verkauft« werden sollen.

Es sagt eine Menge über die magischen Fähigkeiten dieser PR-Genies, dass es ihnen gelang, einen Präsidentensohn (also ein reinrassiges Produkt der Machtelite) in einen netten Jungen aus Texas zu verwandeln, der gegen die Politikermafia in Washington antrat. Es war das Markenimage, das George Bush Jr. ins Weiße Haus brachte.

Ein Pionier für diese Art, Politik zu machen, war Richard Nixon. Seine Art, die Macht zu ergreifen und zu behalten, bis Watergate ihn zu Fall brachte, illustriert, wie die Grenze zwischen dem faktischen »Produkt« und dessen »Markenimage« sich immer mehr auflöste. Christopher Lasch gibt ein Beispiel:

> Präsident Nixons Pressesprecher Ron Ziegler demonstrierte einmal die politische Anwendung solcher Techniken, als er einräumte, seine früheren Äußerungen zu Watergate seien *inoperative* (unwirksam) geworden. Viele Kommentatoren vermuteten, dass Ziegler auf euphemistische Weise auszudrücken versuchte, dass er gelogen hatte. Er meinte jedoch, dass seine früheren Äußerungen nicht mehr glaubhaft waren. Nicht ihre Unwahrheit, sondern dass sie keine Zustimmung erreichen konnten, machten sie *inoperative*. Ob sie wahr oder falsch waren, stand überhaupt nicht zur Debatte.[4]

Den Sturz Nixons kommentiert Lasch mit einem Satz, der auch heute geschrieben sein könnte: »Bis zum Schluss fasste er seine wachsenden Schwierigkeiten als ein Problem der Öffentlichkeitsarbeit auf.«[5]

In solch einem Weltbild überrascht es vielleicht nicht, dass ein schwedischer Parteiführer wie Lars Leijonborg von der Folkpartiet sich in einer TV-Sendung ohne mit der Wimper zu zucken über sein

4 Lasch, S. 103
5 Lasch. S. 110

Sexleben befragen ließ. Was sind schon politische Substanz und persönliche Integrität gegen die Möglichkeit, endlich sein Image als hausbackener Langweiler loszuwerden? Dahinter liegt natürlich das Kalkül, dass ein grelleres Image neue Zielgruppen für das politische Programm erschließt. Wie naiv. Die Macht des Bildes ist größer und hat das Programm schon längst erobert.

Und sie macht es noch schwieriger, wirksam politisch Widerstand zu leisten. Wie Lasch schreibt:

> Wenn die Bilder der Macht die Realität überschatten, so kämpfen die Machtlosen gegen Trugbilder an. Namentlich in einer Gesellschaft, in der Macht sich im Gewand der Menschenliebe darzustellen liebt – in der die Regierung selten zur Anwendung nackter Gewalt greift –, fällt es schwer, den Unterdrücker auszumachen, geschweige denn, ihn persönlich zu identifizieren oder bei den Massen die helle Aufregung über Missstände wachzuhalten.[6]

Bild und Wirklichkeit fließen zusammen, Marktmechanismen und Politik vermischen sich, bis die Protestrufe und die Visionen von einer anderen Welt verschluckt werden von dem betäubenden Strom der täglichen Bilder, die unsere immer stummeren Augen überspülen. »I have a dream«, vibriert Martin Luther Kings Stimme in einem Werbespot, in welchem (der Computer macht's möglich) die Treppen vor dem Lincoln-Denkmal in Washington menschenleer sind. Und es folgt die Stimme mit dem Werbetext: »Bevor man Menschen berühren kann, muss man sie erreichen. Wir verbinden Sie: Alcatel.«[7]

---

6 Lasch, S. 111

7 »Kings tal reklam für teleföretag«, *Dagens Nyheter,* 31. März 2001

Ich lieb, du böse

Wenn wir versuchen, durch die Oberfläche dieser Bildergesellschaft tiefer zu graben, merken wir bald, dass die Bilder paarweise auftreten. Das Bild von dem, der ich sein möchte, benötigt ein Gegenbild, um funktionieren zu können: »Du musst böse sein, damit ich gut sein kann.« Das geschieht selbstverständlich auf der Ebene des Unbewussten – und ist damit umso schwerer zu entlarven und umso effektiver in seiner Wirkung. Niemand von uns »will« das so, und würde es jemand uns auf den Kopf zusagen, wir würden es entschieden dementieren. Aber wie gesagt, die Bilder leben ihr Eigenleben und entwickeln sich nach ihren eigenen Gesetzen. Nicht wir wählen sie, sondern sie manipulieren uns.

1998 gab es im Kunstmuseum in Göteborg die Ausstellung »Das Herz schlägt links«, die aus der Distanz von dreißig Jahren den Aufstand der 1968er zu dokumentieren versuchte. Für mich, der ich zu Beginn der 70er-Jahre Student im »roten« Göteborg gewesen war, war es ein sonderbares Wiedersehen. Als Student war ich von dem autoritären Sturmangriff der Linken, gelinde gesagt, irritiert gewesen, aber indirekt hatten mir viele der Einstellungen und Werte dieser Jahre doch einen Stempel aufgedrückt, und ich schlenderte mit einer Mischung aus Nostalgie und Kritik durch die Säle der Erinnerung.

Vor dem Hintergrund des neoliberalen Egotrips der letzten Jahrzehnte geriet manches an meiner Kritik ins Schwimmen; autoritär oder nicht, hier waren Menschen gewesen, für die eine gerechte Gesellschaft wichtiger war als der eigene Börsenkurs. Doch andererseits: War dieser Egotrip nicht vielleicht auch ein Ergebnis des primitiven Spiels mit den Bildern, das diese Ausstellung dokumentierte?

Da waren auf der einen Seite die oft grob vulgären Darstellungen der »Machtinhaber«: fette, Zigarre rauchende Kapitalisten mit lüsternen Blicken und monströsen Unterdrückungsgerätschaften. Schwarz-Weiß ohne jede Grautöne: Dies hier ist der altböse Feind, den wir zerschmettern müssen ...

Und auf der anderen Seite die Bilder, die man auf der Ausstellung kaum zu sehen bekam, aber die mindestens genauso präsent waren wie die anderen Bilder: Künstler, die sich daran berauschten, besagte Kapitalisten zu hassen, und deren Selbstbild als aufopferungsbereite Revolutionäre im Dienste des »Volkes« seine Kraft gerade aus dem Negativbild der »Volksfeinde« bezog. Bild und Gegenbild in einer aggressiven Symbiose, einem wilden Kräftemessen, welches Bild wohl das stärkere war. Der *Mensch* war aus diesem Bilderkampf schon lange verschwunden – auf beiden Seiten.

Umso deutlicher trat er in dem einzigen Bild der Ausstellung hervor, das mich wirklich in der Tiefe berührte. Es war ein großer Bildteppich aus dem dichten vietnamesischen Dschungel, mittendrin ein kleines vietnamesisches Frauengesicht, das mich aus stillen, traurigen Augen ansah. Keine Parolen, keine Fäuste. Diese Frau war unendlich weit entfernt von dem Bedürfnis, sich im Markt der Meinungen zu positionieren und ihre Identität aus ihrem Kampf zu beziehen. Im Lichte ihres stummen Leidens wurde das Waffenklirren der Bilder und Gegenbilder, die aufeinander eindroschen, zu einer Farce; was hatte diese Frau von ihnen?

Heute sieht die Welt anders aus. Der Eiserne Vorhang zwischen Kapitalismus und Kommunismus ist einem weit diffuseren Mosaik aus der Globalisierung und ihren Gegnern, aus den USA als der einzigen verbliebenen Supermacht und ihren wechselnden Allianzen und den diversen Terrorgruppen gewichen. Der Fall des Eisernen Vorhangs 1990 und die Terrorangriffe auf das World Trade Center und das Pentagon am 11. September 2001 haben die Welt dramatisch verändert. Die Weltkarte wurde neu gezeichnet, äußerlich wie innerlich, und an die Stelle der alten starren Fronten traten grenzüberschreitende, letztlich nicht fassbare Netzwerke aus verborgenen Akteuren auf beiden Seiten.

Das Symbol der neuen Weltordnung ist das Mobiltelefon geworden. Konzernchefs und Antiglobalisierungsaktivisten, der islamistische Terrorist und der amerikanische Kommandosoldat können sich jederzeit mit ihren Kollegen austauschen, ohne sich dafür an einem bestimmten Ort befinden zu müssen.

Aber wo bleibt dann die Grenze zwischen Freund und Feind? Nun, im Grunde hat sich die Welt gar nicht so sehr verändert. Es könnte sein, dass das Wegfallen der physischen Grenzlinien die Dynamik von Bild und Gegenbild in der neuen Weltordnung sogar noch verstärkt. Damit der Wegfall der Grenzen nicht zu einer allgemeinen Auflösung der Konflikte führt, weil wir einander besser kennenlernen, haben die Bilder eine noch größere Macht bekommen, die Gegner zu dämonisieren und die Grenzlinien dort einzuzeichnen, wo sie wirklich trennen können: in unseren Seelen.

Unermüdlich sind die Bilder dabei, uns das Böse des Gegners vorzumalen, und wir vermögen ihnen nicht zu widerstehen, so schön ist das Gefühl, auf der Seite des Guten zu stehen. Denn wo wären wir denn, wenn sich zeigen sollte, dass der Feind gerade so ist wie wir? Vielleicht ist das, was wir im Innersten so mit Zähnen und Klauen verteidigen, unser positives Selbstbild.

Dieses Muster nahm schmerzliche Konturen an während des großen EU-Gipfeltreffens in Göteborg im Sommer 2001. Diese Konferenz sollte eine neue Ära einläuten; statt Krawallen sollten diesmal Dialoge und konstruktive Zusammenarbeit auf der Tagesordnung stehen. Es hatte ja Anzeichen dafür gegeben, dass die Konzerne und die Finanzwelt bereit waren, wenigstens den vernünftigeren unter den Kritikern zuzuhören.

Es begann auch ganz manierlich mit einem öffentlichen Hearing im Universitätspark, wo Ministerpräsident Göran Persson sich mit ausgewählten Repräsentanten traf. Alle Seiten könnten nur gewinnen von einem friedlichen Dialog; jetzt würde sich das Klima endlich ändern ...

Bis die Bilder brutal die Macht übernahmen. Hier die dämonisierten Bilder der Polizei von den Demonstranten als gewalttätigen Radaumachern, deren Dialogbereitschaft nur ein billiger Vorwand gewesen war, um halb Göteborg kaputt zu schlagen, dort das »autonome« Bild der Polizei als Handlangerin des »Systems«, deren Dialogsignale nur ein Vorwand waren, um den Widerstand zu neutralisieren. Die Schwestern auf den Unfallstationen und die Straßenfeger, die sich durch die Scherbenhaufen durcharbeiten mussten, hatten allen Anlass, über die Macht der Bilder nachzugrübeln.

Im Herbst 2001 dann das Flammeninferno des World Trade Center, und die Lektion war komplett. Die islamistischen Terroristen stürzten ihr selbst gemachtes Bild von den USA als dem großen Satan vom Sockel, und die USA antworteten mit einer wütenden Kriegserklärung an die Schurkenstaaten im Allgemeinen und Osama bin Laden im Besonderen. Einmal mehr wurde die Welt Zeuge, wie die Verblendung der Bilder die Chancen zum Dialog, zur Selbstprüfung und zum Aufbau eines Netzwerks des Friedens unter sich begrub.

Auf der einen Seite Bush als der starke Führer der freien Welt, der wie ein Fels in der Brandung steht und zu dem Amerika aufsehen kann. Und ihm gegenüber Osama bin Laden, der Spross der Reichen, der Geld und Karriere aufgibt, um sein Volk in den Kampf gegen die Unterdrücker zu führen. So entsprechen den Bildern, die wir von uns selber haben, die paranoiden Bilder von »den anderen« – Bilder, die ungefähr so nuanciert sind wie die wild grinsenden »Pappkameraden«, auf die wir im Wehrdienst schießen mussten.

Aber die Bilder sind stumm. Als Mohammed Atta und die anderen Terroristen die Flugzeuge in die Türme des World Trade Center steuerten, steuerten sie sie in ein physisches Bild des (in ihren Augen) großen Unterdrückungssystems. Das Problem war nur, dass die Menschen, die in diesen Hochhäusern arbeiteten, keine größere Verantwortung für diese Unterdrückung hatten als Sie oder ich. Sie waren ganz normale Bürger, die zur Arbeit gingen und versuchten, ihre Ehe zusammenzuhalten, für ihre Kinder zu sorgen usw. Der Pfeil und die Zielscheibe passten nicht zueinander. Die Wut auf Unterdrückung ist verständlich; harmlose Menschen in die Luft zu sprengen ist es nicht.

Das gilt genauso für George Bush und Osama bin Laden: Der Kampf gegen sie ist ein Kampf gegen ein Bild. Die Wirklichkeit ist immer noch da. Alles Reden von der »freien Welt« bleibt so lange hohl, wie wir Sklaven unserer Bilder sind.

So wird die Weltpolitik ein Spiegel des Bildspiels, mit dem wir täglich in unserem eigenen Leben kämpfen, in unseren Familien und an unserem Arbeitsplatz. Wenn unsere Selbstbilder und Feindbilder mit Kernwaffen und Giftgas geladen werden, enthüllt das nur die Zerstörungskraft, die sich überall da entfaltet, wo eine Vorstellung sich von der Wirklichkeit gelöst hat. Wenn wir aus irgendeinem Grunde die Wahrheit nicht aushalten, machen wir uns Bilder, die uns helfen sollen, sie uns vom Leib zu halten. Aber diese Bilder schaffen eine eigene Scheinwirklichkeit, die noch gefährlicher ist. Mit den Worten von Dag Hammarskjöld: »Gerade dann, wenn wir alle auf sicher spielen, schaffen wir eine Welt, die höchst unsicher ist.«

Ein kleines glänzendes Ding

Die Bibel berichtet uns von einem Urzustand, als Wirklichkeit und Bild noch nicht auseinanderklafften. Es gab noch keine Gottesbilder, sondern Gott ging selber leibhaftig durch seine Schöpfung. Sein Abbild, der Mensch, war noch nicht gespalten in das, was er ist, und das, was er sein will, sondern lebte frei und unbefangen. Er war nackt, ungeschützt, offen, voll Vertrauen. Seine Beziehungen waren noch nicht von Selbst- und Feindbildern getrübt. Die Natur war noch nicht zum Rohmaterial für die Bilder der Menschen geworden, sondern war gleichsam ein Teil des großen kosmischen Gotteslobs. Die Wahrheit war noch nicht etwas, vor dem man auf der Hut sein musste, sondern etwas, das das Leben gegen die Mächte der Lüge beschützte.

> *Da sagte die Schlange zur Frau: »Keineswegs werdet ihr sterben! Sondern Gott weiß, dass an dem Tag, da ihr davon esst, eure Augen aufgetan werden und ihr sein werdet wie Gott, erkennend Gutes und Böses.« Und die Frau sah, dass der Baum gut zur Speise und dass er eine Lust für die Augen und dass der Baum begehrenswert war, Einsicht zu geben; und sie nahm von seiner Frucht und aß, und sie gab auch ihrem Mann bei ihr, und er aß. Da wurden ihrer beider Augen aufgetan, und sie erkannten, dass sie nackt waren; und sie hefteten Feigenblätter zusammen und machten sich Schurze. (1. Mose 3,4-7; ELB)*

Wenn es die Schlange ist, die die Augen der Menschen öffnet, wird die Wirklichkeit zum Problem, zu etwas, das man verbergen, verschönern, verteidigen muss. Mit den Feigenblättern beginnt die verlogene Bilderwelt, die uns die ganze Menschheitsgeschichte hindurch mit Spiegeln und Palästen, Waffen und Götzenbildern,

Schminke und Reklamebildern beliefert hat – all das, um das Elend zu übertünchen, das wir in uns spüren, die Sehnsucht nach dem verlorenen Paradies und die Angst vor tausend sichtbaren und unsichtbaren Gefahren, die uns nie in Ruhe lässt. Wahrheit und Liebe sind getrennt worden; willst du geliebt werden, dann musst du die Wahrheit vertuschen ...

C. S. Lewis' Roman »Perelandra« enthält eine Szene, in der der Teufel auf dem Planeten Venus die Eva einer neuen Menschheit dazu zu bringen versucht, sich selber zu sehen. Er weiß, dass sie damit in der tödlichen Spaltung zwischen Wirklichkeit und Bild landen wird, zwischen ihrem Ich und den diversen Vorstellungen darüber, wer sie ist. Der Repräsentant des Bösen ist hier der Wissenschaftler Weston, der einst ein Mensch war, sich aber so tief in das Kraftfeld des Bösen begeben hat, dass er nur noch ein Körper mit der Stimme des Bösen ist, ein »Un-Mensch«. Sein Gegenspieler ist Ransom, der von Gott die Aufgabe bekommen hat, den Sündenfall auf dem neuen Planeten zu verhindern. Hier die Szene:

> »Jeder will doch wohl so schön sein wie möglich«, erwiderte die Frau. »Aber wir können uns nicht selber sehen.«
>
> »Doch, das können wir«, sagte Westons Körper.
>
> Die Frau drehte sich in seine Richtung. »Und wie soll das gehen? Wir können doch unsere Augen nicht nach innen drehen; und selbst wenn, würden wir nur ein dunkles Loch sehen.«
>
> »So meine ich das nicht«, sagte Westons Körper. »Ich werde es dir zeigen.« Er ging die paar Schritte zu der Stelle, wo Westons Rucksack auf dem gelben Gras lag. Mit jener Schärfe der Wahrnehmung, die wir oft haben, wenn uns etwas beunruhigt, sah Ransom, was für ein Rucksack es war. Er musste aus demselben Laden in London stammen, wo er seinen eigenen gekauft hatte, und dieses kleine Detail, das ihn so unvermittelt daran erinnerte, dass Weston ja einmal ein Mensch gewesen war, mit Freude und Leid und einer menschlichen Seele, trieb ihm fast die Tränen in die Augen. Die furchtbaren Finger, die der alte Weston nie mehr benutzen würde, nestel-

ten an den Schnallen und zogen ein kleines glänzendes Ding hervor – einen billigen englischen Taschenspiegel. Der Un-Mensch reichte ihn der Grünen Dame. Sie nahm ihn und drehte und wendete ihn.

»Was ist das?«, fragte sie. »Was soll ich damit machen?«

»Schau hinein«, sagte der Un-Mensch.

»Wie?«

»Schau her!« Er nahm ihr den Spiegel wieder ab und hielt ihn vor ihr Gesicht. Sie schaute hinein, eine ganze Weile lang, ihr Blick verständnislos. Dann ruckte sie mit einem leisen Aufschrei zurück und schlug die Hände vor das Gesicht. Ransom fuhr ebenfalls zusammen. Es war das erste Mal, dass er sah, wie sie von einem Gefühl, das über sie kam, gleichsam überfallen wurde. Er merkte, wie die Welt, in der er hier war, anders wurde.

»Oh ... oh!«, rief sie. »Was ist das? Ich habe ein Gesicht gesehen.«

»Nur dein eigenes, meine Schöne«, sagte der Un-Mensch.

»Ja, ich weiß«, sagte die Frau, die es weiter vermied, in den Spiegel zu sehen. »Mein Gesicht ... das mich von außen anschaut. Werde ich wieder älter, oder ist das etwas anderes? Ich spüre ... ich spüre ... mein Herz schlägt zu fest, mir ist kalt. Was ist das?« Sie schaute erst Weston an, dann Ransom. Das Geheimnisvolle in ihrem Gesicht war plötzlich weg; es war so leicht zu lesen wie das eines Mannes in einem Luftschutzkeller, wenn die Bomben kommen.

»Was ist das?«, wiederholte sie.

»Man nennt es Angst«, sagte Westons Mund. Das Wesen drehte sich zu Ransom hin und grinste.

»Angst«, murmelte die Frau. »Das ist also Angst.« Sie schien über die Entdeckung nachzudenken, dann sagte sie abrupt: »Ich mag keine Angst.«

»Das geht vorüber«, sagte der Un-Mensch.

Ransom unterbrach ihn. »Es wird nie vorübergehen, wenn du das tust, was er will. Er will dich immer tiefer in die Angst hineinführen.«

»Ich führe dich in die großen, hohen Wellen hinein und mitten durch sie hindurch«, sagte der Un-Mensch. »Du hast die Angst entdeckt, und jetzt musst du sie stellvertretend für die Deinen erfahren und auskosten. Du weißt, dass dein Mann, der König, das nicht tun wird; du würdest das auch gar nicht wollen. Aber eigentlich ist dieses nette kleine Ding doch ein Grund zur Freude und nicht zur Angst. Was ist denn daran, was dir Angst macht?«

»Dass etwas zwei ist, obwohl es nur eines ist!« Die Frau zeigte auf den Spiegel. »Dieses Ding hier ist ich und doch nicht ich.«

»Aber wenn du nicht hineinschaust, wirst du nie wissen, wie schön du bist.«

»Es ist doch so, Fremder«, sagte die Frau. »Eine Frucht kann sich nicht selber essen, und ein Mensch kann nicht mit sich selber zusammen sein.«

»Eine Frucht kann das in der Tat nicht, denn sie ist nur eine Frucht«, sagte der Un-Mensch. »Aber wir können es. Dieses Ding hier nennt man einen Spiegel. Ein Mensch kann sich selbst lieben, und er kann mit sich selber zusammen sein. Das bedeutet es ja, ein Mann oder eine Frau zu sein: dass man sozusagen neben sich selber hergehen kann, als ob man jemand anderes wäre, und sich darüber freut, wie schön man ist. Der Spiegel ist erfunden worden, um uns diese Kunst beizubringen.«

»Ist das etwas Gutes?«, fragte die Frau.

»Nein«, sagte Ransom.

»Wie kannst du das herausfinden, wenn du das Ding nicht ausprobierst?«, sagte der Un-Mensch.

»Wie willst du wissen, dass du mit dem Ausprobieren aufhören kannst, wenn du merkst, dass es nichts Gutes ist?«, sagte Ransom.

»Ich gehe schon neben mir selber her«, sagte die Frau.[8]

---

8 C. S. Lewis, *Voyage to Venus (Perelandra)* (London: Pan Books, 19. Aufl. 1980), S. 124f

Anstatt ein Bildnis Gottes zu *sein*, *machen* wir uns Bilder. An die Stelle unserer Gottesebenbildlichkeit an Körper und Seele tritt das unkörperliche Blendwerk aus Schein und schmeichelnder Verlogenheit, das das Wesen des Teufels ist. Jesus hat ihn den Vater der Lüge genannt (Johannes 8,44). Es ist dieses schwarze Loch der Nichtigkeit und Zerstörung, vor dem Gott uns in seinem Bilderverbot warnt, das das ganze Alte Testament durchzieht: »Du sollst dir kein Götzenbild anfertigen von etwas, das im Himmel, auf der Erde oder im Wasser unter der Erde ist. Du sollst sie weder verehren noch dich vor ihnen zu Boden werfen, denn ich, der Herr, dein Gott, bin ein eifersüchtiger Gott!« (2. Mose 20,4-5).

Angst vor Gott

Man darf dieses Bilderverbot nicht als kulturbedingtes Relikt aus fernen Zeiten abtun, in denen die Menschen Götzenbilder aus Stein oder Holz verehrten. Eine solche rein historische Deutung vernebelt nur die Botschaft der Bibel und hindert uns daran zu sehen, wie exakt sie unsere heutigen Probleme beschreibt.

Man braucht nicht lange im Alten Testament zu lesen, um auf Stellen zu stoßen, wo Gott den Menschen zur Herstellung von Kunstwerken auffordert, die Bilder sind. Das erste biblische Beispiel für einen vom Heiligen Geist erfüllten Menschen ist der Kunsthandwerker Bezalel, dem Gott »Weisheit, Verstand und Können« zu handwerklichen Arbeiten gibt. Er befähigt ihn, »Pläne für alle anstehenden Arbeiten zu entwerfen, Gegenstände aus Gold, Silber und Bronze zu schaffen« (2. Mose 31,1-11). Über die Bundeslade mit den Gesetzestafeln des Mose kommen Engelfiguren, die Priestergewänder werden mit Darstellungen von Granatäpfeln, Blumen usw. verziert. Und in dem großen Tempel Salomos aus dem 10. Jahrhundert v. Chr. entfaltet sich in Holzschnitzereien und Goldarbeiten eine reiche Bilderwelt aus Engeln, Früchten, Blütenkelchen und Palmzweigen. Niemand kann die Bibel in die Hand nehmen und behaupten, Gott sei gegen jede Bildkunst; im Gegenteil, Gott fordert uns auf, künstlerisch tätig zu werden.

Nein, in dem Bilderverbot geht es um die Bilderwelt der Feigenblätter, um die Bilder, die uns nicht helfen, die Wirklichkeit besser zu sehen, sondern die die Wirklichkeit verschleiern und uns damit von ihr trennen. Bei diesen falschen Bildern spielt die Angst eine entscheidende Rolle:

> *Als es am Abend kühl wurde, hörten sie Gott, den Herrn, im Garten umhergehen. Da versteckten sie sich zwischen den Bäumen. Gott, der Herr, rief nach Adam: »Wo bist du?« Dieser antwortete: »Als ich deine Schritte im Garten hörte, habe ich mich versteckt. Ich hatte Angst, weil ich nackt bin.« »Wer hat dir gesagt, dass du nackt bist?«, fragte Gott, der Herr. (1. Mose 3,8-11)*

Wir verstecken uns, weil wir Angst haben. Diese Angst wird zu einem rasenden Fieberpuls in allem, was wir tun – von der Angst des Teenagers, nicht cool genug zu sein, bis hin zu den neuesten Waffensystemen, die endlich die ersehnte Sicherheit garantieren sollen. Aus dieser tiefen Grundangst steigen drei Triebkräfte hervor, die einzeln oder in verschiedenen Kombinationen hinter unseren »Feigenbildern« stecken:

1. Das Schlechte in meinem Leben

Die Menschen bekamen offene Augen für etwas, das sie nicht sehen und zeigen wollten, und versteckten sich vor Gott. Da ist das schlechte Gewissen über die Sünde, die ich begangen und mit der ich gegen Gottes Willen verstoßen habe. Die Scham über mich selber, mit all dem, was dies an Selbstverachtung bedeutet gegen meine Herkunft, meinen Körper, mein Verhalten usw., bis hin zu der allertiefsten Scham: dass es mich gibt. All diese Dinge will ich verstecken und vergessen.

2. Das, was mir in meinem Leben fehlt

So viel ging verloren an jenem Tag im Garten Eden. Die ursprüngliche Nähe, das Dazugehören, die Schönheit – alles ist weg, und stattdessen herrscht die große Leere, die tastende Erinnerung, die

Suche nach dem Schoß, auf dem wir saßen. Und das Echo dieses großen Verlustes, es rollt dumpf weiter in all unseren großen und kleinen Verlusten, in allem, was uns fehlt und wonach wir uns sehnen, in all dem, was da sein müsste, aber ... In der Mutter oder dem Vater, die ich nie hatte, in dem Selbstwertgefühl, von dem ich träume, in der attraktiven Person, die ich so gerne wäre. Denn Macht, Geld, Leistung sind im Grunde alles Versuche, dieses schwarze Loch zu stopfen: den Traum davon, jemand zu sein.

3. Das, was mein Leben bedroht

Im Anfang lebte der Mensch in einer Welt, in der Erde und Himmel, das Sichtbare und das Unsichtbare wie selbstverständlich eins waren. Seine ursprüngliche Nacktheit zeigt, dass er all diese Dinge nicht als gefährlich betrachtete. Doch mit dem Sündenfall wurde das Unsichtbare, Fremde, noch nicht Durchschaute etwas Bedrohliches, gegen das es sich zu wehren galt. So wie mittelalterliche Weltkarten an den Rändern, wo die unbekannten Regionen liegen, verzerrte Proportionen und erschreckende Bilder von Riesen und Ungeheuern haben, so haben wir im Laufe der Geschichte unserer Angst vor dem Unbekannten ständig neue Bilder gegeben. Gott: mal heidnischer Gnom und Ölgötze, mal »modernes« Gottesbild. Mensch: »typisch Mann«, »typisch Frau«, »die Kanaken«, »die Amis«, »die anderen«.

In der harten Schule des Lebens gehen diese drei Triebkräfte oft ineinander über. In der Praxis sind unsere Bilder ein großes Geheimnis, ein Dunkel, in das wir erst dann etwas Licht hineinbekommen, wenn wir uns die folgenden Fragen stellen: Was will ich verbergen? Wonach sehne ich mich? Wovor habe ich Angst?

So kann unser Selbstbild ein Schutzschild sein gegen das, was wir in unserem Leben nicht sehen wollen, und ein Idealbild dessen, was wir gerne wären. Und unser Gottesbild kann sich um das große Loch in unserem Leben drehen und Züge des Vaters oder der Mutter haben, die wir nie hatten, oder auch das Bedrohliche in unserem Leben thematisieren und Züge des Vaters oder der Mutter bekommen, von denen wir uns freimachen wollen. Im Grunde ist es immer der gleiche Bildermechanismus, ob es nun um uns selber, unsere Mitmenschen oder Gott geht. In einer vereinfachten Skizze kann man es so darstellen:

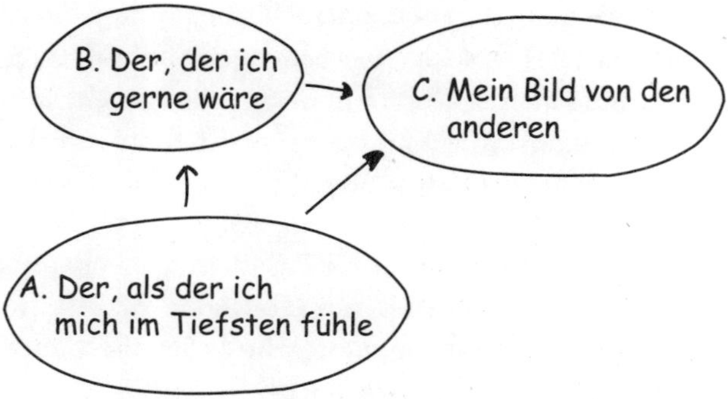

Nehmen wir ein etwas drastisches Beispiel: Hitler. A: Die Erniedrigung im Elternhaus und das Scheitern im Beruf führen zu einer bodenlosen Selbstverachtung. B: Der Traum davon, ein starker Führer eines unüberwindbaren Volkes zu werden. C: All das Böse, das Hitler in A nicht aushalten kann und das in B keinen Platz hat, landet in C, wo die Juden und andere Gruppen die Funktion des Sündenbocks übernehmen.

Der zweite Schritt war damals die Übertragung dieses Schemas auf das deutsche Volk. A: Die Niederlage im Ersten Weltkrieg und der wirtschaftliche Zusammenbruch führen in der Weimarer Republik zu einem tiefen Gefühl der Erniedrigung. B: Die hochwirksame Propaganda der Nazis gibt den Deutschen äußere wie innere Bilder eines Volks, das sich seine alte Größe zurückerkämpft. C: Die Probleme, die man zu Hause nicht lösen kann, werden nach außen verlagert, auf die Feinde des Dritten Reiches: zuallererst die Juden, aber auch zum Beispiel Behinderte, Homosexuelle und natürlich die Alliierten.

Wir finden im Leben unzählige Beispiele für dieses Muster. In unserer persönlichen Entwicklung reibt sich unser innerstes Selbstbild mit unseren Träumen, wer und wie wir gerne wären, und die Splitter, die dort keinen Platz finden, werden zu tragenden Balken in unseren Bildern von den anderen. Oder unsere Ehe hängt schief und wir versuchen das Problem durch neue Möbel oder eine schönere Wohnung zu lösen – oder auch dadurch, dass wir über andere Paare und deren Probleme lästern. Ein schlechtes Management in unserer Abteilung der Firma lässt sich trefflich mit noch neueren Computern, noch mehr Fortbildungskursen und noch mehr Kritik an der Firmenleitung übertünchen. Und so weiter. Ein Feigenblatt kann ganz unterschiedlich aussehen.

So wiederholt sich in jeder Generation das Paradigma, das Paulus im Römerbrief beschreibt. Es geht dort um Gott, aber da alles in unserem Leben mit Gott zusammenhängt, geht es letztlich auch um unser ganzes Verhältnis zur Alltagswirklichkeit:

> *Doch vom Himmel her wird Gottes Zorn sichtbar über alle Gottlosigkeit und Ungerechtigkeit der Menschen, die die Wahrheit ablehnen. Dabei wissen sie von Gott; Gott selbst hat ihnen diese Erkenntnis gegeben. Seit Erschaffung der Welt haben die Menschen die Erde und den Himmel und alles gesehen, was Gott erschaffen hat, und können daran ihn, den unsichtbaren Gott, in seiner ewigen Macht und seinem göttlichen Wesen klar erkennen. Deshalb haben sie keine Entschuldigung dafür, von Gott nichts gewusst zu haben. Obwohl sie von Gott wussten, wollten sie ihn nicht als Gott verehren oder ihm danken. Stattdessen fingen sie an, sich unsinnige Vorstellungen von Gott zu machen, und ihr Verstand verfinsterte sich und wurde verwirrt. Sie behaupteten, weise zu sein, und wurden dabei zu Narren. Statt den herrlichen, ewigen Gott anzubeten, beteten sie Götzenbilder an, die vergängliche Menschen darstellten oder Vögel, Tiere und Schlangen. (Römer 1,18-23)*

Beteten sie Götzenbilder an ... Mit anderen Worten: Sie tauschten die Wirklichkeit gegen Vorstellungen von ihr aus. Paulus sagt hier, dass der Mensch durchaus Zugang zur Wahrheit hat, und unterscheidet sich damit vom Gnostizismus, der seit der Schlange im Garten wie ein Schatten neben dem Menschen herwandert: »Wenn ihr nur die rechte Erkenntnis bekommt, könnt ihr Götter werden.«[9] Im gnostischen Denken ist das Problem des Menschen die Unwissenheit, und die Erlösung besteht in Erkenntnis. (Was genau die Zukunftshoffnung ist, auf der auch die heutige »Informationsgesellschaft« basiert.)

So einfach ist es nicht, sagt uns Paulus. Wir *haben* Zugang zur Wahrheit, und dies nicht durch irgendwelche esoterischen Mysterien, wie die Gnostiker behaupten, sondern hier und jetzt in unserem Alltag. Doch wir lehnen die Wahrheit ab (wörtlich: wir »halten sie durch Ungerechtigkeit auf«, Römer 1,18) und wählen die Bilder. Unser Problem heißt nicht Unwissenheit, sondern Lüge. Wir wissen um den rechten Weg – und wählen einen anderen.

Und wohin führt der andere Weg?

Ins Nichts, in ein rast- und wurzelloses Nebelland, wo die Bilder die Wahrheit durch die Lüge ersetzt haben, sodass wir alles nur noch »wie in einem trüben Spiegel« sehen (1. Korinther 13,12). Vielleicht kann man die Wirkung unserer selbst geschaffenen Bilder auf uns so zusammenfassen:

1. Sie führen zu einer Spaltung in uns selber – zwischen dem, was ist, und unseren Vorstellungen – und damit zu einer tiefen Entfremdung, dem Gefühl, außerhalb der Wirklichkeit zu stehen und gleichsam in uns selber eingesperrt zu sein.
2. Sie verbergen die Wirklichkeit vor uns. Ihre ungelenken Muster und schwarz-weiß Vereinfachungen schieben sich wie ein dichter Vorhang zwischen uns und die gesamte Realität, ob es nun um uns selber, unsere Mitmenschen oder Gott geht.
3. Sie beeinträchtigen unsere Beziehungen. Sie blockieren das einzige Sensorium, das wir zum Erkennen unserer Mitmenschen besitzen – nämlich unser eigenes Inneres –, und machen uns so zu Blinden, die Gott und die Mitmenschen nicht finden können.
4. Sie verlangen Opfer von uns. So wie die alten Götzenbilder ständig Opfer verlangten (manchmal sehr blutige), verlangen auch

9 Eine ausführlichere Gegenüberstellung von gnostischem und christlichem Denken findet der Leser in meinem Buch *Abschied von Babel* (R. Brockhaus Verlag, Wuppertal 2002).

unsere Bilder ständig neue Anstrengungen, um sie aufrechtzuerhalten, damit die Wirklichkeit nicht durchbricht.

5. Sie führen zu Schuldgefühlen. Da sie in hohem Maße Idealbilder sind, wird der unvermeidliche Unterschied zwischen Ideal und Wirklichkeit zum Nährboden ständig neuer Frustrationen darüber, dass es mir einfach nicht gelingt, meinem Bild zu entsprechen.
6. Sie führen zu Verbitterung. Wenn die Lücke zwischen dem Leben, wie wir es uns erträumen, und dem Leben, wie es tatsächlich ist, sich partout nicht schließen will, versinkt der, der sich weigert, seine Bilder fahren zu lassen und sich mit der Realität zu versöhnen, unweigerlich in einer tiefen Verbitterung.
7. Sie halten uns gefangen. Wir vergeuden unerhörte Energien darauf, unsere Bilder gegen Angriffe zu verteidigen. Paulus sieht in diesem Zwang ein entscheidendes Kriterium für falsche Frömmigkeit: »Ihr habt euch früher, als ihr noch nicht zu Christus gehörtet, dazu verleiten und mitreißen lassen, stumme Götzen anzubeten« (1. Korinther 12,2).

Ich weiß, wovon ich hier rede. Die Ohnmacht, in der wir alle vor diesem Fluch der Bilder stehen, kenne ich von mir selber. Da ist zuerst das Unvermögen, selber das zu sehen, was meine Umgebung vielleicht schon längst weiß, ja mir zu zeigen versucht. Sodann das Unvermögen, die Bilder, die ich endlich erkannt habe, zu zerreißen, ohne dafür gleich neue zu malen. Die Ausbruchversuche haben hundert Gesichter in unserer Welt, aber im Grunde geht der Kampf immer um dasselbe:

Da ist die erfolgreiche Geschäftsfrau, die schier erstickt unter ihrer glänzenden Fassade und zum Alkohol greift, um die Spannung zwischen Schein und Sein erträglich zu machen. Der bekannte Politiker, der eines Tages gegen sein moralisches Glaubwürdigkeitsimage revoltiert, und zwar durch die Affäre mit der Frau, »bei der ich endlich leben kann«. Der vermummte Linksautonome, der Pflastersteine in Schaufenster wirft, um seine eigene gutbürgerliche Herkunft zu zerschmettern. Der ausgebrannte Intellektuelle, der plötzliche Erleuchtung findet in der Trendreligion, die ihn hinausführt aus der engen Welt der Worte und Begriffe. Oder der zerlumpte Gettojunge, der rasend versucht, das Bild vom ewigen Verlierer zu zerstören, indem er die lebensgefährlichsten Sachen macht.

Gibt es einen Ausweg? Können wir unsere Bilder durchbrechen? Oder warten hinter ihnen immer nur die nächsten Bilder? Sind wir dazu verdammt, auf ewig in diesem kalten Spiegelkabinett zu bleiben, wo wir nur immer neue Zerrbilder von uns sehen, wohin wir auch schauen?

Meine Hoffnung knüpft sich an die Frage, die durch den Garten Eden hallte. Es war *nicht* die Frage des Menschen an einen Gott, der sich zwischen den Bildern versteckt: »Wo bist du, Gott?« Sondern es war Gottes Frage an den Menschen, der sich in seiner Bilderwelt versteckt: »Wo bist du?« (1. Mose 3,9). Die Bibel erzählt nicht die Geschichte, wie der Mensch nach Gott sucht, sondern sie erzählt, wie Gott den Menschen sucht.

Wird er sich finden lassen?

Szene einer Ehe

Als Thomas und Gunilla heirateten, waren sie beide überzeugt, die richtige Wahl getroffen zu haben. Als sie sich verliebten, hing der Himmel voller Geigen. In der Verlobungszeit hatten sie wieder Boden unter den Füßen bekommen, es hatte die eine und andere schmerzhafte Auseinandersetzung und Korrektur gegeben, aber sie hatten es geschafft und fanden, dass sie das Zeug dazu hatten, gemeinsam eine Familie zu gründen. Thomas wollte sofort Kinder und Gunilla sagte schließlich Ja. Die ersten drei kamen rasch hintereinander und machten viel Arbeit; dass in Thomas' Firma gerade größere Umstrukturierungen liefen, machte die Situation nicht leichter. Die dritte Schwangerschaft war sehr mühsam für Gunilla und sie schaffte es nicht, dieses Kind zu stillen.

Es war der Abend nach der Feier von Rebekkas zehntem Geburtstag, als Gunilla der Kragen platzte. Dass dies für Thomas wie ein Blitz aus heiterem Himmel kam, wäre zu viel behauptet. Er hatte schon längere Zeit gemerkt, dass sich Staub auf ihre Beziehung gelegt hatte und dieser Staub sich langsam, aber sicher zu einer Schuttschicht verdichtete. Aber dass es *so* schlimm war – nein, das hatte er doch nicht gedacht.

»Ich pack' das nicht mehr.« Gunilla saß auf dem Sofa und sah leer vor sich hin. »Ich habe keine Zukunft, ich kann mich über nichts freuen, ich kann nichts mit dir teilen. Merkst du nicht, dass wir fast über nichts mehr miteinander reden?« Sie sah Thomas an. Jetzt kamen sie, die Tränen.

»Du siehst mich ja gar nicht mehr! Für dich bin ich nur da, wenn ich dir dein Lieblingsessen koch' oder die Gastgeberin mach', wenn du deine Kollegen einlädst, oder wenn ich nackt im Bett lieg' und auf dich warte. Und das Letzte machst du auch nur dann, wenn du selber Lust hast; wenn ich mal will, dann bist du ja sooo müde!

Und so ist das mit allem. Was ich brauche oder wünsche, existiert nicht für dich. Es passt nicht in dein Bild von der Idealfrau Gunilla. Dass ich es mal langsamer angehen lassen und was anderes machen möchte, als nur deine Haushälterin und hin und wieder deine Liebhaberin zu sein, das merkst du nicht, und wenn ich es dir Tag und Nacht in die Ohren schreien würde. Du siehst nur das an mir, was in dein Bild von der idealen Ehefrau passt, und was nicht da reinpasst, das gibt es nicht für dich!«

Zuerst hörte Thomas ihr stumm zu, aber je mehr sie sich in Rage redete, umso mehr merkte er, wie er selber wütend wurde. Er stand auf und begann, hin und her durch das Zimmer zu tigern.

»So? *Wer* sieht hier *was* nicht? Was ich alles für dich und die Kinder tu', das passt wohl nicht in *dein* Idealbild vom perfekten Ehemann, wie? Meinst du im Ernst, wir könnten so schön wohnen, wenn ich nicht meine Arbeit und ein anständiges Gehalt hätte? Weißt du nicht, was ich alles getan hab', als Rebekka klein war und es dir so schlecht ging? Wer hat denn die Küche umgebaut, damit du es leichter hast? Wer hat dir denn so geduldig zugehört, wenn du deine Depressionen hattest? Wenn ich nach Hause komme, heißt es doch nur: Thomas, tu dies, Thomas, mach das! Ich kann machen, was ich will, du bist nie zufrieden mit mir. Was die Firma mir an Anerkennung und Selbstvertrauen gibt, nimmst du mir prompt wieder weg!«

»Komm du mir nicht mit Selbstvertrauen!« Gunilla konnte kaum sprechen vor Tränen und Wut. »Weißt du wirklich nicht, wie es für *mein* Selbstvertrauen gewesen ist, die ganzen Jahre mit deiner Mutter verglichen zu werden, die dich immer nur bewundert und verehrt und die ihrem lieben kleinen Jungen nie einen Wunsch abgeschlagen hat? Merkst du wirklich nicht, dass du eigentlich mit *ihr* verheiratet bist? Und so wie sie kann ich halt nicht werden. Ich weiß nämlich, dass Thomas Strandberg auch andere Seiten hat, und das hast du mir nie vergeben! Aber wer *ich* bin, davon hast du keinen Schimmer!«

Drehen wir die Lautstärke herunter und lassen wir Thomas und Gunilla allein mit dem Dilemma, das früher oder später über alle menschlichen Beziehungen kommt: Die Bilder sind im Weg. Je näher wir einander kommen, umso größer wird der Druck der Vorstellungen, die wir voneinander haben. Das ist der Grund, warum die Ehe die klassische Arena für »Bilderkämpfe« ist. Sie ist es nicht, weil sie schwieriger wäre als andere Beziehungen, sondern weil in ihr die Nähe am größten ist.

Wie alle Bilder dieser Art liegen die Bilder in der Ehe auf unterschiedlichen Ebenen unseres Bewusstseins. Dies bedeutet, dass im Grunde niemand genau weiß, wer der Mensch ist, dem er vor dem Traualtar sein Jawort gibt. Und noch weniger weiß er, wer er selber ist, denn das letzte Stück Wirklichkeit, das wir erkennen, ist in der Regel unsere eigene.

Gewiss kann eine längere Zeit des Kennenlernens zumindest einige der gröberen Idealbilder korrigieren, und die Verlobungszeit war ursprünglich als eine solche Korrekturphase gedacht, als Phase, in der man Ideal und Realität vergleichen konnte, bevor man den großen Schritt tat. Aber gerade bei den tiefsten Bildern braucht es oft Jahrzehnte, bis sie uns bewusst werden, was jeden Gedanken einer »Probezeit« (gerade auch das heute so beliebte »Zusammenleben«, bevor man dann irgendwann zum Standesamt geht) von vornherein relativiert. In den Zeiten und Kulturen, die solch längere Phasen des Kennenlernens vor der Hochzeit nicht kannten, war das anders; dort war man sich in aller Regel darüber im Klaren, dass die Klärung der Beziehung zwischen Bild und Wirklichkeit ein Teil der Ehearbeit war und nicht die Voraussetzung dafür, die Ehe einzugehen.

Die Bilder, die wir in eine Paarbeziehung hineinbringen, können, wie gesagt, auf der bewussten und auf der unbewussten Ebene liegen. Da ist ein junger Mann, der sehr wohl weiß, dass er von einer Ehefrau träumt, die blond und sportlich ist und gutes Essen mag (will sagen: kocht). Dass dieser Traum auf einem Frauenbild beruht, das er als Kind von seiner Mutter übernommen hat, wird ihm in seiner Hochzeitsnacht hingegen wohl kaum bewusst sein, und er würde herzlich lachen, wenn jemand ihm mit solchen Ideen käme. Entsprechendes gilt für die Frau, deren tiefste Männerbilder auf dem Vater beruhen, den sie hatte oder so gerne gehabt hätte.

Von unseren Eltern haben wir das Leben, aber auch die meisten Bilder von diesem Leben. Die Bindung an diese Bilder kann ganz unterschiedlich aussehen und hängt von vielen Faktoren ab. Wenn die Mutter ein positives Vorbild war, wird sie sehr wahrscheinlich die Norm für die Vorstellungen des Sohnes von einer guten Ehefrau werden. War sie schwierig, ist mein unbewusstes Frauenbild womöglich ein Antibild zu meiner Mutter, und es zieht mich zu Frauen hin, die die Eigenschaften haben, die sie nicht hatte.

Aber selbst ein negatives Elternhaus kann zu einem unbewussten »Suchprofil« werden. Der autoritäre Vater kann so tiefe Spuren im Selbstbild der Tochter hinterlassen haben, dass sie ständig autoritäre Männer in ihrem Leben »braucht«, ohne zu wissen, warum. Erst wenn es wie bei Thomas und Gunilla zum Frontalzusammenstoß zwischen Bildern und Wirklichkeit kommt, gehen uns die Augen auf.

Aber es sind nicht nur unsere Eltern, die Bilder in unsere Seele malen. In Kindergarten und Schule, auf dem Spielplatz und im Bekanntenkreis kommen wir mit anderen Menschen in Berührung, Erwachsenen wie Gleichaltrigen, die uns verletzen und trösten und unsichtbare Spuren in uns hineinritzen: Spuren, die wir suchen, und Spuren, die wir meiden. Und all diese Spuren und Prägungen tragen wir wie einen unsichtbaren Filter mit uns herum, wenn wir tiefere Beziehungen zu einem Menschen aufbauen.

Solange diese Prägungen unbewusst bleiben, können sie kräftige Störfaktoren in unseren Beziehungen sein. Die Frau, die durch allzu autoritäre Männer verletzt worden ist, reagiert übertrieben allergisch, sobald ein Mann in ihrer Umgebung seinen Willen äußert. Nicht besser ist es, wenn man als Kind das Opfer dominierender Frauen war. In der Ehe können die Bilder schließlich zu so massiven Beziehungsbremsen werden, dass eine Trennung unausweichlich wird: Entweder wir trennen uns von unseren Bildern oder – wir trennen uns.

Die Bilder, die uns daran hindern, den Ehepartner richtig zu sehen, können auch aus früheren Partnerbeziehungen stammen. »Jedes Mal, wenn ich mit meiner Frau schlafe, stelle ich mir vor, dass es eigentlich Karin ist« – dieser Satz ist sicher kein Erfolgsrezept für eine geglückte Liebesbeziehung. Noch destruktiver kann die Wirkung der Bilder werden, wenn zum Beispiel der Mann Pornografie konsumiert hat und jetzt ständig diese Bilder als bewusstes oder unbewusstes Modell für ein gutes Sexleben mit sich herumträgt.

Dies ist ein besonders konkretes Beispiel dafür, wie erniedrigend und zutiefst unmenschlich es ist, in ein Bild hineingepresst zu werden, anstatt auf seine eigenen Gefühle und Bedürfnisse hören und sie zum Ausdruck bringen zu dürfen.

Doch paradoxerweise kann in all diesen Bildern, die so viel Elend in eine Ehe bringen können, auch der Ansatz zu Veränderung und Besserung liegen. Wenn mir dämmert, dass das Bild, das ich von meiner Frau und auch von mir selber als Ehemann hatte, nicht mit der Realität übereinstimmt und auch gar nicht übereinstimmen muss – dann kann man hoffen. Die Erkenntnis, dass Bild und Wirklichkeit nicht unbedingt dasselbe sind, bedeutet ja, dass es möglich ist, die Bilder loszulassen, ohne gleichzeitig den Menschen aufzugeben.

Die unterschiedliche Art, mit unseren Bildern umzugehen, ist einer der Gründe dafür, dass Ehen so unterschiedlich aussehen können. Wo eine Ehe zwischen Gewitter und Sonnenschein hin- und herpendelt, könnten phasenweise wiederkehrende »Bilderausgrabungen« der Hintergrund sein. Solche Ausgrabungen können dazu führen, dass die Bildsysteme freigelegt werden, die einer lebendigen Beziehung im Wege stehen; sie können aber auch dazu führen, sich noch sturer hinter Bildern zu verschanzen, die den Partner partout nicht loslassen wollen.

Wo das zweite Szenario sich einstellt und die Hilfe des Seelsorgers oder anderer Menschen fehlt, ist das Resultat leicht eine Ehe-Farce, in der beide Partner in ihren Bildern eingeschlossen sind. Ein erstickender Staub legt sich über ihre erloschenen Träume, während sie immer einsilbiger und verbitterter in der tragischen Illusion dahinvegetieren (»leben« wäre ein zu starkes Wort), dass sie alles über den anderen wissen.

Und wenn das erste Szenario Wirklichkeit wird? Kommt es zu einem Wachsen und Aufblühen der Beziehung. Ein Bild nach dem anderen zerbricht und fällt ab von den beiden, und sie fangen an, einander zu berühren und zu bestaunen. Die Reise in das Buch der Partnerschaft beginnt, ohne dass einer der beiden es schon fertig geschrieben hätte.

Hinter den äußeren Bildern stehen die inneren. »Die glückliche

Familie« kann eine lähmende Bilderzwangsjacke sein, die mit allen Mitteln nach innen wie außen verteidigt werden muss, damit auch alle glauben, wie schön wir es haben. Das picobello aufgeräumte Wohnzimmer, die Familienfotos, auf denen alle lächeln, die Geburtstagsfeste und sonstigen Familientraditionen und die perfekt arrangierten Nachmittage mit Freunden und Bekannten – all dies kann natürlich Ausdruck einer echten Familienatmosphäre sein, aber es kann sich auch um leere Kulissen handeln, um Feigenblätter, die das immer tiefere Loch der Lügen und der Entfremdung nur mühsam zu kaschieren vermögen. Manchmal durchschauen Freunde und Verwandte das Bilderspiel schon zeitig, manchmal kommt der große Schock nach der Scheidung: »Also, das hätte ich von *denen* nie erwartet ...«

Zerbrich mir meine Schale nicht!

Ein anderes Gebiet, auf dem es gerne zu Zusammenstößen zwischen Bild und Wirklichkeit kommt, ist die christliche Gemeinde. »Die perfekte Gemeinde« kann ein mehr oder weniger bewusstes Bild davon sein, wie es in der Kirche aussähe, wenn meine Visionen verwirklicht würden und Gottes Geist frei wirken könnte. (Man beachte hier das oft so fatale Gleichheitszeichen zwischen diesen beiden Faktoren! Jemand hat einmal einen religiösen Fanatiker als Menschen definiert, »der das tut, was Gott tun würde, wenn er alle Fakten kennen würde«.)

Diese Bilder können ganz unterschiedlich aussehen. Für den einen ist die ideale Gemeinde eine große, glückliche Familie, in der jeder aktiv ist und seine Aufgabe hat und in der die Gottesdienste so richtig gemütlich und nie langweilig sind. Für den anderen hat sie auf der charismatischen Welle zu reiten, komplett mit Anbetungsliedern, erhobenen Händen, Zungenreden und Heilungsgebeten. Ein Dritter hat eine Gemeinde vor seinem geistigen Auge, die aus kleinen Basisgruppen besteht, die im Stil südamerikanischer Befreiungstheologien im ständigen Dialog mit den Bedürfnissen und Möglichkeiten ihres Dorfes oder Stadtviertels stehen. Ein Vierter denkt an eine hochliturgische Kirche, mit ehrwürdigen Gebeten, Gesängen und Weihrauch. Der Fünfte wünscht eher eine Volkskirche – eine »Gemeinde light«, die die Eintrittsschwelle für den Sucher nach Spiritualität so niedrig legt wie möglich. Ein Sechster hat das Bild einer Kirche vor sich, in der die Bibel im Zentrum steht und die dem modernen Menschen fundierte biblische Antworten auf seine Lebensfragen gibt. Und der Siebte ...

Die Sache wird nicht einfacher dadurch, dass des einen Traum manchmal des anderen Albtraum ist. Es ist das gleiche Muster wie in der Ehe: Solange wir uns verbissen an unseren Bildern von dem, was sein *sollte*, festklammern, können wir nicht das sehen, was *ist*. Die Bilder trennen uns von der Wirklichkeit und damit von dem einzigen Ort, an dem wir uns treffen und versöhnen können.

Und ähnlich wie in der zerbrechenden Familie können die Verdrängungsmechanismen unheimlich stark sein. Bis zum letzten Atemzug können wir die Wahrheit ableugnen. Ein Beispiel von vielen ist das verzweifelte Festhalten der säkularisierten Gesellschaft an der »Volkskirche«, also an der immer hohleren Illusion von einer Kirche, die für alle da ist und das ganze Spektrum der Gesellschaft vertritt, während es sich in Wirklichkeit um eine professionalisierte Institution handelt, in der ein kleiner Kreis gut ausgebildeter und gut bezahlter Fachleute immer weniger Menschen aus der Gesellschaft erreicht. Das Ganze ähnelt ein wenig den bekannten Phrasen am Bett des hoffnungslos kranken Krebspatienten: »Das wird schon wieder ... Heute siehst du viel besser aus als gestern ... Unkraut vergeht nicht ...«

Aber ist es nicht eigentlich ein gesundes Zeichen, dass wir diese Idealbilder haben, wie eine Gemeinde auszusehen hat, als Gegenbilder zum real existierenden Elend in Gesellschaft und Kirche? Ist das Problem nicht viel mehr der Mangel an Visionen, die von Hoffnung vibrieren und die den Menschen etwas geben, für das zu leben und zu sterben sich lohnt?

Dies führt uns zurück zu der scharfen biblischen Trennung zwischen den Bildern, die uns sehen helfen, und denen, die uns am Sehen hindern. Wie merken wir den Unterschied? Wie so oft in der Kunst der geistlichen Unterscheidung handelt es sich nicht zuletzt darum, welche Früchte eine Sache trägt. Man warte etwas, und es zeigt sich, wie die Bilder wirken. Bilder, die uns daran hindern, in der Gemeinde richtig zu sehen, führen früher oder später unter anderem zu folgenden Ergebnissen:

1. Sie hindern ihre Träger daran, auf die Erfahrungen und Meinungen anderer Menschen zu hören; sie verhindern auf diese Weise, zu erkennen, was Gott im Leben dieser Menschen vielleicht schon tut.
2. Damit provozieren sie bei den anderen Abwehrreaktionen; wer will schon Ideen und Strukturen übernehmen, ohne dass der andere ihn anhört? Diese Abwehr ist natürlich psychologisch zu erklären, wird aber von dem »Bildträger« oft als Widerstand gegen das Wirken Gottes gedeutet.
3. Damit wiederum wird die Tür zu einem echten Dialog verschlossen, und das Ganze droht in einen Machtkampf überzugehen. Die Folgen sind aus der Kirchengeschichte wohlbekannt: Parteien, Etiketten, Schützengräben, Ausgrenzungen usw.
4. Das Endergebnis sind häufig Verletzungen und Narben bei denen, die nicht den Bildern gefolgt sind, und Enttäuschung und Verbitterung bei denen, die ihre Träume begraben mussten. Die Gefahr ist groß, dass der Langzeiteffekt in der Gemeinde eher ein noch größerer Widerstand gegen Änderungen ist; das Altgewohnte wird zum Schutzschild gegen neue Enttäuschungen.

Die guten Bilder dagegen bringen Früchte, die das Spiegelbild dieser vier Punkte sind. Sie öffnen uns für die Erfahrungen der anderen und verbreitern damit gleichsam unsere Kontaktfläche gegenüber Gott. Sie helfen uns, das zu sehen, was geschieht, anstatt auf das zu starren, was geschehen sollte. Sie geben den Menschen den Freimut, ihre eigenen Ideen einzubringen, und fördern Kreativität. Und sie helfen den Menschen aus ihrer Enttäuschung und Verbitterung heraus, anstatt sie noch größer zu machen.

Oft sind es die Außenstehenden, die als Erste die Warnzeichen erkennen. Die erstickende, unwirkliche Atmosphäre des Eingesperrtseins, die durch Bilder entsteht, kann unüberwindliche Schwellen schaffen für den suchenden Menschen, der sich eines Tages in eine Kirche wagt. Das Ausbrechen aus Schablonen ist seit

Jesus von Nazareth mit großen Risiken verbunden. Selbstverständlich kann eine Gemeinde nicht jeden neuen Gast fragen: »Wie hättest du es gerne?«; das würde sie zu einem Jahrmarkt der Möglichkeiten degenerieren lassen, der zum Schluss alle enttäuschen muss. Aber gar nicht so selten geschieht es, dass der, der nicht die Scheuklappen fertiger Bilder von der Gemeinde mit sich trägt, schärfere Augen hat und sieht, wie es wirklich ist. Vielleicht ist das, was diese Menschen antreibt, mehr der nackte Durst nach Gott als das Bedürfnis, ihre Frömmigkeit auf die Krücken äußerer Formen zu stützen – und schon ist der Konflikt da.

Die schwedische Pastorin Susanne Rikner hat einmal die äußeren Formen in der Kirche mit einer wertvollen Porzellanschüssel verglichen, die die Mutter von Großmutter geerbt hat und die jetzt auf dem Klavier steht. Die kleine Tochter hat die strikte Anweisung bekommen, die Schüssel nicht anzurühren, aber eines Tages geschieht das Unglück dann doch. Wie reagieren wir, wenn unsere Bilder von der Kirche infrage gestellt oder zerstört werden? Susanne Rikner kommentiert:

> Ich glaube, es gibt in unseren Kirchen eine ganze Reihe Menschen, die eine »Schüssel« besitzen, aber nie eine »Mutter« gehabt haben. Menschen, die gerne hin und wieder, vielleicht sogar ziemlich oft den Gottesdienst besuchen, aber die nicht bereit sind, weiter und tiefer zu gehen. Die Formen und die Schale sind ihnen wichtiger geworden als der Inhalt. Sie wollen das Gebäude, die Liturgie, das Feierliche – mehr nicht.
>
> Genau diese Menschen sind manchmal ein Hemmschuh für den, der nach Tiefe und Sinn sucht. Sie wollen ihre Schüssel sozusagen selber spülen, damit sie ja nicht kaputtgeht – vielleicht, damit sie nicht entdecken müssen, dass die Schüssel leer ist?
>
> Da werden die »Neuen«, die in den Gottesdienst kommen, leicht als Bedrohung empfunden, vor allem dann, wenn sie echte Sucher sind, deren Neugierde wenig Rücksicht auf fromme Etikette nimmt. Oft wissen sie so gut wie nichts über Kirche und Glauben, Liturgien und Formen, aber haben

dafür eine Sehnsucht nach Quellen und Tiefe, die weit intensiver ist als die so manchen treuen Kirchgängers. Ist es nicht etwas Schlimmes, wenn die Wächter der äußeren, altehrwürdigen Schale für die, die auf der Suche nach dem Kern sind, zur schier unüberschreitbaren Hemmschwelle werden?

Zurück zu dem kleinen Mädchen, das wissen wollte, was wohl in der Schüssel drin ist. Vielleicht etwas von der Oma? Als es die Schüssel fallen lässt, erschrickt es furchtbar. Es ahnt, dass es das Herz seiner Mutter, ja seine Oma in tausend Stücke zerbrochen hat, und was die Mutter ihm jetzt sagen wird, wird unerhört bedeutungsschwer sein. Wenn sie dem Mädchen sagt, dass es jetzt alles, was von der Oma übrig war, kaputt gemacht hat, wird es das nie vergessen. Die Oma kaputt gemacht? Vielleicht wird dies sogar die Wahrheit sein. Vielleicht war die Schüssel alles, was diese arme Großmutter hinterlassen hat, vielleicht war ihr »unsichtbares« Erbe an ihre Tochter nichtig und leer.

Aber sagt die Mutter dem Mädchen stattdessen, dass das mit der Schüssel schade, aber nicht der Weltuntergang ist, weil Mama sich ja auch so an Oma erinnert und sie in sich trägt, wird das Mädchen die Schüssel vergessen können – und vielleicht über die Mutter etwas von Großmutters Wesen erben.

Wie antwortet die Kirche dem suchenden Menschen? Wie antworten wir? Welcher Suchende wird es wagen weiterzusuchen, wenn er auf sein unbeholfenes Tasten nur zu hören bekommt: »Mach meine Schale nicht kaputt«?[10]

In meiner Einkehrfreizeit- und Seelsorgearbeit benutze ich unter anderem die sogenannte ignatianische Meditation. Hierbei bekommt der Betreffende einen Bibeltext (oft eine Szene aus einem der vier Evangelien), mit dem er sich für ungefähr eine Stunde zurückzieht. Nach einer einleitenden kurzen Bitte um die Führung des Heiligen Geistes geht er meditativ in die Szene hinein, lässt sie

---

10 Susanne Rikner, *Skara Stiftsbok* 97–98, S. 15f

gleichsam um sich herum wachsen und lässt der Fantasie und den Gefühlen ihren Lauf, mit Bildern und Eindrücken, die kommen und gehen. Wenn die Stunde zu Ende ist, steht er vielleicht einen Augenblick auf und reckt und streckt sich, um sich darauf wieder zu setzen und darüber nachzudenken, was da während der Meditation geschehen ist.

In dem dann folgenden Auswertungsgespräch höre ich nicht selten Kommentare wie: »Heute ist nichts passiert« oder: »Diese Meditation ist total danebengegangen.« Wenn wir uns dann weiter unterhalten, zeigt sich oft, dass die Enttäuschung mit bestimmten Erwartungen des Teilnehmers darüber, was er in der Meditation hätte fühlen oder erleben *sollen*, zusammenhängt. Gerade bei denen von uns, die schon lange Christen sind, gibt es oft tief eingefleischte Bilder und Muster, die sich wie ein Raster über Bibeltexte und Gebetsformen legen, und wenn dann das, was geschieht, von diesen Erwartungen abweicht, sind wir frustriert und denken: »Das war wohl nichts« oder: »Heute hat Gott nicht zu mir gesprochen.«

Setzen wir daraufhin das Gespräch mit der Frage fort: »Können Sie mir sagen, was in Ihrer Meditation *konkret* geschehen ist?«, zeigt sich fast immer, dass die Bilder, Gefühle und Gedanken, die der Meditierende als »Störfaktoren« bezeichnet, in Wirklichkeit genau die Schlüsselelemente in seinem inneren Prozess waren. Das Problem war also nicht, dass nichts passiert ist, sondern dass die frommen Bilder dem Meditierenden den Blick für das, was da geschah, verstellt haben.

Und genau das passierte auch, als Jesus von Nazareth auftrat. Jahrhunderte der Schriftauslegung sowie die gesellschaftliche und politische Großwetterlage hatten in den Köpfen der Juden ein Bild davon geschaffen, wie der kommende Messias aussehen und was er sagen und tun würde. Jesus aber weigerte sich, sich von diesem Bild, diesem Produkt der religiösen und politischen Wunschvorstellungen der Menschen vereinnahmen zu lassen. Der Apostel Johannes berichtet uns seine Reaktion angesichts dieser Wunschvorstellungen. Es ist eine Reaktion, die wir wohl alle schon selber einmal erlebt haben, wenn unsere Mitmenschen uns mehr nach ihren Vorstellungen von uns begegneten als nach dem, was wir wirklich sind:

Als die Leute dieses Wunder sahen, riefen sie aus: »Dieser ist wirklich der Prophet, den wir erwartet haben. Er ist es, der in die Welt kommen soll.« Jesus merkte, dass sie im Begriff waren, ihn mit Gewalt aufzuhalten und zum König zu machen. Da zog er sich wieder auf den Berg zurück und blieb dort für sich allein. (Johannes 6,14-15)

So wird der Konflikt Jesu mit den Erwartungen der Menschen zum Spiegel des Bilderfluches in unserem eigenen Leben. Und es waren nicht nur seine Feinde, die ihre Vorstellungen vom Messias hatten; auch seine Jünger landeten wieder und wieder in dem Konflikt zwischen ihren Erwartungen von dem, was der Messias tun würde, und dem, was er tatsächlich tat. Die Trennlinie verläuft also nicht so sehr zwischen denen, die Bilder haben, und denen, die keine haben, sondern zwischen denen, die bereit sind, ihre Bilder loszulassen, und denen, die sie verbissen festhalten.

Jahrhunderte bevor Jesus kam, ahnte der Prophet Jesaja schon, dass die befreiende Wirklichkeit uns dort begegnen wird, wo sie nach Meinung unserer Bilder nicht sein kann:

Wer hat unserer Botschaft geglaubt? Wem wurde der mächtige Arm des Herrn offenbart? Er wuchs vor ihm auf wie ein Spross; er entsprang wie eine Wurzel aus trockenem, unfruchtbarem Land. Sein Äußeres war weder schön noch majestätisch, er hatte nichts Gewinnendes, das uns gefallen hätte. Er wurde verachtet und von den Menschen abgelehnt – ein Mann der Schmerzen, mit Krankheit vertraut, jemand, vor dem man sein Gesicht verbirgt. Er war verachtet und bedeutete uns nichts. Dennoch: Er nahm unsere Krankheiten auf sich und trug unsere Schmerzen. Und wir dachten, er wäre von Gott geächtet, geschlagen und erniedrigt! (Jesaja 53,1-4)

Was würde Mama dazu sagen?

Zurück zur Ehe: Hier merken wir bald, wie die Bilder in zwei Richtungen wirken. Bis jetzt haben wir uns vor allem mit »meinem Bild von dir« befasst, also zum Beispiel wie der Mann sich seine Frau oder wie ein Pastor sich eine »lebendige« Gemeinde vorstellt. Aber genauso wichtig ist »dein Bild von mir«.

Grundsätzlich stellt uns das offen ausgesprochene Bild vor eine leichtere Aufgabe als das unausgesprochene, zwischen den Zeilen liegende. Ein Ehemann, der seiner Frau deutliche Signale gibt, was er von ihr in der Kindererziehung oder im Bett erwartet, wird eine klare Reaktion bekommen: Widerstand oder freudige oder auch widerwillige Zustimmung. Es ist bedeutend schwerer, mit unausgesprochenen Andeutungen oder stillschweigenden Erwartungen umzugehen. Ein mehrdeutiger Blick, ein plötzliches Schweigen oder eine Umarmung, die nicht kommt, können Schuldgefühle hervorrufen, die wie Kletten haften und sich kaum wieder abschütteln lassen.

Ein klassisches Beispiel ist die gekränkte Mutter, die auf der Klaviatur der Schuldgefühle ihrer erwachsenen Tochter spielt und diese so noch mit dreißig Jahren zu ihrem »Mädchen« macht. Die Tochter wird eine Expertin darin, Mamas Bildersprache zu deuten. Sobald sie in die Nähe der Mutter kommt, schlüpft sie wie auf Bestellung in ihre Rolle. Schon die zaghaftesten Signale, dass die Tochter womöglich dabei ist, das Bild infrage zu stellen, lösen bei der Mutter heftige Opferreaktionen aus. »Dir ist es ja egal, wie krank ich bin« usw. Das Zerreißen so tief gehender Bindungen erfordert gründliche Seelsorge, Therapie und Fürbitte, wobei es ein mutmachendes Zeichen der beginnenden Heilung ist, wenn die Tochter es schafft, wütend auf Mama zu sein, ohne ein schlechtes Gewissen zu bekommen.

In einer Ehe kann einer der Partner sich lange Zeit damit zermürben, dass er (oft ganz unbewusst) verbissen versucht, den Vorstellungen des Partners von dem Idealmann/der Idealfrau zu entsprechen. Dies kann noch verstärkt werden durch über Generationen zurückreichende Faktoren der Familiendynamik, wie bei dem Fall der Ehefrau, die sich von der Verwandtschaft ihres Mannes nicht angenommen fühlt und nun unbewusst versucht, sich so zu verändern, dass sie endlich »dazugehört«. Wie bei allen falschen Bildern besitzen auch diese ein eingebautes Verfallsdatum; irgendwann beginnt der Unterschied zwischen Bild und Wirklichkeit so penetrant zu stinken, dass die betreffende Person den Aufstand probt –

wieder mit der doppelten Möglichkeit, dass es entweder zur Heilung oder zur Trennung kommt.

Da ist es der große Wunsch des neuen Pastors, aus der traditionellen Pastorenrolle auszubrechen und die Gemeinde zu größerer Mitarbeit zu motivieren. Er sieht die Gemeinde als kreative Gemeinschaft und nicht als Ort für kirchliche Amtshandlungen. Doch es dauert nicht lange und dieses Wunschbild stößt auf heftigen Widerstand: Das traditionelle Bild vom Pastor, der alles tut und alles weiß und nicht von seinem Podest herunterdarf, ist ungefähr so flexibel wie die aus dem Mittelalter stammenden Steinmauern der Kirche ...

Und diesen Widerstand riskiert jeder Pastor oder sonstige Mitarbeiter, der versucht, aus dem Klischeebild des »Berufschristen« auszubrechen und ein wirklicher Mensch zu werden. Es ist schlicht und einfach nicht sicher, dass die Leute so etwas wollen, und wenn sie noch so fleißig das Gegenteil beteuern. Womöglich basiert zu viel im kirchlichen System auf der »stellvertretenden Frömmigkeit«, als dass solche Neuerungen willkommen wären. Wenn der Pastor ein Mensch wie wir ist, was wird dann aus unseren so sorgfältig einstudierten Rollen? Wenn er im Ernst anfängt, Verantwortung zu delegieren und von seinen Schäfchen einen erwachsenen Glauben zu erwarten, was kommt dann womöglich an Defiziten in unserem Glaubensleben und geistlichen Wissen ans Tageslicht? Die Macht der Bilder wurzelt tief.

Dies ist ein Bereich mehr, wo in der Gemeinde der Streit der verschiedenen Bilder das Leiten anstrengender machen kann, als die Polizei erlaubt. In ein und derselben ganz normalen Gemeinde können gleichzeitig die folgenden Bilder vom Pastor kursieren: der Pastor als Alleinunterhalter, der alle, alle glücklich macht ... der charismatische Prediger, der jeden Sonntag die nächste hochprophetische Botschaft liefert ... der kirchliche Supermanager, der es an Zielvorgaben und Organisationstalent mit jedem Firmenchef aufnehmen kann ... der interessante Akademiker, der das intellektuelle Klima in der Gemeinde stimuliert ... der Seelsorger, der in weichen Pantoffeln einhergeht und ein ungemein einfühlsamer Zuhörer mit unbegrenzt viel Zeit ist ... der Medienprofi, der an jedem Finger einen

Reporter hat und die Gemeinde gekonnt auf der Karte der Massenmedien platziert ...

Ohne Zweifel: Es verlangt eine gewisse Standfestigkeit von einem Gemeindeleiter, um diesen oft so widerstreitenden Bildern widerstehen und schlicht er selber sein zu können. Wer will als Erster den Stab brechen über den, der der Versuchung erliegt, sich durch die Anpassung an eines der Bilder ein wenig Zeit und Arbeitsruhe zu erkaufen? Aber die Folgen solcher Anpassungstaktik lassen meist nicht lange auf sich warten: Erschöpfung, Frust in der Familie, Streit in der Gemeinde usw.

In unserem Nachbardorf hielt der Tierverhaltensforscher Lars Fält einmal im Hundeverein einen brillanten Vortrag. Fält, einer der führenden Hundeausbildungsexperten der Welt, referierte unter anderem über Führung in einem Wolfsrudel, dem wilden Gegenstück zum Hund. Man kann natürlich jedes beliebige Verhalten durch Parallelen aus der Tierwelt legitimieren, aber an diesem Abend lernten wir einiges darüber, was wirkliches Führen bedeutet.

Der Leitwolf in einem Wolfsrudel ist meist eine ältere Wölfin, die aufgrund langer Erfahrung das Überleben gelernt hat. Sie weiß, wo die Gefahren lauern und wie man sie überlistet, sie kennt das Verhalten der Beutetiere und weiß, wie man an Fleisch kommt, sie kennt auch ihre eigene Körpersprache und weiß, wann es Zeit zum Ausruhen ist und wann zum Arbeiten. Sie bekommt ihre Position nicht dadurch, dass sie dominant ist; die Wölfe lernen es rasch, dass es nichts bringt, einem Angeber zu folgen. Nein, sie wird Leitwolf aufgrund ihrer Fähigkeit, die Bedürfnisse des Rudels zu erkennen und zu befriedigen. Es lohnt sich schlicht und einfach, ihr zu folgen. Sie setzt ihre Autorität wohl ein, um freche Konkurrenten in ihre Schranken zu verweisen, aber, wie gesagt, es ist nicht Stärke an sich, die sie zum Leitwolf macht.

Das Phänomen des »Image« ist in der Tierwelt völlig unbekannt. Es ist undenkbar, dass es einer Wölfin gelingen könnte, ihre Führungsrolle durch eine bloße Fassade der Stärke und Klugheit aufrechtzuerhalten; die anderen Wölfe würden sie sofort durchschauen und sich einen anderen Leitwolf suchen. Vielleicht sind es solche Gesetzmäßigkeiten, die dazu führen, dass in der Kirche geistliche

Möchtegernführer, die in der Praxis den anderen weder Schutz noch Futter bieten können, wieder von der Bildfläche verschwinden. Ihre Fixierung auf das Bild, das sie von sich haben, macht sie blind für ihr eigenes Innere und nimmt ihnen damit das einzige Sensorium, das wir haben, um zu merken, was wir und was die anderen wirklich brauchen – die Grundvoraussetzung für den echten »Leitwolf«. Dag Hammarskjöld hat es auf den Punkt gebracht: »Für den Anschein, Einfluss zu haben, zahlt man mit seiner Wirklichkeit.«[11]

Ein solches falsches »Leitwolfbild« kann nicht funktionieren ohne ein Gegenbild. Das Bild von mir selber als großem Führer setzt ein entsprechendes plattes Bild von den anderen als Empfänger meiner Führungskünste voraus. Das Wissen und die Erfahrung gehen nur in *eine* Richtung, nicht in zwei. Was bedeutet, dass die Reaktionen der anderen nur in zwei Kategorien fallen können; entweder sie sind »offen« oder »widerspenstig«. Ein solches Bildsystem führt immer zu Aggressionen und Spaltungen, ob nun in der Familie, in der Firma, in der Kirche oder in der Politik.

Das verdrängte Böse

Wieder finden wir hier die Paarstruktur der Bilder: »Ich brauche das Bild von deiner Schwachheit, um das Bild von meiner Stärke aufrechtzuerhalten.« In einer Ehe zum Beispiel, in der der eine Partner schwer krank ist, kann das Leben jahrelang nach dem Muster »A braucht B« verlaufen. Wird dann der Kranke unvermutet gesund, kommt es nicht selten zur Scheidung; die Bilder haben sich so festgesetzt, dass die Eheleute unfähig sind, aus ihnen auszubrechen und sich in einer Beziehung zwischen Gleichstarken neu zu orientieren. Ähnlich kann etwa mein Bild von dem anderen als »unpraktisch«, »eigenbrötlerisch«, »arbeitssüchtig«, »träge« usw. meine Eigenwahrnehmung als »praktisch«, »kontaktfreudig«, »gelassen«, »kreativ« usw. verstärken.

---

11 Dag Hammarskjöld, *Zeichen am Weg* (München: Droemersche Verlagsanstalt, 1965), S. 102

Da will ein Mensch, der ein schwaches Selbstbild hat, endlich jemand sein. Was liegt für ihn näher, als sich ein »Feindbild« zu suchen, das ihn selber in ein besseres Licht rückt? Wie bei dem Teenager, der das kindliche Bild von den Eltern, die alles wissen, alles können und immer gut sind, ablegt und sich stattdessen das Bild von dem hoffnungslos rückständigen und unbeholfenen Vater bastelt oder von der ätzend lästigen Mutter, die einen nicht in Ruhe lassen kann – »schaut her, was bin ich dagegen reif und selbstständig ...« Das Kind rebelliert gegen ein Negativbild von seinen Eltern, um sich von ihnen freizumachen.

Das Teenager-Beispiel hat seinen natürlichen Platz im Leben. Mark Twain soll einmal gesagt haben: »Als ich fünfzehn war, staunte ich, wie wenig mein Vater wusste, mit fünfundzwanzig staunte ich, wie schnell er dazugelernt hatte.«

Ein weniger glückliches Beispiel ist die Ehe, in der die Frau lange Jahre im Schatten ihres Mannes gelebt hat. Beginnt sie eines Tages, ein höheres Selbstwertgefühl zu entwickeln und ihren Mann etwas von seinem Podest herunterzuholen, ist die Versuchung groß, die Sache dadurch zu beschleunigen, dass sie gewisse Negativbilder von ihrem Mann entwickelt, um selber besser dazustehen: »Der sitzt doch den ganzen Abend nur an seinem Computer und spielt ... Der ist immer noch Mamas kleiner Liebling ... Wenn er erst mal sein neues Auto hat, ist er wieder zufrieden ...«

Dergleichen geschieht natürlich nicht bewusst, aber irgendwie bezieht das neue Selbstbild der reifen, selbstständigen Frau einen Teil seiner Nahrung durch die Hintertür solcher Zerrbilder des früher so allmächtigen Mannes. Was zweierlei zeigt: Erstens, dass diese Frau doch nicht so emanzipiert von ihrem Mann ist, wie sie glaubt; sie braucht ihn immer noch (wenn auch jetzt gleichsam im Negativ), um jemand zu sein. Und zweitens blockieren diese primitiven Bilder natürlich das echte, erwachsene Gespräch mit dem Ehemann, der sich nur angegriffen fühlt.

In seiner extremsten Form schlägt dieses Bilderspiel in Formen des Verfolgungswahns um. Die Psychologen erklären dies so, dass der Betreffende nicht mit seiner inneren Dunkelheit, seinen eigenen Wunden und Spannungen fertig wird und sie daher nach außen projiziert, in seine Umwelt hinein, mit der Folge, dass er sich schließlich von lauter Feinden umzingelt fühlt, die ihm sein Geld stehlen, seine Karriere zerstören, ihn verleumden oder umbringen wollen usw. Die Person verlegt alles, was an ihr selber problematisch ist, nach außen; die anderen sind die Bösen, nicht ich ...

Wir finden diesen Mechanismus in allen Verschwörungstheorien der Menschheitsgeschichte wieder. Je mehr sich eine Gruppe als auserwählte Trägerin der rechten Lehre und der rechten Praxis fühlt, umso größer wird ihr Bedürfnis nach grellen Feindbildern, die ihr helfen, dieses Selbstbild aufrechtzuerhalten. Zum Feind kann jeder werden: Kommunisten, Kapitalisten, Liberale, Fundamentalisten, die Männer, die Frauen, Ausländer, Juden, Muslime usw. Die innere Dynamik zwischen Selbstbild und Feindbild ist immer die gleiche, und solange man in diesem Schwarz-Weiß-Klischee gefangen ist, ist es (das hat die Geschichte immer wieder gezeigt) so gut wie unmöglich, zu konstruktiven Lösungen zu finden.

Nicht zuletzt die Kirchengeschichte wimmelt von entsprechenden Beispielen. Liegt es daran, dass wir Gottes Ruf zur Heiligung so leicht mit unserem psychologischen Bedürfnis nach einem sauberen Selbstbild vermischen? Ich wähle nur ein Beispiel:

Im Jahr 909 wurde in Burgund das Kloster Cluny gegründet. Nicht zuletzt dank einer Reihe fähiger Äbte wuchs das Kloster rasch und wurde bald eines der größten und einflussreichsten in Europa, das zahlreiche Tochterklöster auf dem ganzen Kontinent gründen konnte. Mit dem Erfolg kam auch der Reichtum, und Cluny entfaltete in Kunst und Liturgie eine verschwenderische Pracht.

1112 trat ein französischer Adliger namens Bernhard von Clairvaux im nahe gelegenen Citeaux in ein anderes Kloster ein, das binnen Kurzem zum Brennpunkt einer explosiv wachsenden Reformbewegung wurde. Die Zisterzienserklöster wurden auf schlechten Ackerböden erbaut, denn sie verstanden sich als Gegenpol der Schlichtheit zu der Dekadenz in Cluny. In einem Brief an Petrus Venerabilis, den Abt von Cluny, schreibt Bernhard:

> Saget mir, ihr Armen (so ihr denn wirklich arm seid!): Was hat Gold in einem Heiligtum zu schaffen? Die Kirche strahlt in

> ihren Mauern und leidet Not in ihren Armen. Sie fasst ihre Steine in Gold und lässt ihre Kinder nackend. Sie verwendet das Geld, das sie den Armen geben sollte, um die Blicke der Reichen zu verzücken. Die Neugierigen können ihre Leidenschaft befriedigen, und den Notleidenden mangelt das tägliche Brot.[12]

Die Antwort des Abts von Cluny lässt ahnen, dass er bei Bernhard von Clairvaux etwas mehr sah als prophetischen Scharfblick: »O, ihr Pharisäer von heute, die ihr euch von den anderen Mönchen in fast der ganzen Welt durch Kutten aus ungefärbter Wolle unterscheidet, um zu zeigen, dass ihr weiß seid, während die anderen schwarz sind.«[13]

War hier der klare Blick abermals getrübt durch den Fluch der Schwarz-Weiß-Bilder? Wie weit »brauchten« Bernhard und seine Brüder die »Dekadenz« von Cluny, um sich als radikale Reformer zu fühlen? Was für Kräfte schlichen sich damit in die geistliche Erneuerung ein und schmälerten ihre guten Früchte?

Nur ein paar Jahrzehnte später beklagt sich der Engländer Walter Map in einem Brief bitterlich über das Vorgehen der Zisterzienser und wie sie »Dörfer und Kirchen abreißen und die Armen aus ihren Häusern vertreiben«[14]. Und in Schweden braucht man sich bloß so astronomisch reiche Klöster wie Varnhem, Alvastra oder Julita anzuschauen, um zu ahnen, wie unerbittlich und zerstörerisch das Dunkle, das wir aus unserem Bild von uns selber verdrängt haben, früher oder später zurückkommt.

Wie sehr »brauchen« wir eigentlich neurotische Bischöfe und machtlüsterne Kirchenpolitiker, um uns fromm zu fühlen? Was für eine Rolle spielt das liberale oder fundamentalistische Gespenst für unser Selbstbild als das rechte Angesicht der Kirche? Es gibt immer, in der Politik wie in der Religion, Gruppen, die sich in ihrem Selbstbild vom ewigen Rebellen der Gerechtigkeit regelrecht eingegraben

---

12 Gunnel Vallqvist, *Helgonens svar* (Proprius, 1981), S. 118

13 C. H. Lawrence, *Medieval Monasticism* (London, New York: Longman, 1984), S. 148

14 Lawrence, *Medieval Monasticism*, S. 162

haben. Es gelingt ihnen scheinbar nicht mehr, auch nur eine Viertelstunde lang ein normales Gespräch zu führen, ohne gleich die nächsten Argumente für die abgrundtiefe Verderbtheit des Feindes und ihre eigene Auserwähltheit zu sammeln. Es mag vieles sogar richtig sein an ihren Beobachtungen und Überzeugungen, aber der Eindruck, den sie letztlich hinterlassen, lautet nicht selten so: »Wer solche Freunde hat, braucht keine Feinde mehr.«

Der Kontrast könnte kaum größer sein, wenn wir diese Eiferer mit den echten, biblischen Propheten vergleichen. Eine durchgehende Eigenschaft der alttestamentlichen Propheten ist das tiefe Bewusstsein der dunklen Seiten in ihrem eigenen Leben. Ihr Selbstbild ist nicht von der Überzeugung bestimmt, dass niemand für ihren Auftrag geeigneter sein könnte als sie, sondern von der höchst ernüchternden Erfahrung, dass sie völlig ungeeignet sind. Es ist diese Selbsterkenntnis, die sie in den Stand setzt, die Missstände im Volk Gottes zu geißeln, anstatt die Nachbarvölker als die große Gefahr darzustellen. Bei seiner gewaltigen Gottesvision im Tempel ruft Jesaja aus: »Wehe mir, denn ich bin verloren! Denn ein Mann mit unreinen Lippen bin ich, und mitten in einem Volk mit unreinen Lippen wohne ich. Denn meine Augen haben den König, den Herrn der Heerscharen, gesehen« (Jesaja 6,5; ELB).

Erst jetzt kann Gott ihm den prophetischen Auftrag erteilen, ohne Gefahr zu laufen, dass er ihn mit seinem weißen Selbstbild und schwarzen Feindbild verdrehen wird. Die religiöse Elite hat dem Volk Gottes noch nie etwas zu sagen gehabt. Ihre Worte führen nur zu Schuldgefühlen und Spaltungen. Gottes Wort muss von unten kommen, um zu befreien. Das Licht muss sich in Menschen brechen, die selber zerbrochen sind, damit es nicht blendet, sondern leuchtet.

»Es geht nicht mehr«

Wie wird es weitergehen mit Thomas und Gunilla? Werden sie den Weg heraus aus ihren Bildern und zueinander hin finden? Oder werden sie in den Bildern stecken bleiben und sich immer weiter voneinander entfernen? Ich habe den Ausgang offengelassen, um zu unterstreichen, dass die Geschichte unserer Bilder nicht fertig geschrieben ist. Wir schreiben selber an ihr mit, und dies in weit höherem Maße, als die Zwänge unserer Bilder uns ahnen lassen. Jemand, der außerhalb ihres Magnetfeldes steht, muss uns sagen: »Du hast eine Wahl.«

Aber genau diese Wahl scheint uns so unmöglich, wenn die Krisen des Lebens unserer Ehe die Daumenschrauben anziehen. Die Bilder von uns selber und dem Partner scheinen für immer festgefahren zu sein; nichts geht mehr, Veränderung unmöglich. Die Macht der Rollen erscheint uns genauso unerbittlich wie die Tatsache, dass wir älter werden. Der Schweigsame. Die Fleißige. Der Fromme. Die Praktische. Mutters Liebling. Die graue Maus. Der Arbeitssüchtige/Computersüchtige/Fernsehsüchtige. Der Fussballfan, die Nachdenkliche, die Gefühlsbetonte, die mit dem schwachen Magen ...

Und dann das geflüsterte Bekenntnis vor dem besten Freund: »Ich bin das Leben mit meiner Frau so leid ... Unsere Ehe besteht nur noch aus Alltagstrott ... Ich komme einfach nicht mehr an sie ran ... Wir haben uns nichts mehr zu sagen ... Es ist alles so unwirklich geworden ...« Und eine dumpfe Schallplatte mischt sich in das Quietschen des Alltagshamsterrads: »Geht nicht mehr ... Scheidung ... geht nicht mehr ... Scheidung ...«

In solch einer Situation verwundert es schon nicht mehr, wenn es zum Ehebruch kommt. Die Kombination »tolles Image plus Ärger daheim plus Stress im Beruf plus schlechte Kommunikation in der Ehe« ist wie geschaffen für außereheliche Abenteuer. Oft lässt sich eheliche Untreue geradezu als Serie von »Bildstörungen« beschreiben, die in verschiedenen Kombinationen auftreten:

- Mein Selbstbild als Mensch, dem auf diesem Gebiet schon nichts passieren kann. »Ich habe keine Probleme mit anderen Frauen/Männern. Affären kriegen andere, nicht ich.«

- Der »Bildschirm« meines Partners ist immer trüber und undurchsichtiger geworden, ich bekomme keine emotionale Rückmeldung mehr.
- Solche Rückmeldung bekomme ich umso mehr von der neuen Frau/dem neuen Mann, der genau das Bild anspricht, das mich so unwirklich für meinen Ehepartner (und für mich selber!) gemacht hat.
- Das Bedürfnis zu beweisen, dass mein Selbstbild als attraktiv, männlich/weiblich und sexy immer noch stimmt.
- Der Drang, aus meinem langweiligen, grauen Selbstbild auszubrechen, indem ich einmal etwas richtig Verbotenes tue.
- Die neue Frau/der neue Mann lässt das Bild von meinem Ehepartner noch problematischer und dunkler werden. Dazu gehört auch, dass die Erinnerungen an all das Schöne, das wir als Paar miteinander hatten, verblassen.
- Meine Ehe hat mir den Spiegel der Wahrheit über mich selber vorgehalten. Was ich dort sehe, gefällt mir überhaupt nicht. Also nichts wie weg aus dieser Ehe und Familie und »neu anfangen«! Diesmal wird »alles gut werden« ...

In jeder Beziehung werden wir früher oder später aus kürzester Distanz mit unserem Egozentrismus, unserem Kreisen um uns selber konfrontiert. Doch verwechseln wir nicht diesen Egozentrismus mit unserem wirklichen Ich! Genau hier liegt eine der Meisterstrategien des Teufels: Er bringt uns dazu, unser Ich und unser Kreisen um uns selber zu vermischen, sodass wir allen Ernstes glauben, unser Ich zu verteidigen, wo es sich in Wirklichkeit nur um unseren Egozentrismus handelt.

Aus der Perspektive Gottes ist der Unterschied glasklar: Unsere Ichbezogenheit ist das größte Hindernis zur Befreiung unseres wahren Ich. Darum geht Gottes Strategie in die andere Richtung: Lauf nicht weg, um dein Kreisen um dich selber zu retten, sondern bleib, wo du bist, damit dein Egozentrismus abbröckeln und dein wahres Ich nach außen treten kann.

Die Wüstenmönche des 4. Jahrhunderts waren mit diesem Problem wohlvertraut. Sie hatten sogar einen eigenen Namen dafür: *Acedia*. Das Wort kommt aus dem Griechischen und bedeutet so viel wie

»Überdruss«, »Gleichgültigkeit«, »Tristesse«, »Rastlosigkeit« und »Deprimiertheit ohne erkennbare Ursache«. Was Evagrius Ponticus in einem seiner Werke über die *Acedia* schreibt, kommt manchem heutigen Leser merkwürdig bekannt vor. Vielleicht haben das Leben in einem Kloster und das Leben in einer Ehe doch einiges gemeinsam?

Der Dämon der Acedia, den man auch den Mittagsdämon nennt, macht wohl die größten Schwierigkeiten. Mit seiner Attacke auf den Mönch beginnt er so um die vierte Stunde (10 Uhr) und lässt bis etwa um die achte Stunde (14 Uhr) nicht nach damit. Zuerst scheint es dem Mönch, dass sich die Sonne, wenn überhaupt, nur ganz langsam weiterbewege und dass die Länge des Tages mindestens fünfzig Stunden betrage. Er fühlt sich genötigt, dauernd aus dem Fenster zu schauen, die Zelle zu verlassen, sorgfältig nach der Sonne zu sehen, um festzustellen, wie weit sie noch von der neunten Stunde (15 Uhr) entfernt ist, erst in diese, dann in jene Richtung zu blicken, um vielleicht den einen oder anderen seiner Mitbrüder die Zelle verlassen zu sehen. Langsam lässt er im Herzen des Mönches einen Hass auf den Ort aufsteigen, an dem er sich befindet, auf sein gegenwärtiges Leben und auch auf die Arbeit, die er verrichtet. Er macht ihn glauben, dass die Liebe unter den Brüdern erstorben sei und dass es niemanden gibt, der einem Mut zuspricht. Sollte ihm während dieser Zeit zufällig jemand zu nahe treten, dann benutzt das dieser Dämon, seinen Hass noch zu vertiefen. Er bringt ihn nun dazu, sich nach anderen Orten zu sehnen, wo er sich das zum Leben Notwendige leichter besorgen kann, wo es einfacher ist, Arbeit zu finden, und wo er sich mehr Erfolg verspricht. Er hört nicht auf, ihm einzuflüstern, dass sein gegenwärtiger Platz nicht der einzige Ort sei, an dem er ein gottgefälliges Leben führen könne, denn Gott lasse sich ja überall verehren. Dazu lässt er ihn sich an seine Lieben zu Hause erinnern und an seinen früheren Lebenswandel. Er malt ihm ein langes Leben aus, das noch vor ihm liegt, und führt ihm gleichzeitig die ganze Mühe asketischen Ringens vor Augen. Mit anderen Worten, er lässt nichts unversucht, den Mönch dahin zu bringen, seiner Zelle den Rücken zu kehren und den Kampf aufzugeben.[15]

15 Evagrius Ponticus, *Praktikos. Über das Gebet* (Vier-Türme-Verlag, Münsterschwarzach 1986), S. 38f

In zwei Häusern wohnen

Ingmar Bergmans Film »Herbstsonate« spielt im Pfarrhaus bei Eva und Viktor. Evas Mutter, die weltberühmte Konzertpianistin Charlotte (gespielt von Ingrid Bergman), kommt (was selten genug geschieht) auf Besuch, und die einleitenden Szenen vibrieren vor Erwartung und Spannung. Dann kommt Charlotte, mit ihrem ganzen weltgewandten Charme, und es entwickelt sich ein artiges Kammerspiel – wie schön, Mama, dass du da bist ... Doch man merkt, wie sehr es unter der Oberfläche brodelt.

Die Eruption erfolgt am Klavier. Eva hat ein Stück von Chopin gespielt, und es liegt in der Luft, dass Charlotte jetzt dasselbe Stück spielen wird, um vorzuführen, wie man es *richtig* spielt. Nach etwas gutem Zureden tut sie das auch, und während sie elegant auf das Meer der Musik hinaussegelt, richtet sich die Kamera auf Eva (gespielt von Liv Ullman). Eva betrachtet ihre Mutter mit Augen, in denen sich die aufgestaute Enttäuschung, Trauer und Wut eines ganzen Lebens spiegeln. Als das Stück zu Ende ist, bricht der Damm.

In Brandungsbrechern der Verzweiflung bekommt Charlotte zu hören, was bisher noch nie ausgesprochen wurde. Aus der Sintflut der Worte kristallisieren sich die Konturen heraus, wie es unter der blank polierten Fassade wirklich war. Charlotte hat als Mutter ein *Bild* von ihrer Tochter geliebt – ein glattes, charmantes, gelungenes Bild, ein Bild, das harmonisch zu ihrem eigenen Bild von der fürsorglichen Mutter passt, aber das verschwindend wenig mit der wirklichen Eva zu tun hat, die ihr ganzes Leben lang gleichsam neben diesem Bild stand. Charlottes bestürzte Versicherungen, dass sie ihre Tochter doch immer geliebt hat, offenbaren bei näherem Hinsehen nur, dass sie in ihr eigenes Spiegelbild vernarrt war. Das wirkliche Kind stand die ganze Zeit einsam und verlassen daneben.

Wo eine Mutter derart ihre eigenen Bedürfnisse und Wunschträume auf ihr Kind projiziert, bis sie das wirkliche Kind nicht mehr sehen kann, lernt das Kind, sein eigentliches Ich zu verachten und zu hassen: »Der, der ich wirklich bin, steht Mama nur im Weg.« Evas Ehemann Viktor kämpft mit den Folgen dieser Katastrophe, wenn er sagt, dass ihm »die richtigen Worte fehlen, um Eva begreiflich zu machen, dass ich sie wirklich liebe«. Die Worte prallen von ihrem Selbstbild der ungeliebten Tochter ab; sie kann sie nicht verstehen.

Das Schmerzniveau des Filmes erreicht seinen Gipfel, als der Zuwendungsdurst von Eva und ihrer geistig zurückgebliebenen Schwester an Charlottes eigene Sehnsüchte und Wunden rührt. Denn die haben sie, als die Töchter noch klein waren, wieder und wieder zur Flucht aus der allzu hautnahen Menschlichkeit zu Hause in die große weite Welt der »berühmten Konzertpianistin« getrieben. Zum Schluss wird die Konfrontation mit den Anklagen der erwachsenen Töchter zu viel für Charlotte, und sie macht das, was sie bisher noch immer gemacht hat: Sie flüchtet. Hier ist das Wort »bisher« wichtig, denn der Film endet mit einem schwebenden Akkord, der über dem fortfahrenden Auto zu hängen scheint: Eine wirkliche Rückkehr, eine Versöhnung ist vielleicht doch möglich ...

Der Mensch ist ein Beziehungswesen, das gleichsam von außen definiert werden muss. Allein Gott kann seine Identität im tiefsten Sinne so beschreiben, wie er es vor Mose in dem brennenden Dornbusch tut: »Ich bin, der ich bin« (2. Mose 3,14; ELB). Nur Gott kann sich selber definieren. Der Mensch muss von jemand anderem gesehen, bejaht, angenommen werden, um zu wissen, wer er ist. Und ob es uns passt oder nicht: In diesem Prozess sind unsere Eltern die entscheidenden Akteure, mit dem ganzen Geflecht an guten und schlechten prägenden Faktoren, das unsere gefallene, zerrissene Welt nun einmal mit sich bringt.

Die Prägung des kindlichen Selbstbildes durch die Eltern hat zutiefst etwas mit dem eigenen Selbstbild der Eltern zu tun. Eine Mutter, deren Selbstwertgefühl ganz auf Leistung beruht (ob nun im Beruf oder zu Hause), wird unweigerlich einen großen Teil dieses Selbstbildes auf ihr Kind übertragen. Die Mutter mag ihm hundert Mal versichern: »Ich liebe dich so, wie du bist«, das Kind vernimmt andere, stärkere Signale. Ein innerlich verunsicherter Vater, der ständig Bestätigung braucht, kann sich noch so anstrengen, seinen

Kindern ein Gefühl der Geborgenheit zu vermitteln – die Erfahrung zeigt eher, dass seine eigene Unsicherheit den Worten und Gesten eine andere Resonanz gibt. Es ist schwer, anderen etwas zu geben, was man selber nicht hat.

Dazu kommen die mehr aktiven Prägungen des kindlichen Selbstbildes durch die Eltern. »Ich habe dich lieb, wenn du fröhlich und artig bist, aber nicht, wenn du unartig bist.« Kann sein, dass der Vater oder die Mutter dies nie wörtlich sagen, aber ein Kind lernt rasch, welche seiner Eigenschaften und Verhaltensweisen die Eltern akzeptieren und welche nicht. Wohl die meisten von uns lernen (auf die unterschiedlichste Art und Weise) als Kinder eine Liebe kennen, die an *Bedingungen* geknüpft ist: Wir lieben dich und nehmen dich an, jawohl – *wenn* du fleißig bist, *wenn* du lieb bist, *wenn* du die gleichen Freizeitinteressen hast wie Mama und Papa, *wenn* du dein Zimmer aufräumst, *wenn* du gute Noten nach Hause bringst, *wenn* du uns nicht störst, *wenn, wenn* ...

Und so lernt das Kind, wie Eva in »Herbstsonate«, seine wirklichen Gefühle, seine eigentlichen Interessen, sein wirkliches Ich hintanzustellen und gering zu achten. Das Bild, das seine Eltern von ihm haben, treibt es gleichsam hinaus in die Kälte, und sein Selbstbild wird negativ.

Diese Zusammenhänge zu ahnen kann für Eltern etwas unerhört Schweres sein. In »Herbstsonate« ist es eine offene und scheinbar sinnlose Frage, wessen Schmerz der tiefere ist – der Charlottes oder der ihrer Töchter. Früher oder später lehrt uns das Leben etwas, das eigentlich selbstverständlich ist, aber das man so leicht vergisst: dass jeder Vater und jede Mutter selber auch ein Kind ist. Unsere Versuche, für unsere Kinder zu sorgen, sind unauflöslich verflochten mit den eigenen Bedürfnissen, die wir als Kinder hatten und die erfüllt wurden oder auch nicht. Und so tun wir mal das Richtige und mal das Falsche, als zutiefst gespaltene Wesen, die geprägt sind von den beiden Urfundamenten des Menschen: der Schöpfung und dem Sündenfall. Der Mensch ist Gottes Ebenbild, mit allem Guten, das dazugehört, aber er ist auch ein Ebenbild, das sich von Gott abgewandt hat, mit allem Bösen, das *daraus* folgt.

Wenn wir einen Augenblick innehalten und auf den Satz lauschen:

»Gott ist nicht Kind von irgendjemand, er ist nur Vater« – dann ahnen wir vielleicht etwas davon, welche Tiefen des Trostes und der selbstlosen Barmherzigkeit in seinen Armen auf uns warten.

Warum wurde Charlotte »die weltberühmte Pianistin«? Zum Teil sicher ganz einfach, weil sie eine hochbegabte Musikerin war. Aber es waren noch andere Kräfte im Spiel: die Flucht vor dem Schmerz, der Verrat an den Töchtern, der krampfhafte Versuch, sich selbst und der Welt zu beweisen, dass man etwas taugt und etwas ist ...

Dergleichen Entwicklungen hängen natürlich mit allen möglichen sozialen, ökonomischen und kulturellen Faktoren zusammen, doch der rote Faden scheint dieser zu sein: Wenn das Herz »Nein« hört und das Kind nicht durch alle Bilder hindurch als ein wirklicher Mensch gesehen, bestätigt und bejaht wird, geht die Tür zur *Beziehung* als Spiegel des Selbstgefühls und der Identität ganz oder teilweise zu. Dann bleibt nur noch die *Leistung*: Ich bin, was ich tue. Kampf, Wettbewerb, Konkurrenz dominieren den Lebensentwurf. Ein solcher Mensch tut sich in Beziehungen oft schwer, muss er doch ständig der Bessere sein, um sich sicher zu fühlen.

Das Leistungssyndrom kann hundert Gesichter haben. Man findet es auf beiden Seiten der Polizeiabsperrung: bei dem härtesten Polizisten und dem radikalsten Demonstranten. Auf beiden Seiten des OP-Skalpells: bei dem geschicktesten Chirurgen und dem leichtsinnigsten Unfallopfer. Auf beiden Stühlen im Beratungszimmer: bei dem wildesten Sexsüchtigen und dem tüchtigsten Therapeuten. Auf beiden Seiten der Eingangstür der Bank: bei dem reichsten Direktor und dem raffiniertesten Dieb. Auf der Tag- und der Nachtseite des Villenviertels: in dem geschmackvollsten Wohnzimmer und bei dem rücksichtslosesten Radaubruder. Und auf beiden Seiten der Kirchentür: bei dem gelehrtesten Theologen und dem scharfsinnigsten Atheisten. Wir sind einander ähnlicher, als unsere Selbstbilder uns das vorgaukeln.

Aber es sind natürlich nicht nur die Eltern, die unser Selbstbild prägen. Auch unsere Geschwister können tiefe Spuren in ihm hinterlassen, positive wie negative. Da ist die kluge große Schwester, bei der ich mir immer so dumm vorkam. Der etwas zarte kleine Bruder, um den ich mich als »kleine Mama« immer kümmern musste. Die bildhübsche Schwester, gegenüber der ich mir immer so hässlich vorkam. Mein dominierender großer Bruder, der mich zu so einem unsicheren Menschen gemacht hat. Nicht zuletzt vielleicht auch die Tatsache, dass ich gar keine Geschwister hatte und folglich zwischen dem Gefühl, der Nabel der Welt (sprich: meiner Eltern) und ebenso ein Außenseiter (in der Welt der Erwachsenen) zu sein, hin- und herpendelte.

Dann die Schule! Der Lehrer, der mich jedes Mal, wenn ich mit einem Vorschlag oder Beitrag kam, mit wohlgesetzten, nonchalanten Worten niedermachte: »Ich glaube nicht, dass der Leistungskurs Musik etwas für dich ist.« Die Mitschüler, die immer kicherten, wenn ich etwas sagte, die mich nie zu einem Geburtstagsfest einluden, die mich nie in ihrer Gruppe haben wollten, die nicht zu Besuch kamen, wenn ich krank war.

Und die Berufswelt! Bei der Neubesetzung des Abteilungsleiterpostens dezent übergangen. In der Mittagspause meistens allein am Tisch. Die säuerlichen Kommentare des Kollegen, der sich immer von mir bedroht fühlt. Der Chef, der dauernd meine Kollegin vorzieht. Oder für den Chef selber das ständige Gefühl, dass die anderen einen als humorlosen Aufpasser sehen. Oder es fällt mir schwer, »Nein« zu sagen, und schon bin ich im Betrieb das Mädchen für alles. Und so weiter und so fort.

Es ist immer wieder das Gleiche: Die anderen ziehen mir gleichsam das Kleid meines Selbstwertes als Mensch aus und stülpen mir ihre Bilder von mir über. Tief in mir spüre ich vielleicht, dass diese Bilder ja gar nicht stimmen, und doch schaffe ich es nicht, zu verhindern, dass sie mit meinem Selbstbild verschmelzen. Ich »werde« der, als den die anderen mich sehen.

Dieses Selbstbild hat einen unerhörten Einfluss auf mein Leben, meine Beziehungen und Werte. Ein Beispiel von vielen ist unser Gedächtnis: Ein Mensch, der ein negatives Selbstbild hat, neigt dazu, sich an Begebnisse und Worte, die dieses Selbstbild bestätigen, besonders gut zu erinnern, während er sich mit Szenen, die seine guten Seiten hervorheben, oft schwerer tut. »Weißt du nicht mehr, dass ich dir gesagt habe, wie froh ich bin, dass du in unsere Firma eingetreten bist?« – »Wirklich? Wann hast du das gesagt?«

Ungebetene Gäste

Kehren wir zu der einfachen Skizze über unsere Bildsysteme zurück, die wir im zweiten Kapitel vorgestellt haben:

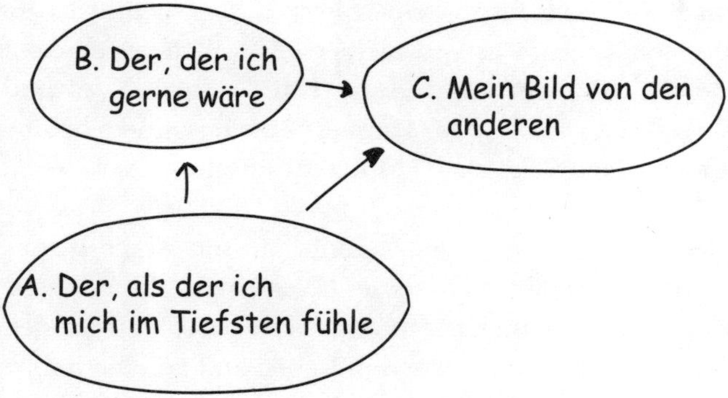

Bis jetzt haben wir vor allem das Bild A betrachtet, und zwar unter der Grundannahme, dass es eine markante Schlagseite zum Negativen hat. Natürlich gibt es viele Menschen, die kein ausgeprägt negatives Selbstbild haben, sondern ein im Großen und Ganzen positives.

Doch andererseits leben wir alle in einer gefallenen Welt, und die Spuren des Sündenfalls sind so allgegenwärtig, dass keiner von hier sagen könnte: »Das ist nicht mein Problem.« Zumindest nicht, wenn wir älter werden und die Dornen des Lebens die Risse in unserem schönen Wunsch-Selbstbild vergrößert haben.

Vielleicht kann man Bild A und Bild B mit zwei Häusern vergleichen. Das Haus ist ja ein gängiges Bild für unser Leben, das zum Beispiel in vielen Träumen auftaucht. Es ist ein spannendes Bild, mit vielen Dimensionen und möglichen Szenarien. Für jemanden mit einem negativen Selbstbild ist das Bild A so etwas wie ein »inneres Haus«, das so klein, hässlich und voll von Gerümpel ist, dass ich mich dort nicht aufhalten, geschweige denn Gäste einladen kann. Stattdessen beginne ich, mit aller Kraft das Bild B aufzubauen –

ein Haus, das so groß und schön und gut eingerichtet ist, dass ich mich dort wohlfühle und jederzeit Gäste einladen kann, ohne mich zu schämen.

Das Problem ist nur, dass ich nicht alleine über den Bau und die Einrichtung dieses Hauses entscheiden kann, und damit kommen wir zurück zur Rolle der Eltern. Meine Eltern hatten ziemlich konkrete Vorstellungen davon, was von meiner Persönlichkeit in mein »schönes« und was in mein »hässliches« Haus gehört. Evas und Charlottes Abrechnung am Klavier kann als eine besonders heftige Reaktion auf solch einen elterlichen »Möblierungseifer« beschrieben werden.

Die Energien richten sich in erster Linie auf das Haus B, das Wunsch-Selbstbild. Was soll alles in dieses Haus hinein? Eine Schicksalsfrage, deren Beantwortung zum Großteil darüber entscheidet, mit welchen Spannungen wir in unserem Leben zu kämpfen haben werden. Es zeigt sich nämlich, dass die Teile unserer Persönlichkeit, die nicht akzeptiert werden und mithin keinen Platz im Wunsch-Selbstbild bekommen, in das »hässliche Haus«, unser eigentliches Selbstbild, verbannt werden. Wir verwenden ungeheure Energien darauf, sie dort einzusperren und ja nicht zuzulassen, dass sie als »ungebetene Gäste« in unser schönes Haus kommen und stören. Hier einige der wichtigsten dieser ungebetenen Gäste:

Wut

Wir können dankbar sein, dass die Bibel im Nahen Osten entstand, wo die Menschen nicht halb so gefühlsgehemmt sind wie wir Nordlichter. Wir finden in der Bibel jede Menge Zorn, bei Gott wie bei Menschen. Was zu der berechtigten Frage führt, ob Wut nicht im Grunde etwas ganz Gesundes ist: eine Reaktion auf das Böse und Ungerechte im Leben, eine Abwehr, wenn Grenzen und Menschen verletzt werden.

Doch gleichzeitig fällt es uns notorisch schwer, mit unserer Wut richtig umzugehen. Sie wird leicht destruktiv, und daher haben nicht zuletzt die Frommen sie in die Sünderecke gestellt. Ein guter Mensch wird doch nicht wütend, und ein guter Christ schon gar nicht! Fröhlich und positiv hat er zu sein, oder doch wenigstens ruhig und beherrscht. Also hinaus mit der Wut aus dem schönen Haus!

Und was geschieht dann? Da der Zorn keinen natürlichen Platz in unserem Gefühlsrepertoire bekommen hat, verwenden wir unbewusst viel Zeit und Kraft darauf, ihn »draußen« zu halten. Aber da er solch eine starke Kraft ist, findet er immer wieder einen Weg »hinein«. Entweder in Form von gewaltsamen Ausbrüchen, wenn der Druck unsere Dämme brechen lässt. Oder er verwandelt sich in eine ätzende Säure der Bitterkeit, die sich in negativen Bemerkungen über andere Luft macht. Auch Depressionen können die Folge von jahrelang unterdrückter Wut sein. Und wie so viele andere eingesperrte Gefühle sucht sich auch die Wut schließlich oft ein körperliches Ventil in Form von scheinbar unerklärlichen Beschwerden, die wir »psychosomatisch« nennen: Kopfschmerzen, Magengeschwüre, Verspannungen usw.

Angst

Auch dies ist im Grunde eine gesunde Reaktion auf Gefahren. Wir haben zu Hause zwei schöne Araberpferde. Diese Pferde haben als Art Jahrtausende überlebt, weil sie die Kunst der Angst beherrschen, d. h. sie haben die Fähigkeit, Gefahren rasch als solche zu erkennen und sich sofort von ihnen zu entfernen. Wir Menschen dagegen haben das Vermögen, selbst die Angst fehlzudeuten und als etwas Unerwünschtes zu betrachten. Ebenso wie Wut ist auch akute Angst uns nicht geheuer; und was, wenn die Leute aus der Angst unserer Kinder den Schluss ziehen, dass wir als Eltern es nicht geschafft haben, ihnen Schutz und Geborgenheit zu geben?

Und so versuchen wir wacker, unseren Kindern einzureden, dass alles Friede, Freude, Eierkuchen sei. Wir sind, bitte sehr, eine glückliche Familie, Mama und Papa haben an alles gedacht, bei uns braucht keiner Angst zu haben. Der Grundmechanismus ist natürlich der gleiche wie bei der Wut: Die Eltern versuchen, bei den Kindern etwas zu verdrängen, mit dem sie selber nicht fertig werden. Dieser Widerstand gegen die Angst ist im Tiefsten selber eine Form der Angst, und sie bewirkt bei den Kindern eher das Gegenteil.

Ein Gegenbeispiel: Die Schriftstellerin Tove Jansson berichtet, dass ihr Vater sie, als sie klein war, oft mit an den Strand nahm, wenn ein Sturm tobte. Dort mit ihrer kleinen Hand in Papas großer zu stehen und zuzuschauen, wie der brüllende Wind die Wogen gegen die Klippen schleuderte – es war ein ausgezeichnetes Bild wirklicher Geborgenheit. Echte Geborgenheit finden wir nie dadurch, dass wir uns oder unseren Kindern einreden, dass es den Sturm nicht gibt.

Sexualität

Hugh Hefner, der Gründer des Playboy-Imperiums, wuchs in einer extrem frommen Familie auf, in der Körperkontakte jeder Art tabu waren. Das Ergebnis war, dass der Sex sein ganzes Leben und Selbstbild total beherrschte. Hefners Beispiel gibt uns eine Vorstellung davon, mit welchen Kräften wir es zu tun bekommen, wenn wir die Schöpfungsgabe der Sexualität aus dem »schönen« Haus verbannen.

Ähnlich wie zum Zorn hat die Bibel auch zur Sexualität ein bemerkenswert offenes Verhältnis, und im Alten Testament finden wir anschauliche Beispiele für die guten wie die schlechten Seiten von Sex und Wut. Aber das gnostische Denken, für das alles Körperliche und Menschliche letztlich böse ist, hat einen starken Einfluss auf die Geschichte der Kirche ausgeübt. Von Augustinus mit seinem nicht ganz glücklichen sexuellen Vorleben bis heute hat die Kirche einen bedenklichen Hang dazu gehabt, in Gottes Namen das Selbstbild des rechten Christenmenschen von allem, was mit Sex zu tun hat, zu reinigen.

Man könnte es vielleicht das Augustinus-Syndrom nennen: Ein Mensch mit einer kaputten, missglückten Sexualität wird durch eine Begegnung mit Gott aus seiner Erniedrigung befreit. Wenn ihm anschließend niemand hilft, zu einer gesunden, erlösten Sexualität zu finden, wird er anfangen, Gott als Ersatz für die Sexualität zu betrachten (und nicht als ihre Quelle). Indem er auf diese Weise in seiner inneren Gesundung sozusagen auf halbem Wege stehen bleibt, landet er in einer Trennung zwischen Gott und dem Körper bzw. der Sexualität, die ganze Generationen von Christen prägen kann. Gnostische Werte können durchaus in einem Milieu blühen, in dem die Menschen nicht die blasseste Ahnung davon haben, was Gnostizismus ist.

Wir begegnen diesem Syndrom im ganzen Spektrum der kirchlichen Tradition. Das katholische Musterbild für Kirche und Nachfolge ist eine entsexualisierte Maria, die nach katholischer Sicht nie Geschlechtsverkehr hatte und nach Jesus keine weiteren Kinder bekam. Lutherischer Pietismus und freikirchliche Superfrömmigkeit haben oft das Erotische als Teil der bösen Welt gesehen, aus der der Christ fliehen muss. Das Ergebnis war nicht selten das reinste Treibhaus für sexuelle Fantasien und plötzliche Seitensprünge. Es gibt Anzeichen dafür, dass zum Beispiel sexuelle Übergriffe verschiedener Art in solchen streng religiösen Milieus häufiger sind als im Gesellschaftsdurchschnitt.

In dieser Weltsicht besteht ein Großteil des Kampfes um einen christlichen Lebenswandel darin, sich die Sexualität möglichst weit vom Leib zu halten, nach dem Motto »Bloß nicht zu viel«. Der Sex wird zur fixen Idee unseres Lebens, die das fromme Selbstbild stört, und viele meiner Gebete drehen sich darum, dass Gott uns helfen soll, diese Versuchungen zu überwinden. Wie bei der Wut werden enorme Energien vergeudet in diesem Kampf, der im Grunde erst an dem Tag aufhört, an dem der Mensch im Namen Jesu die Sexualität als Gottesgabe in seinem Haus willkommen heißt und mit ihr zu leben lernt.

Auf Sexualität zu verzichten ist nur für den möglich, der sie zuerst in sein Lebenshaus aufgenommen und als Teil seiner Persönlichkeit bejaht hat. Man kann nur auf etwas verzichten, das man hat. Etwas bekämpfen, das ich nie als Teil meines Lebens angenommen habe, ist nicht Nachfolge, sondern Verdrängung und führt früher oder später zu heftigen, destruktiven Spannungen in der Persönlichkeit. Wir finden hier das gleiche Grundmuster wie beim Zorn.

Tod

Der Tod ist in der Geschichte der Menschheit so selbstverständlich gewesen wie das Leben. Die Kinder bekamen mit, wie die Großmutter starb und wie der Leichnam dann vielleicht mehrere Tage in ein schönes Leichentuch gehüllt in der guten Stube im Sarg lag, bevor er zur Kirche und zum Friedhof getragen wurde. Tiere zu jagen und zu schlachten war zum Überleben notwendig, und Blut bedeutete beides: Leben und Tod.

Dann kamen ein paar Jahrzehnte im 20. Jahrhundert, als die Menschen versuchten, den Tod aus dem Leben zu verbannen. Alter, Krankheit und Tod passten nicht zum Wohlfahrtsstaat, und es galt als ungehörig, kleine Kinder auf den Besuch bei der sterbenskranken Oma mitzunehmen, denn sie sollten doch nur Positives, Lebensbejahendes mitbekommen ...

Auch hier war das Ergebnis das genaue Gegenteil. Bei dem Menschen, der seine verstorbene Mutter oder Vater nie richtig betrauern konnte, wird der Tod zum ständigen Lebensbegleiter des Lebens. Es ist genau das Gleiche wie beim Zorn, der Angst und der Sexualität: Was nicht seinen natürlichen Platz in unserem Haus bekommt, verwandelt sich in ein Gespenst, das unser ganzes Leben tyrannisiert. Wir verwenden unsere ganze Energie darauf, es uns vom Leib zu halten, mit dem Ergebnis, dass es ständig anwesend ist.

Man beachte: Es geht hier nicht nur darum, dass unser »Haus« zu klein ist, dass mein Selbstbild wichtige Bereiche, die nun einmal zu mir gehören, ausgeschlossen hat. Der Schaden ist noch weit größer: Indem ich diese Dinge aus meinem Leben ausschließe, lade ich sie gleichsam mit einer Negativenergie auf, die den Umgang mit ihnen sehr viel riskanter macht. Wenn es so weit gekommen ist, brauche ich Hilfe (von Gott und von Menschen), um sie wieder (oder erstmals) zu einem natürlichen Teil meines Lebens zu machen.

Der Pharisäer-Faktor

Irgendwann komme ich an eine Weggabelung: Soll ich weiter in dem »Haus« wohnen, das ich mir nach den Vorgaben meiner Umgebung eingerichtet habe? Dem jüngeren Menschen wird diese Frage noch nicht bewusst; dafür wurzelt das Selbstbild zu tief im Unbewussten. Aber wenn ich dann älter werde, fängt das Leben an, sich an diesem Selbstbild zu reiben, und ich muss mich für einen Weg entscheiden. Meine Bindung an das Bild, das meine Mitmenschen von mir haben, kann im Prinzip zweierlei Form annehmen: Ich versuche, es zu bestätigen oder zu widerlegen.

Das Bild, das ich *bestätige,* also zu erfüllen versuche, kann ein im Grunde ganz gesundes, vernünftiges Selbstbild sein, bei dem mir die Eltern und andere Mitmenschen eine gute Mischung aus Annahme und Aufgaben mitgegeben haben. Aber es kann sich auch um den mehr krampfhaften Versuch handeln, den nicht ganz realistischen oder glücklichen Erwartungen, die meine Mitmenschen an mich haben, um jeden Preis zu entsprechen: Ich *muss* erfolgreich, begabt, nett, verantwortungsbewusst, schön sein, ich muss, ich muss! (Oder auch umgekehrt: Ich *muss* unausstehlich, dumm, hässlich, unerwünscht und störend werden, denn das bin ich ja; so haben meine Lehrer es mir jedenfalls immer gesagt.)

Und wenn ich das Bild, das meine Mitmenschen von mir haben, zu *widerlegen* versuche? Dann beschließe ich (wieder oft unbewusst), mich um jeden Preis so weit von ihm zu entfernen wie möglich. Die hochbegabte französische Autorin Simone Weil wurde als Teenager von starken Minderwertigkeitsgefühlen gegenüber ihrem großen Bruder geplagt, der ein mathematisches Wunderkind war. Sie hatte einmal mitbekommen, wie ein Besucher ihrer Mutter versicherte, dass der Junge »ein Genie« und das Mädchen »eine Schönheit« sei. Worauf sie von Stund an alles unternahm, um ihr Äußeres so uncharmant wie möglich zu machen; sie trug hässliche Kleider, benahm sich ungeschickt und ließ ihre Stimme bewusst unmusikalisch klingen.[16]

Man beachte, dass sowohl der »Bestätiger« als auch der »Widerleger« an das Bild, das die anderen von ihm haben, gefesselt ist. Er wird gleichsam von außen gelebt; er befolgt oder bekämpft ein Bild, das *andere* gemalt haben. Er hat (noch) nicht die Freiheit, auf das zu lauschen, was er jenseits aller Bilder wirklich *ist,* und dies dann ohne ständige Seitenblicke auf die anderen zu verwirklichen. Die Frage »Wer bin ich *eigentlich*, wenn man die Bilder wegnimmt?« muss bis zu einem späteren Lebensstadium warten – wenn sie denn überhaupt je gestellt wird.

---

16 David McKay, *The Simone Weil Reader* (New York 1977), S. 12

Und solange ich sie nicht stelle, geht es in meinem Leben darum, ein Selbstbild aufzubauen, mit dem ich leben kann. Da das, was ich *bin*, nach wie vor in den finsteren Gemächern des »inneren« Hauses liegt, baue ich mein »äußeres« Haus durch das, was ich *tue*. Es gilt, ständig das Richtige zu tun und ja keine Fehler zu machen, damit mein Selbstbild nicht wackelt. Ich lebe gleichsam vor laufender Kamera: Mache ich das hier gerade richtig? Welchen Eindruck bekommen die Leute von mir? Sage ich die richtigen Worte? Lächelt mein Mund im richtigen Winkel? Wirke ich glaubwürdig? Habe ich auch bestimmt nichts vergessen?

Aber ich bin nie zufrieden. Diese Art Bild ist nämlich so beschaffen, dass ich dann, wenn es mir gelungen ist, ein Stück von ihm zu verwirklichen, nicht auf das Erreichte stolz bin, sondern auf all das starre, was noch vor mir liegt. Und der kleinste Misserfolg lässt alles zusammenbrechen und schleudert mich zurück in mein inneres Haus: »Ich tauge nichts.« Mein Leben wird zu einer Berg- und Talbahn zwischen dem schönen äußeren Haus und meiner dunklen Selbstverachtung. Und so wie ich mich selber sehe, sehe ich auch meine Mitmenschen: mal mit unkritischer Bewunderung, dann wieder mit bodenloser Verachtung.

Das Neue Testament hat einen Namen für dieses Elend: »Gesetz«. Das, was eigentlich dazu gedacht war, der Hingabe des Menschen an Gott Ausdruck zu geben, wird durch seine zerbrochene Identität korrumpiert, bis nur noch die Schale des äußeren Verhaltens übrig ist. Das biblische Paradebeispiel für das ängstliche Feilen am eigenen Image sind die Pharisäer. Jesus beschreibt sie als Menschen, die völlig auf ihr »äußeres Haus«, ihre religiöse Fassade fixiert sind, während das »innere Haus« finster ist:

> *Euch Schriftgelehrten und Pharisäern wird es schlimm ergehen. Ihr Heuchler! Ihr seid wie weiß getünchte Gräber – mit einer sauberen, ordentlichen Außenseite, doch innen voller Gebeine und Schmutz. Ihr gebt euch den Anschein rechtschaffener Leute, doch euer Herz ist voller Heuchelei und Gesetzesverachtung. (Matthäus 23,27-28)*

Ich glaube, dieser Weheruf Jesu richtet sich nicht allein gegen die damaligen Pharisäer, die ihn bekämpften. Sein Zorn ist allgemeiner und gilt der ganzen Art zu leben, für die die Pharisäer seiner Zeit standen, einem Lebensstil, mit dem jeder Mensch zu kämpfen hat und der echte Selbstverwirklichung nur verhindern kann. Man beachte, dass diese Art zu leben völlig unabhängig von dem *Inhalt* des Bildes funktioniert. Man findet sie nicht nur bei dem, der superfromm sein will, sondern auch bei dem, der an dem Bild des Erfolgreichen, Attraktiven, Intellektuellen usw. bastelt.

Dieses »Hausbauen« macht ungeheuer müde. Es kostet Kraft, viel Kraft, um das äußere Haus intakt und das innere versteckt zu halten. Die selbst gebastelte Identität wird zu einer schweren Last – so schwer, dass wir sie unseren Mitmenschen mit auf die Schultern legen. Unsere Worte mögen von Freiheit reden, und das sogar im Namen Gottes; unser leistungsgepeitschtes Leben spricht eine andere Sprache. Das Wohnen in zwei Häusern führt zu einer doppelten Botschaft:

> *Deshalb haltet euch an das, was sie euch sagen, aber folgt nicht ihrem Beispiel. Denn sie handeln nicht nach dem, was sie euch lehren. Sie knebeln euch mit unerfüllbaren religiösen Forderungen und tun nicht das Geringste, um euch die Last zu erleichtern. (Matthäus 23,3-4)*

Zweitens ruft diese Art Selbstbild ein tiefes Gefühl der Schuld und des ständigen Scheiterns hervor, denn es gelingt mir ja nie, mein Haus *richtig* schön zu machen. Was ich auch tue, es reicht nicht, ich bin nie zufrieden. Was natürlich daran liegt, dass mein inneres Haus, mein wirkliches Ich nach wie vor da ist und den Abstand zwischen dem, der ich im tiefsten Grunde bin, und dem, der ich gerne wäre, ständig größer werden lässt.

Der Hebräerbrief umschreibt dieses Phänomen mit Bildern aus dem Opferkult im Alten Testament. Alle falschen Bilder, die wir Menschen haben, verlangen Opfer, und alle schaffen sie Schuldgefühle, weil die Kluft zwischen Ideal und Wirklichkeit einfach nicht zu überbrücken ist:

Die Gaben und Opfer der Priester können das Gewissen der Menschen, die sie darbringen, letztlich nicht von Schuld befreien. Denn diese alten Satzungen beziehen sich nur auf Essen und Trinken und rituelle Waschungen – auf äußere Bestimmungen, die nur gelten, bis eine neue Ordnung kommt, die besser ist. (Hebräer 9,9-10)

Eine bessere Ordnung? Die kommt erst dann, wenn Christus durch unsere Fassade brechen und den trostlosen Opferkult unserer eigenen Bilder durch sein eigenes Opfer ersetzen kann, das er ein für alle Mal für uns gebracht hat:

Wie viel mehr kann dann das Blut des Christus bewirken, denn durch die Kraft von Gottes ewigem Geist brachte Christus sich selbst Gott als vollkommenes Opfer für unsere Sünden dar. Er befreit unser Gewissen, indem er uns freispricht von unseren Taten, für die wir den Tod verdienen. Nun können wir dem lebendigen Gott dienen. (Hebräer 9,14; NLB)

Heißt dies, dass alles, was wir tun, »tote Werke« sind? Natürlich nicht. So wie es falsche Bilder gibt, die uns den Blick auf die Wirklichkeit verstellen, und wahre Bilder, die uns helfen, sie zu sehen, gibt es auch »tote Werke« und »lebendige Werke«.

Die toten dienen dazu, den Dreck und das Gerümpel in unserer Seele zu bemänteln. An und für sich können sie etwas durchaus Gutes sein, das unseren Mitmenschen hilft, aber für den, der sie tut, sind sie ein Symptom seiner Spaltung zwischen äußerem Schein und innerer Wirklichkeit. Bei den »lebendigen Werken« dagegen ist das Handeln eine natürliche Frucht dessen, was den Mensch im Innersten ausmacht.

Doch solches Lebendigsein setzt Versöhnung voraus, und solange wir in unserem »Pharisäerhaus« wohnen bleiben, sind wir unversöhnt. Unversöhnt nicht nur in dem Sinne, dass wir die Sünden und den übrigen Schutt in unserem inneren Haus nicht sehen, sondern auch in dem Sinn, dass wir uns noch nicht mit unserem eigentlichen Ich versöhnt haben. Wir klammern uns an unser Wunsch-

Selbstbild, und dieses Bild lässt es nicht zu, dass wir uns unseren Grenzen, Mängeln und Lücken stellen.

»Frömmigkeit« ist in dieser Situation so ziemlich alles, nur nicht echte Umkehr, die ja bedeuten würde, dass wir uns von dem falschen Haus und seinem frommen Schein ab- und unserem wirklichen Haus und dem lebendigen Christus, der dort auf uns wartet, zuwenden.

Und auch hier stoßen wir wieder auf die Paarstruktur der Bilder. Wenn mein »frommes« Selbstbild funktionieren soll, dann müssen die anderen Menschen »weltlich« sein. Der Pharisäer *muss* ständig andere verurteilen, er kann gar nicht anders, und wer ihm seinen »Richtgeist« vorwirft, der rüttelt an den Grundfesten seines selbstgerechten Selbstbildes. Nimmt man das Gegenbild weg, stürzt auch das Selbstbild. Im tiefsten Grunde richtet sich mein Richtgeist ja eigentlich auf mich selber bzw. auf den Dreck in meinem inneren Haus. Womit ich mich in meinem eigenen Leben nicht versöhnt habe, ertrage ich auch nicht, wenn ich es bei anderen sehe.

Wenn es nicht zur Versöhnung kommt, also zum Zerbruch des falschen Selbstbildes und der Heilung des inneren Hauses, versinkt der betreffende Mensch in aller Regel immer tiefer in Verbitterung. Wenn die Macht des Bildes mich daran hindert, die Wirklichkeit zu bewältigen, aber die Wirklichkeit sich unerbittlich immer weiter vom Bild entfernt, wird die Bitterkeit zu meiner Grundeinstellung. Dann fühle ich mich im Stich gelassen vom Leben und von meinen Mitmenschen. Und von Gott, der versprochen, aber nicht geliefert hat.

Solange ein solcher Mensch sein falsches Bild festhält, kann kein noch so großes Zeichen von Gottes Güte die Art, wie er die Welt sieht, grundlegend verändern. Wenn wirkliche Veränderung möglich werden soll, muss dieses Bild weg. Es geht einem solchen Menschen wie Lots Frau, die beim Zurückschauen auf die Ruinen ihres Lebens zur Salzsäule erstarrte (1. Mose 19,26).

Wenn es so weit gekommen ist, erträgt man keine kritischen Fragen mehr. Es ist wie bei Evas Mutter Charlotte, die auf die Anklagen ihrer Tochter empört erwidert: »Alles habe ich für dich getan, und das soll der Dank sein?« Oder wie bei einer alten »Säule der Gemeinde«, die sich angegriffen fühlt, wenn junge Menschen ihrer Sehnsucht nach echter Spiritualität Ausdruck geben: »Was habe ich nicht alles für die Gemeinde getan die ganzen Jahre, und jetzt kommt ihr und ...« Es ist immer nur um das äußere Haus gegangen, darum, um jeden Preis alles richtig zu machen. Wenn man dann gefragt wird, wie es im Herzen aussieht, ist die innere Blockade so stark und das tiefste Selbstbild so negativ, dass der Betroffene nicht die Möglichkeit sieht, die sich hier öffnet, sondern sich mit dem Rücken zur Wand fühlt.

Hier helfen keine Wahrheiten; sie verstärken den Widerstand nur noch. Hier hilft allein Gnade. Erst dann, wenn ein solcher Mensch zu ahnen beginnt, dass sehende Augen ihn nicht fertigmachen, sondern ihm helfen wollen, kann das Wunder geschehen, dass er langsam seinen Abwehrschild sinken lässt und zu hören beginnt. Erst dann, wenn wir ahnen, dass Gott nicht das schöne Haus liebt, sondern das richtige, können wir es wagen, in unser richtiges Haus zurückzukehren.

Wer ich wirklich bin

Aber steht das menschliche Ich nicht im Gegensatz zu Gott? Redet Jesus nicht davon, dass wir uns selber verleugnen müssen? Nun, schauen wir es uns an:

> *Wenn einer von euch mit mir gehen will, muss er sich selbst verleugnen, jeden Tag aufs Neue sein Kreuz auf sich nehmen und mir nachfolgen. Wer versucht, sein Leben zu retten, wird es verlieren. Aber wer sein Leben für mich aufgibt, wird es retten. (Lukas 9,23-24)*

Halten wir hier als Erstes fest, was der Ausgangspunkt ist: »Wenn einer von euch (...) *will.*« Der Zwang ist das Markenzeichen der Dämonen, nicht das des lebendigen Gottes (vgl. 1. Korinther 12,2). Jesus lädt uns in eine Beziehung ein, und eine Beziehung entsteht nicht dadurch, dass der eine Partner ausgelöscht wird. Eine Beziehung ist wie eine Brücke; sie braucht auf beiden Seiten solide Pfeiler, sonst hält sie nicht. Wer nicht »ich« sagen kann, der kann auch nicht »du« sagen.

Was für ein »sich selbst« ist es, das wir verleugnen müssen? Vielleicht kann das Bild von den beiden Häusern uns helfen, dies besser zu verstehen. Es ist das »schöne« Haus, das wir verleugnen und verlassen müssen, unser Wunschhaus, das wir ständig mit unserem wirklichen Ich verwechseln, aber das die ganze Zeit allen echten Beziehungen (zu uns selber, zu anderen Menschen und zu Gott) im Wege steht.

Jesus ist die Wahrheit, und er kann nur eine Beziehung zu dem haben, der wir wirklich sind, und nicht zu dem, der wir gerne wären. Er sieht, dass der Mensch, der sich ständig an seinem Wunschselbstbild festklammert und gegen alles wehrt, was dieses Bild bedrohen könnte, sein wirkliches Ich verfehlt. Aber wer sein selbst gebasteltes Leben fallen lässt und es zulässt, dass das Bild zerbrochen wird, der wird sein eigentliches Ich retten. Es ist dieses mein wirkliches Ich, das Jesus quer durch meine Bilderfassaden hindurch sucht, um es zu lieben und zu sich zu ziehen.

Paulus drückt das Gleiche mit anderen Worten aus, wenn er von dem »alten« und dem »neuen« Menschen spricht: »Deshalb sollt ihr euer altes Wesen und eure frühere Lebensweise ablegen, die durch und durch verdorben war und euch durch trügerische Leidenschaften zugrunde richtete. Lasst euch stattdessen einen neuen Geist und ein verändertes Denken geben. Als neue Menschen (...) sollt ihr auch ein neues Wesen annehmen.« (Epheser 4,22-24)

Der alte Mensch ist das »äußere« Haus, in dem so viel Erschöpfung wohnt, ausgelöst durch den ständigen Kampf, angenommen zu werden, und das elende Kreisen um mich selbst und meine Projekte. Und der neue Mensch kann als das »innere« Haus gesehen werdenn, das nicht das Abbild meiner Ideale ist, sondern ein Abbild Gottes. Im griechischen Urtext steht hier das Wort »Ikone«. Gott will also nicht das Abbild zerstören, die Ikone, die ich im Innersten bin, sondern nur das, was diese Ikone verdeckt.

Paulus macht das in seinem Gebet in Epheser 3 deutlich:

Deshalb beuge ich meine Knie vor dem Vater, von dem jede Vaterschaft in den Himmeln und auf Erden benannt wird: Er gebe euch nach dem Reichtum seiner Herrlichkeit, mit Kraft gestärkt zu werden durch seinen Geist an dem inneren Menschen; dass der Christus durch den Glauben in euren Herzen wohne. (Epheser 3,14-17; ELB)

Paulus betet nicht darum, dass unser Inneres zerbrochen wird, damit wir Gott gefallen können, sondern ganz im Gegenteil darum, dass unser innerer Mensch Kraft bekommt, *damit* eine echt tiefe Beziehung zu Christus möglich wird. Das wieder aufgerichtete Ich ist Vorbedingung für eine Beziehung zu Gott und kein Hindernis.

Dagegen ist das Selbstbild der Minderwertigkeit ein Hindernis für jede tiefere Beziehung, ob nun zu Gott oder zu Menschen. Wer nicht in seinem inneren Haus sein will, weil es so hässlich, eng und voller Gerümpel ist, hat keinen Ort, zu dem er seine Mitmenschen einladen kann. Er ist ständig auf der Flucht und will dauernd woanders sein.

Ein solcher Mensch kann nicht das Wesentliche vom Unwesentlichen unterscheiden, denn sein inneres Sensorium ist verschüttet von dem Berg unverarbeiteter Erinnerungen, Wunden, Sünden und unterdrückter Bedürfnisse. Rastlos treibt es ihn aus einer Beziehung in die andere, vom einen Projekt zum nächsten. Seine Versuche, sich mithilfe von Büchern, christlichen Vorbildern und anderen Autoritäten zu orientieren, vergrößern seine Verwirrung nur noch. Die einzige Chance zur Heilung besteht darin, dass er den Marktplatz verlässt und zu seinem eigenen Haus zurückkehrt, denn dort wartet jemand auf ihn, der es zu einem Heim machen möchte.

Die Beziehung zu Gott und die zu unseren Mitmenschen haben also den gleichen Ausgangspunkt. Meine Beziehungen basieren auf meinem Selbstbild; dieses Selbstbild trage ich mit mir herum, egal, mit wem ich gerade zu tun habe. »Bin ich es wert, dass man sich mit mir abgibt?« Wenn die Antwort im Grunde »Nein« ist, muss ich mein wirkliches Selbstbild ständig verstecken und zu kompensieren versuchen, indem ich Dinge sage, tue oder schenke, die mich für den anderen interessanter und akzeptabler machen. Hier sprechen wir im gesellschaftlichen Leben die gleiche Sprache wie in der Kirche: »Bin ich so gut genug?«

»Ich verstehe nicht, warum es mich dauernd zu Männern hinzieht, die mich wie Dreck behandeln. Und die, die mich wie eine Prinzessin behandeln, schicke ich fort!« Die Freunde verstehen es auch nicht: Wird die denn nie klug werden? Aber solange das negative Selbstbild da ist, gibt es den Ausschlag. Es »passt« zu den rücksichtslosen Machos, die das Bild von dem schwachen kleinen Mädchen, das nichts kann und nichts taugt, bestätigen. Die Freunde begreifen nicht, wie diese Frau den behutsamen, liebevollen Freier abweisen kann, aber das Selbstbild hat seine eigene Logik: »Der versteht mich nicht.« Will sagen: Er weiß nicht, wer ich tief drinnen bin. Und so gibt sie dem Mann, den sie eigentlich bräuchte, einen Korb, dem Signal, das ihr Selbstbild ihr gibt, gehorsam: »Komm mir nicht zu nahe; ich bin es nicht wert, dass man mich kennen- und lieben lernt.«

Es ist der (ob nun wirkliche oder eingebildete) *Mangel,* der die Bilder entstehen lässt und sie so unentbehrlich für uns macht. Für einen Menschen mit schwachem Selbstwertgefühl ist es wichtig, ein Bild von dem, der er gerne wäre, aufzubauen und festzuhalten.. Als Kind hat er es gelernt, nicht auf seine eigenen inneren Signale zu hören, auf die doch kein Verlass ist – mit der Folge, dass er sich von den Signalen der anderen lenken lässt. Das ist natürlich ein gefundenes Fressen für die Werbeindustrie und für politische wie geistliche Autoritäten und Scharlatane!

»Gib den Kindern eine Sprache!«, hieß eine Kampagne der Bibliotheken in Schweden. Das Ziel war, Eltern Mut zu machen, ihren Kindern wieder vorzulesen und sie auch zum eigenen Lesen anzuhalten. Und zweifellos können gute Bücher sehr segensreich für die sprachliche Entwicklung eines Menschen sein. Aber das Wichtigste für unsere Sprache sind vielleicht nicht die Worte, die in uns hineingehen, sondern die, die aus uns herauskommen.

Wie soll ein Kind, dem man ständig unter die Nase reibt, dass seine eigene Version der Wirklichkeit falsch, dumm und uninteressant ist, Lust daran bekommen, diese Version mit dem zu vergleichen, was andere Menschen über das Leben schreiben? Lust, andere anzuhören, bekommt der Mensch, der erlebt hat, dass er selber gehört wird: »Wie war es heute in der Schule? Wie fandest du den Film? Was sollen wir im Urlaub machen? Wie hast du dich gefühlt, als du von Katarinas Unfall gehört hast?«

Ähnlich ist es mit unserer Beziehung zu Gott. Ein Mensch mit negativem Selbstbild hat gelernt, dass er sich auf seine inneren Signale nicht verlassen kann. Damit aber wird das ganze Signalsystem blockiert, das dafür sorgt, enge Beziehungen (ob nun zu Gott oder zu Menschen) erkennen und entwickeln zu können. Die Tür zu den inneren Erfahrungen ist verschlossen, weil »da drinnen ja nur Dreck ist«. Bleiben nur die äußeren Bilder von Gott, die theologischen Begriffe und theoretischen Diskussionen. Statt einer Beziehung zu Gott habe ich Vorstellungen über Gott.

Doch solche Vorstellungen rühren mein Herz genauso wenig an wie die Wunschbilder, die ich von mir selber habe. Was Gott mir wirklich sagen will, kann ich erst hören, wenn ich angefangen habe, ihm selber meine wirkliche Geschichte zu erzählen.

Ein Mensch mit einem extrem schwachen Selbstbild kann nach außen hin sehr religiös sein. Da sein inneres Haus ein einziges schwarzes Loch der Selbstverachtung ist, flüchtet er sich in eine Scheinwelt der Frömmigkeit. Ein solcher Mensch neigt dazu, Gott als *Ersatz* für sein Ich zu benutzen; damit aber wird eine echte Beziehung zu Gott unmöglich. Das, was er für Gott hält, besetzt gleichsam seine Seele, sodass der Satz »Gott ist alles für mich« eine ganz falsche Bedeutung bekommt. Seine eigenen Gefühle, der eigene Wille und die eigenen Bedürfnisse sind ihm als widergöttlich suspekt, und er versucht, seine innere Leere mit allerlei geistlichen Büchern, Bibelworten, Lobpreis-CDs und Sonstigem zu füllen, um nicht zurück in seine innere Finsternis zu fallen.

Für die Umgebung eines solchen Menschen kann es schwierig sein, dieses Muster zu durchschauen. Es sieht ja so geistlich aus; hier ist doch ein Mensch, der sich ganz Gott hingegeben hat, oder? Aber so wie diese Person keine deutliche Grenze mehr kennt zwischen ihrem Ich und Gottes Du, verschwimmen auch die Grenzen zu den Mitmenschen. Solche Leute beginnen, andere förmlich zu ersticken mit ihrer großen Frömmigkeit. Mit dem Ergebnis, dass Freunde und Bekannte schließlich anfangen, sich gegen die fromme Flut zu wehren, die das, was diesem »Superchristen« unmöglich ist, auch ihnen immer schwerer macht: ein erwachsenes, freies Verhältnis zu Gott zu haben.

Allzumal Sünder?

Aber lehrt das Neue Testament uns nicht, dass wir ganz von der Sünde geprägt sind? Versuchen wir hier nicht, die unbequemen Seiten des Evangeliums wegzupsychologisieren? Um auf das Bild vom inneren Haus zurückzukommen: Besteht ein Zweifel daran, dass dieses Haus voller Gerümpel ist? Dann können wir es doch nicht einfach bejahen!

Völlig richtig. Aber wir müssen in das Haus hinein, um das Gerümpel aussortieren zu können. Was ist Sünde? Was ist *nicht* Sünde, sondern Wunde? Welche Bedürfnisse liegen in den Ecken des Hauses verborgen, welche Sehnsüchte? Es gab Zeiten, da kannte die christliche Verkündigung oft nur *eine* Form der Selbsterkenntnis: das Sündenbekenntnis. Kein Wunder, dass die Menschen es sich angewöhnten, nicht mehr in ihrem inneren Haus zu wohnen, sondern aus lauter Angst den äußeren Schein gutbürgerlich-respektierlicher Religiosität vorzogen.

Gewisse lutherische Traditionen vergleichen den Christen, der zusammen mit Gott sein inneres Haus aufzuräumen beginnt, mit einem Bauern, der Steine von seinem Acker räumt. Frohgemut fängt er an; allzu lange wird es ja wohl nicht dauern, bis er alle Steine aufgespürt hat und nur noch gute Erde übrig ist. Doch nach einer Weile trifft sein Spaten tief unten auf etwas Hartes, und der entsetzte Bauer entdeckt, dass der ganze Acker eine dünne Erdschicht ist, unter der ein massiver Granitgrund liegt. Also: Früher oder später entdecken wir, dass wir nicht nur einzelne Sünden *tun,* die wir bekennen und lassen können, sondern dass wir von Grund auf Sünder *sind.*

Ich sage nicht, dass dieses Bild falsch ist. Es beschreibt exakt die

Erfahrung, die ich mache, wenn ich mich dabei müde geschuftet habe, all meine Mängel und Fehler wegzuräumen: dass die Sünde bis in die tiefsten Fundamente meines Lebens reicht. Aber ist diese Erfahrung wirklich die tiefste Instanz für die Frage, wer ich bin? Ich erfahre ja hier absolut nicht, dass ich eigentlich eine Ikone, ein Abbild Gottes bin. Ich sehe alles Mögliche in mir, aber nicht das, was Gott widerspiegelt. Ich brauche jemanden, der mir in dieser Situation das zuspricht, was ich mir selber unmöglich vorstellen kann: »Du bist ein Abbild Gottes.«

Nein, das bedeutet nicht, dass die Sünde verschwindet. Oder meine Verantwortung, zusammen mit Jesus meinen steinigen Lebensacker zu reinigen. Aber es bedeutet, dass unter und hinter der Sünde, mit der ich in meinem Alltag kämpfe, meine wahre Identität verborgen liegt. Und es ist ein himmelweiter Unterschied, ob ich den Kampf gegen meine Sünde auf dem Hintergrund führe, dass ich Gottes Abbild bin, oder auf dem Hintergrund, dass meine Sünde alles ist, was es über mich zu sagen gibt.

Es geht hier unter anderem darum, dass wir aufhören, so zu tun, als wüssten wir alles über uns selber. Wir können uns in Selbstbilder verrennen, die unerhört starr sind. »So bin ich nun mal. – Das ist halt mein Charakter, den kann keiner ändern.« Vielleicht müssen wir lernen, dass es nicht so sehr darauf ankommt, was ich selber über mich sage, sondern was *Gott* darüber sagt, wer oder was ich im Tiefsten bin – ob dies nun etwas Positiveres oder Negativeres oder schlicht etwas anderes ist als das Bild, das ich von mir selber habe.

Man kann dies vielleicht mit der Situation des Homosexuellen vergleichen. Ein Mensch mit homosexueller Orientierung empfindet es oft als Befreiung, wenn er aus dem äußeren, salonfähigen Bild von sich als Heterosexuellem ausbrechen kann. Ob das »Coming-out« im Gespräch mit dem Seelsorger geschieht, von dem man sich Hilfe gegen die nicht länger zu leugnende Neigung erhofft, oder als öffentliches Bekenntnis zu einem homosexuellen Lebensstil – es ist eine unerhörte Erleichterung, das krampfhaft festgehaltene Bild von dem, der man sein sollte, aber nicht ist, endlich loslassen zu können.

Bleibt die Frage, ob die Erfahrung der homosexuellen Orientierung, die ein solcher Mensch macht und die ihm echt und authentisch vorkommt, wirklich das letzte und entscheidende Wort ist, das man über seine sexuelle Identität sagen kann. Könnte es nicht sein, dass auch hier (wie bei unserer Gottesebenbildlichkeit) Gott das letzte Wort darüber zusteht, wer wir im Innersten sind? Auch hier bedeutet dies, dass der Kampf nicht verschwindet; aber er wird fortan unter anderen Vorzeichen geführt.

Paulus argumentiert ganz ähnlich, wenn er Folgendes über das Gewissen schreibt:

> *In dieser Frage spielt es kaum eine Rolle, was ihr oder sonst irgendjemand denkt, ja ich vertraue in diesem Punkt nicht einmal meinem eigenen Urteil. Mein Gewissen ist zwar rein, doch das ist nicht entscheidend. Es ist der Herr selbst, der mich prüft und darüber zu entscheiden hat. Deshalb hütet euch, voreilige Urteile über den Glauben anderer zu fällen, bevor der Herr wiederkommt. Wenn der Herr kommt, wird er unsere tiefsten Geheimnisse ans Licht bringen und unsere verborgensten Beweggründe offenbar machen. Und dann wird Gott jeden so loben, wie es ihm zusteht. (1. Korinther 4,3-5; NLB)*

Paulus sagt hier nicht, dass er nicht auf sein Gewissen lauscht, sondern dass das Gewissen nicht die höchste Instanz ist. Und Entsprechendes gilt für die Art, wie wir uns selber erfahren: Es ist unerhört wichtig, auf diese Erfahrungen zu lauschen und sie ernst zu nehmen, denn sie sind das Sensorium, das es uns möglich macht, in tieferen Beziehungen zu leben. Aber sie geben uns nicht immer ein vollständiges Bild davon, wer wir im Tiefsten sind.

Wir erinnern uns vielleicht an den griechischen Sagenjüngling Narziss, den bildhübschen jungen Mann, der dem »Narzissmus« seinen Namen gegeben hat. Er verliebte sich so sehr in sein Spiegelbild im Wasser, dass er dort blieb, bis er starb. Ähnlich suchen wir uns oft in unseren Selbstbildern, und solange wir das tun, betrügen wir uns um unsere wahre Identität. Wenn Narziss sich in sein Abbild verliebt, setzt er sich an Gottes Platz. Wer wir sind, entdecken wir nicht dadurch, dass wir sehen, sondern dadurch, dass wir (von Gott) gesehen werden.

Ähnlich kann auch ein Christ in die Irre gehen, wenn er die ganze Zeit seine eigene Identität in Christus sucht – ein narzisstisches Projekt, das ihn nur immer mehr auf sich selber starren lässt und immer weiter wegführt von der Heilung, die nur Christus ihm schenken kann. Erst wenn er dieses Projekt los- und Gott Gott sein lässt, findet er zu seiner wahren Identität. Jesus setzt sich zu ihm, sucht *sein* Abbild in ihm – und gewinnt ihn lieb.

Der Apostel Johannes öffnet eine Tür hinaus aus unseren fertigen Selbstbildern, wenn er über die Identität, der wir ganz sicher sein können, und über die, der wir definitiv nicht so sicher sein sollten, schreibt:

> *Meine lieben Freunde, wir sind schon jetzt die Kinder Gottes, und wie wir sein werden, wenn Christus wiederkommt, das können wir uns nicht einmal vorstellen. Aber wir wissen, dass wir bei seiner Wiederkehr sein werden wie er, denn wir werden ihn sehen, wie er wirklich ist. (1. Johannes 3,2)*

Wie soll man trinken, wenn ein Deckel auf dem Brunnen liegt?

Eine Nonne durchlief eine tiefe Glaubenskrise. Die Gespräche mit ihrem Seelsorger schienen ihr keine Klarheit zu bringen, und sie fühlte sich immer mehr eingezwängt zwischen ihrem äußeren Lebensstil der radikalen Frömmigkeit und ihrer inneren Dürre und Leere. Die wohlvertrauten Worte über Gott sagten ihr nichts mehr, und ihre Gebete waren eine schmerzhafte Mischung aus heruntergeleierten Floskeln und einem tiefen Gefühl der Verlassenheit.

Eines Tages ging sie in eine Kapelle und setzte sich still auf eine Bank. Als sie eine Weile so gesessen hatte, merkte sie, wie sich sachte eine tiefe Ruhe in ihr ausbreitete. Sie verspürte eine solche innere Freude, dass sie schließlich aufstand – sie war immer noch allein – und zu tanzen begann. Als sie ihrem Seelsorger von dieser Szene berichtete, wollte dieser wissen, was diese Freude ausgelöst hatte. Sie antwortete: »Ich habe plötzlich eingesehen, dass es Gott nicht gibt.«

Der Seelsorger, der schon mehr miterlebt hatte, ließ sich durch diese Antwort nicht sonderlich erschüttern. Die beiden setzten ihre Gespräche fort, und in den folgenden Monaten erkannte diese Nonne Stück um Stück, was hinter ihrer tiefen Befreiung lag und wie versklavt sie an ihr Gottesbild gewesen war. Sie sah, dass gar nicht Gott selber ihr jede Lebenskraft genommen hatte, sondern ihre Vorstellungen von ihm. Ihr Bild von Gott war zerbrochen und nicht Gott.

Ihr Seelsorger half ihr, den Unterschied zu sehen zwischen ihren Vorstellungen von Gott und dem lebendigen Gott, der der ist, der er ist, egal, welche Bilder wir uns von ihm machen. Nein zu ihrem Gottesbild zu sagen, hieß für diese Frau nicht, Nein zu Gott zu sagen, sondern es war die Voraussetzung dazu, Ja zu ihm sagen zu können.

An jenem Tag, an dem der Herr aus dem Feuer am Sinai zu euch sprach, habt ihr seine Gestalt nicht gesehen. Passt deshalb auf, dass ihr nichts Böses tut, indem ihr euch irgendein Götzenbild anfertigt – ganz gleich, ob in Gestalt eines Mannes oder einer Frau ... (5. Mose 4,15-16)

Warum hämmert uns die Bibel dies wieder und wieder ein? Handelt es sich um eine kulturell bedingte Angst vor Religionsvermischung? Dann hätte es uns Heutigen, in einer pluralistischen Kultur Lebenden nicht viel zu sagen. Ist es Ausdruck eines autoritären Gottesbildes, das dem Menschen selbstständiges Denken verbietet? Dann gehört es in eben die religiöse Rumpelkammer, die wir ausmisten müssen, um Gott zu finden. Oder ist es nicht vielmehr eine exakte Beschreibung der zeitlosen Neigung des Menschen, sich kulturell und psychologisch bedingte Gottesbilder zu basteln, die früher oder später nur die Wirklichkeit verstellen?

Michael ist seit Jahren nicht mehr in die Kirche gegangen. Als er seine Kusine Eva besucht, fragt diese ihn, ob er nicht mit in die Bibelstunde gehen möchte, und um Eva nicht zu enttäuschen, sagt er Ja. Der Pastor geht ein Kapitel des Römerbriefes durch; das Thema ist, wie unsere Sünde uns von Gott trennt und wie Christus sich ihrer zerstörenden Macht entgegengestellt hat, sodass wir zu Gott zurückkehren können.

Keine Viertelstunde und Michael bereut es, dass er nicht den Mumm hatte, Nein zu dieser Einladung zu sagen. Er merkt, wie sich sein Herzschlag beschleunigt, und schaut nach unten, damit keiner merkt, wie seine Gesichtsfarbe sich ändert. Er vermeidet es, Eva anzusehen. Auf dem Weg nach Hause fragt Eva, wie ihm die Bibelstunde gefallen hat.

»Auch wenn dir das jetzt wehtut«, antwortet er, »aber ich habe mich die ganze Zeit hundserbärmlich gefühlt. Aber ich hab's ja gewusst: Kaum setzt man seinen Fuß in eine Kirche, bekommt man zu hören, was für ein elender, lebensuntüchtiger Sünder man ist. Ich empfinde so was als eine Kränkung und Entmündigung.«

Ein paar Sekunden sagt Eva nichts. Michaels Reaktion ist so meilenweit von ihrer eigenen entfernt. Dass man diese Bibelstunde *so* verstehen kann, hat sie sich im Traum nicht vorstellen können. Wie kann der nur ...

Dann sagt sie: »Aber die ganze Bibelstunde lief doch darauf hinaus, dass Jesus uns *frei* von uns selber machen kann. Er hat sein Leben gegeben, damit wir frei sein können. Was soll denn daran so schlimm sein?«

»Na, dieser ganze erhobene Zeigefinger, diese Masche, dass ich alles falsch mache, dass ich so ein armer Sünder bin, der nichts taugt und über den sich der liebe Herrgott erbarmen muss, damit was aus ihm werden kann. Das ist sogar *sehr* schlimm!«

Wir erfahren aus dieser Geschichte nicht, wie das Gespräch zwischen Eva und Michael endete. Aber dafür erfahren wir einige wichtige Dinge darüber, wie unsere Gottesbilder funktionieren:

- Unser Gottesbild entsteht nicht primär durch Bücher, die wir lesen, oder Predigten, die wir hören. Das Verhältnis des Menschen zu Gott ist nicht eine Meinung, sondern eine Beziehung (sei es eine abgebrochene oder eine lebendige). Unser Vermögen, uns zu Gott zu verhalten, liegt somit auf der gleichen Ebene wie unsere übrigen Beziehungen im Leben, d. h. es handelt sich nicht um etwas, das wir studieren können, sondern das wir erfahren müssen. Hätte Michaels Gottesbild auf der rein gedanklichen Ebene gelegen, hätte er mit Eva ein sachliches, rationales Gespräch über die Bibelauslegung des Pastors führen können, so ähnlich wie wenn man die Gebrauchsanweisung eines Staubsaugers studiert, die einen ja auch nicht in den Tiefen seines Seelenlebens berührt.
- Unsere Gefühle und unser Körper senden uns schnellere und sicherere Signale als unsere grauen Zellen. Michael hat versucht, sein Verhalten durch seine Vernunft zu steuern; erst hat er sich aus Höflichkeit auf etwas eingelassen, das er gar nicht wollte, dann hat er versucht, seine Reaktion zu überspielen. Aber der eigentliche Kriegsschauplatz liegt tiefer; die Gefühle sind stärker als die Gedanken. Ähnlich merkt Eva, dass der Versuch, Michael mit vernünftigen Argumenten davon zu überzeugen, er habe in der Bibelstunde doch eigentlich eine gute Nachricht gehört, nicht

erfolglos ist. Seine Gefühle haben etwas anderes vernommen, und er ist nicht zu einer rationalen Abwägung der Argumente in der Lage.

- Unsere Gottesbilder haben tiefe Wurzeln; sie gehen auf Erfahrungen zurück, die weit vor dem Hier und Jetzt liegen. Weder Eva noch Michael sind als unbeschriebene Blätter in die Bibelstunde gegangen; bei beiden geht das, was sie dort hören, durch den Filter ihrer Erfahrungen und Prägungen. Eva ist offen in dem Sinne, dass sie aus Erfahrung weiß: Es gibt gutes Wasser in diesem Brunnen. Aber selbst ihr Trinken ist von dem, was früher in ihrem Leben geschehen ist, geprägt. Bei Michael gibt es vielleicht einen kleinen Spalt der Offenheit, aber was er früher erlebt hat, hat zu einer so negativen Erwartungshaltung geführt, dass der kleinste Anlass reicht, um den Spalt wieder zu schließen.
- Das Gottesbild ist mehr eine Art des Sehens als ein fertiges Bild. Es ist ungefähr so wie bei einer Brille: Wir sehen nicht die Brille, wir sehen *durch* sie. Der Brillenträger verschwendet keinen Gedanken darauf, dass er eine Brille trägt; er bemerkt die Brille erst, wenn etwas passiert – er verliert sie, sie geht kaputt, sein Sehvermögen ändert sich usw. So ist auch unser tiefstes Gottesbild etwas Unbewusstes, über das wir nicht nachdenken, aber das alles, was wir sehen und hören, gleichsam filtert. Dieses tiefste Gottesbild kann sogar ganz oder teilweise anders sein als unser »offizielles« Gottesbild, also die Vorstellung von Gott, die wir nennen, wenn jemand uns fragt, was wir so über Gott denken. Evas Erstaunen über Michaels Reaktion (dass sie sich also solche Gefühle, wie er sie hat, gar nicht vorstellen kann) könnte ein Signal dafür sein, dass auch sie einiges über ihr Inneres zu entdecken hat.
- Es gibt einen wichtigen Zusammenhang zwischen unserem Selbstbild und unserem Gottesbild. Unser Selbstbild prägt nicht nur alle unsere menschlichen Beziehungen, sondern auch die Gottesbeziehung. Zu jeder Begegnung bringen wir »uns selber« mit, und unser Selbstbild ist ein Generalschlüssel in unserer Art, Beziehungen zu pflegen. Michaels aggressiver Protest gegen die von ihm so empfundene »Entmündigung« sagt vielleicht nicht weniger darüber, wie er sich selber sieht, wie darüber, wie er

Gott sieht. Keiner von uns will gerne herabgesetzt werden, aber jemand, der auf diesem Gebiet seine Narben hat, reagiert entsprechend schneller allergisch. Vielleicht wurde in der Bibelstunde nicht nur Michaels Gottesbild bestätigt, sondern auch sein Selbstbild. Im Grunde genommen ist seine Wut vielleicht sogar ein gesundes Zeichen – ein Protest gegen Bilder, die die Wirklichkeit verstellen.

Unsere Eltern haben einen ganz entscheidenden Einfluss nicht nur auf unser Selbstbild, sondern auch auf unser Gottesbild. Im Letzten geht es bei allen Beziehungen um Vertrauen, und hier sind unser Vater und unsere Mutter die ersten Menschen, die uns prägen. Die Aufnahme oder Ablehnung, die wir in den allerersten Lebensjahren erfahren, hat entscheidende Bedeutung für die Art, wie wir als Erwachsene dem Leben gegenübertreten. Wie wir als Erwachsene unsere Mitmenschen behandeln, hängt unter anderem davon ab, wie wir als Kinder selber behandelt wurden. Um zu dem Bild vom Haus zurückzukehren: Das Haus, das in unseren Kindheitsjahren in einem komplexen Zusammenspiel aus Erbe und Umgebung eingerichtet wurde, ist das Haus, in dem sich auch unsere Beziehungen abspielen, ob nun die zu anderen Menschen oder die zu Gott.

Damit ist nicht gesagt, dass das »Haus« nie mehr verändert werden kann und wir also für immer in unseren Grenzen und Prägungen gefangen wären. Als der Pharisäer Nikodemus, von seiner Gottessehnsucht getrieben, eines Nachts Jesus aufsucht, stellt er ihm eine Frage, die auch unsere ist, wenn wir an unseren Gottes- und Selbstbildern verzweifeln: »Wie kann denn ein alter Mensch wieder in den Leib seiner Mutter zurückkehren und zum zweiten Mal geboren werden?« Worauf Jesus erwidert, dass wir von Neuem geboren werden können: »Der Wind weht, wo er will. Du hörst ihn zwar, aber du kannst nicht sagen, woher er kommt oder wohin er geht. So kannst du auch nicht erklären, wie die Menschen aus dem Geist geboren werden« (Johannes 3,4.8).

Kann ein Mensch mit erstarrten Bildern von sich selber und von Gott wirklich diese Freiheit des Heiligen Geistes erfahren? Nun, Gottes Geist erneuert die Erde jedes Jahr; in jedem Frühling lässt er vom Frost erstarrte schwarze Zweige wieder knospen und ergrünen. Sollte er das Gleiche nicht auch mit dem Menschen tun können, der sich Christus, der »Sonne der Gerechtigkeit«, zuwendet?

Wie das zugeht? Jesu Antwort an Nikodemus bleibt erstaunlich allgemein. Vielleicht will er uns mit dem Verweis auf den Wind sagen, dass es hier keine Patentrezepte gibt. Gott lässt sich nicht vorhersagen.

Wie Mama oder Papa

Unser Leben beginnt mit unseren Eltern. Wie wird das Gottesbild, das wir haben, von ihnen geprägt? Eine mögliche Antwort ist, dass es hier genauso viele Varianten gibt, wie Eltern in der ganzen Welt unterschiedlich sind. Eine andere Antwort ist, dass es wiederkehrende typische Muster und Strukturen gibt. Zum Beispiel die folgenden:

Der autoritäre Vater

Dies scheint das klassische »böse« Gottesbild in unseren Breitengraden zu sein. Ingmar Bergmans Kampf mit seinem Papa, dem Pastor, und Gott in Personalunion ist ein typisches Beispiel für dieses Gottesbild. Die Strenge des Vaters zwingt das Kind, sich zu ducken und seine eigentlichen Gefühle und Gedanken zu verbergen. Wo das Kind Gott und den Vater solcherart verwechselt, könnte das daran liegen, dass der Vater mit der Verwechslung angefangen hat. Gott wird eingefärbt von dem schwarzen, erstickenden Schatten des Vaters; er wird zu jemandem, vor dem man sich in Acht nehmen muss, den es entweder zu besänftigen oder sich vom Leib zu halten gilt.

Die milde Mutter

Die Therapeutin und Theologin Margareta Kieffer vergleicht das Gottesbild des »richtenden Über-Ich-Gottes« mit dem der »stets milden Muttergöttin« und findet, dass die gestressten Eltern von heute kaum noch die Zeit oder Kraft haben, Ansprüche an ihre Kinder zu stellen: »Für Menschen mit diesem Hintergrund hat Gott vor allen

Dingen nett zu sein. Er liebt die Menschen, egal, wie diese sich benehmen, und verlangt rein nichts von ihnen. Er ist eine durch und durch harmlose Figur, an deren Brust wir uns flüchten können, wenn das Leben schwer wird, aber die uns nie zu Buße, Bekehrung und Änderung auffordern wird.«[17]

Der Vater, der nicht anwesend ist.

Dies ist in mehr als einer Hinsicht das schwierigste Gottesbild. Mit den negativen Erfahrungen, die ich mit Mutter oder Vater gemacht habe, kann ich umgehen: Ich kann wütend auf sie sein, gegen sie rebellieren, sie verarbeiten und schließlich vergeben. Aber wie geht man mit etwas um, das gar nicht da war oder viel zu früh wieder verschwunden ist? Die Lücke wird zu einem schwarzen Loch, das das ganze Gefühlsleben erfasst, die Sehnsucht streckt ziellos ihre Arme aus, ohne jeden festen Halt in Erfahrungen und Erinnerungen. Viele Menschen kennen die Situation, die hinter diesem Psalmwort steht: »Sogar mein Vater und meine Mutter haben mich verlassen, aber der Herr nimmt mich auf« (Psalm 27,10; ELB).

Der dauernd Beschäftigte

Vater war nur sonntags zu Hause. Er war ständig unterwegs. Mutter hatte nie Zeit für mich, sie musste ja arbeiten gehen. Oder sie war immer gestresst, weil sie doch für ein gemütliches Heim sorgen musste. Hier sind Mutter oder Vater ständig in Bewegung, ohne Ruhe und Rast. Die einzige Möglichkeit für das kleine Kind, bei Mama zu sein, war womöglich, mit ihr ins Büro zu gehen. Und das größere Kind? Hatte genauso zu werden wie Papa, um von ihm wahrgenommen zu werden: Tu was, leiste was ... Hier wird Gott zu jemand, der immer unterwegs ist, ständig auf sein nächstes Projekt ausgerichtet und nie auf mich. Die einzige Chance, überhaupt sichtbar für ihn zu werden, besteht darin, etwas zu leisten, die einzige Möglichkeit des Umgangs mit ihm besteht darin, für ihn zu arbeiten.

---

17 Margareta Kieffer, »Gud till sin avbild«, *Signum* 1/92

Der Emotionslose

Das ist die Familie, in der es nicht üblich war, seine Gefühle zu zeigen, geschweige denn, über sie zu reden. Vater war ein Stiller, der sich immer zurückzog, wenn ihm etwas auf der Leber lag. Und Mutters Gefühlsleben war genauso aufgeräumt wie das Wohnzimmer, zumindest nach außen hin. Ausdrücklich gesagt wurde es nie, unterschwellig signalisiert desto öfter: Gefühle sind wie Staub, sie sind zum Wegwischen da. Wunden und Konflikte wurden unter den Teppich gekehrt: »Wühle nicht in dem herum, was man nicht ändern kann, das Leben geht weiter.« Wenn ein Mensch mit solch einem Hintergrund eine Beziehung zu Gott aufbauen soll, sind die Hemmungen, ihm das eigene wahre Gesicht zu zeigen, oft groß, und er belässt es bei den frommen Worten und den richtigen Formulierungen – damit Gott zufrieden ist.

Der Unberechenbare

Kinder entwickeln rasch ein treffsicheres Gespür für die innere Befindlichkeit ihrer Eltern. Wenn Mama oder Papa ständig heftig (und oft ohne jeden erkennbaren Anlass) zwischen »wütend« und »lieb« hin- und herschwanken, führt dies beim Kind zu einer großen Verunsicherung; es weiß ja nie richtig, ob es gerade willkommen ist oder nicht. Stattdessen wachsen seine diplomatischen Fühler: »Was für eine Laune hat Mama heute?« Kommen Alkoholprobleme dazu, wird das Hin und Her noch heftiger und das geschickte Sondieren und Ausweichen zur Schwerstarbeit für das Kind. Eltern dieser Art können dem Kind eine Grundunsicherheit einimpfen, die in der Gottesbeziehung wirkliches Vertrauen schier unmöglich macht: Was, wenn ich bei Gott auch nie weiß, in welch einer Stimmung er in einer halben Stunde sein wird?

Der Grenzenlose

Grenzen sind die Konturen der Identität. Wenn unsere Umgebung unsere Grenzen niedertrampelt, wird unser Selbstbild verschwommen und schwach. Und wer keine richtigen eigenen Grenzen hat, kann auch nicht die des anderen respektieren. Ein solcher Vater oder Mutter trampelt (unbewusst) auf der Lebenswiese seines Kindes herum, ohne zu merken, wo die Grenze zwischen Ich und Du verläuft. Damit aber verwischen sich auch die Eigensignale und der Wille des Kindes: Will ich das hier selber, oder will das nur mein Vater? Auch dieses elterliche Verhalten führt zu Schwierigkeiten, wenn ich eine Gottesbeziehung anfange. Ist das hier mein Wille oder Gottes Wille? Und ist es einem Christen überhaupt erlaubt, einen eigenen Willen gegenüber Gott zu haben?

Der Gebrechliche

Kinder, die mit Eltern aufwachsen, die körperlich oder psychisch krank oder gebrechlich sind, lernen es oft frühzeitig, die Bedürfnisse der Eltern vor ihre eigenen zu setzen. »Wie geht es Mama heute? Hat Papa wieder Schmerzen?« Nicht selten müssen sie im Haushalt mit anpacken oder ihre kleinen Geschwister mit erziehen, und wenn sie selber einmal Trost oder Hilfe brauchen, müssen sie halt selbst zusehen. Da wird zum Beispiel die Tochter zur »Mama für Mama«, als Teenagerin womöglich noch zu Mamas bester Freundin, der die Mutter Dinge erzählt, die sie eigentlich ihrem Mann anvertrauen sollte. Und das Problem kann noch tiefer gehen: dass ich meine eigene Mutter/mein eigener Vater werden muss. Was Wunder, dass ein Mensch, der so aufgewachsen ist und dann Gott begegnet, gewisse Probleme damit hat, einzusehen, dass Gott groß genug ist, um mit jeder Situation fertig zu werden, ohne dass man ihm unter die Arme greifen muss.

Der Überbehütende

Der Vater oder die Mutter konnte nie Nein sagen – vielleicht um all die »Nein« zu kompensieren, die sie selber als Kinder hören mussten. »*Mein* Kind braucht doch nicht ...« Solche Eltern betrachten Erziehung als die Kunst, das Leben so reibungslos wie möglich für das Kind zu gestalten. Für jeden Dorn des Lebens haben sie gleich ein Schutzpflaster bereit. Dass Aufgaben, Herausforderungen und Neinsagen ebenso ein Ausdruck von Fürsorge sein können wie Milde und Zärtlichkeit, hat in ihrem Weltbild keinen Platz. Jemand, der mit solchen Eltern aufgewachsen ist, fühlt sich leicht von Gott im Stich gelassen, wenn Prüfungen kommen. Er hat es als Kind nie erfahren, dass Liebe auch Nein sagen kann.

Diese Beispielliste, die sich leicht verlängern ließe, mag uns eine Ahnung davon geben, wie wir in der Kindheit angelegte Grundmuster unbewusst auf Gott übertragen. Aber wie beim Selbstbild sind unsere Eltern auch beim Gottesbild nicht die Einzigen, die uns prägen. Selbstverständlich kann auch das religiöse Milieu aus Gemeindetraditionen und Theologien, geistlichen Führern und Vorbildern, Freunden und Literatur einen großen Einfluss ausüben. Und wie überall sind es die unbewussten Prägungen, die am tiefsten gehen und am schwierigsten steuerbar sind. Das Unausgesprochene wird oft zum Unwidersprechlichen. Laut ausgesprochene Überzeugungen kann man viel leichter ablehnen oder infrage stellen.

Helena ist in einer stark gefühlsbetonten Gemeindetradition aufgewachsen. Bei ihrer Bekehrung erlebte sie Gott vor allem auf der emotionalen Ebene. Die Gottesdienste waren lebendig, komplett mit persönlichen Zeugnissen und Aufrufen zur ganzen Hingabe an Gott. Das intellektuelle Reflektieren des Gehörten galt als ungeistlich, und es herrschte ein allgemeines Misstrauen gegenüber dem Studieren und kritischen Fragen. Gott ist für Helena vor allem ein Gefühl, oder besser gesagt: ein ganzer Strauß positiver und negativer Gefühle, während ihr Denken aus der Gottesbeziehung weitgehend ausgeschlossen ist.

Jakob kommt aus einer ganz anderen Tradition, in der es ständig um Bibelauslegung und die rechte Lehre ging. Gefühlsäußerungen galten sowohl im persönlichen Alltag als auch im Gottesdienst als verdächtig und schwärmerisch. »Halte dich an das Wort«, hieß es immer, wenn die Gefühle sich bemerkbar machten. Jakobs Gottesbild ist entsprechend theoretisch geprägt: Gott ist ein Lehrsystem, und Jakobs Gefühlswelt hat in seiner Gottesbeziehung keinen Platz.

Bei allen äußeren Unterschieden haben Helena und Jakob im Grunde das gleiche Problem. Ihre Gottesbilder sind auf eine gewisse »Sicherheitszone« begrenzt – damit aber auch ihre Selbstbilder. Ein verkrüppeltes Gottesbild schafft verkrüppelte Menschen. Das Gottesbild ist wie ein Bett, das zu kurz ist; in ihm zu liegen, ist unbequem und alles andere als erholsam. Wer längere Zeit in einem solchen Bett bleibt, trägt Schäden davon – ein großer Teil meines Lebens hat ja keinen Platz darin!

Als Jesus gefragt wird, was das Wichtigste im Leben ist, zitiert er das Alte Testament: »Höre, Israel: Der Herr ist unser Gott, der Herr allein! Und du sollst den Herrn, deinen Gott, lieben mit deinem ganzen Herzen und mit deiner ganzen Seele und mit deiner ganzen Kraft« (5. Mose 6,4-5; ELB). Hier begegnen Gott und der Mensch sich auf die rechte Art, im rechten Verhältnis. Erst vor dem *einen* Gott in seiner ganzen Fülle kann der Mensch *heil* werden. Solange unser Gottesbild verkrüppelt und zersplittert ist, wird auch unser Antworten auf Gott so sein. Erst dann, wenn Gott *all das* sein kann, was er für mich ist, kann ich ihn mit *allem,* was in mir ist, lieben. Was nicht bedeuten muss, dass Helena und Jakob aus ihren Gemeinden austreten müssen, sehr wohl aber, dass sie die Bereicherung durch andere Traditionen brauchen, um von ihren allzu engen Gottesbildern frei zu werden.

Eine besondere Gefahrenzone für Probleme mit Gottesbildern ist die Kirche als Arbeitsplatz. In diesem Beruf (der auch der meine ist) besteht die Tendenz, dass Gott und der »Job« zusammenfließen. Es braucht hier ein robustes persönliches Frömmigkeits- und Gebetsleben, mit Zeiten der Stille und Seelsorge, um meine persönliche Gottesbeziehung und meine Arbeit konsequent auseinanderzuhalten, damit mein inneres Leben eine Quelle und Inspiration für meine Arbeit wird und nicht die Arbeit mein inneres Leben erstickt.

Wenn der Beruf auf das Gottesbild abfärbt, dauert es nicht lange, bis das fundamentale Verantwortungsgefühl, das ich gegenüber meiner Arbeit habe, auch mein Verhältnis zu Gott prägt. Gott wird immer kleiner, denn *meine* Rolle wird immer größer. Gott wird immer stummer, denn *ich* bin ja der, der in der Kirche redet. Gott wird immer passiver, denn der, der in dieser Gemeinde arbeitet, bin *ich.* Gott um seiner selbst willen zu suchen, wird ein immer leereres Unterfangen. Ich sitze mit einem Arbeitsgott da, einer dürftigen Projektion meiner eigenen Ambitionen. Und wenn die Quelle auf diese Weise verstopft ist, gehe ich irgendwann woanders hin, um zu trinken. Gott kann mich nicht mehr trösten, wenn ich müde und kaputt von meiner Arbeit bin; er ist ja ein Teil meiner Arbeit geworden!

Ein anderes Beispiel dafür, wie meine Frömmigkeit mein Gottesbild beeinträchtigen kann, ist das, was *nach* einer echten spirituellen Erfahrung geschieht. Die geistlichen Lehrer der Kirche betonen, dass man in solch einer Situation die Seele besonders sorgfältig pflegen und aufräumen muss. Es sind nämlich just die »Sedimente« der Gnadenerfahrung, die sich so unmerklich in starre Bilder davon verwandeln, wie Gott ist und handelt. Solche »Erweckungsruinen« findet man in Kirchen und Gemeinden und im persönlichen Leben. Man versucht mit aller Kraft, das Alte zu wiederholen, das Bild von damals festzuhalten. Es *muss* doch möglich sein, dass Gott das, was er damals an mir tat, wieder tut, dass ich genau das Gleiche erlebe und das Gleiche fühle.

Das Ergebnis ist unweigerlich, dass ich immer müder werde und immer weniger Freude und Weite spüre. Die Bilder trennen uns von dem lebendigen Gott. Wie der jüdische Religionsphilosoph Martin Buber sagt: »Nichts verdeckt Gottes Angesicht so wie Religion.«

Da Gott sich nur in der Wirklichkeit finden lässt, sind alle Formen der Unwirklichkeit ein Hindernis für den, der ihn sucht, und am allermeisten jene Form der Unwirklichkeit, die Gottes Namen trägt. Weil sie vorgibt, uns Gott zu zeigen, ist sie umso schwerer zu durchschauen. »Der Mensch kann nicht sehr viel Wirklichkeit ertragen«, schreibt der englische Schriftsteller T. S. Eliot und meint damit unsere ausgeprägte Neigung, die Dinge, die wir nicht ertragen können oder wollen, zu verdrängen. Und aus irgendeinem Grund ist gerade die Sache mit Gott ein Bereich, in dem unsere Verdrängungsmechanismen ganz besonders stark wirken und wir uns besonders hartnäckig an Bilder klammern, die die Wirklichkeit auf Abstand halten.

Ich besuchte einmal zusammen mit einem Kollegen ein Bibelwochenende in einer Gemeinde. Mein Freund hielt dabei eine tiefschürfende Bibelarbeit. Als wir anschließend zum Mittagessen gingen und an der Essensausgabe Schlange standen, drehte sich einer der Leiter der Gemeinde zu meinem Freund um und sagte, hörbar verärgert: »Also, ich halte mich an den schlichten, kindlichen Glauben.« Mit anderen Worten: Störe meine Kreise nicht. Dieser Mann leitete im Alltag eine Firma und musste dort seine grauen Zellen fleißig üben, um den unterschiedlichsten Herausforderungen auf eine erwachsene, professionelle Art zu begegnen. Aber dass Gott eine mindestens genauso »erwachsene« Realität war – das konnte er sich nicht vorstellen. Möglicherweise war sein »schlichter, kindlicher Glaube« in Wirklichkeit ein auf einem naiven Niveau stehen gebliebenes Gottesbild, das den lebendigen Gott gleichsam auf Sicherheitsabstand hielt.

Es geht hier nicht zuletzt auch um unsere Sprache. Manchmal hinkt unsere religiöse Sprache (nicht zuletzt unsere Gebetssprache) gleichsam nach und vermag nicht Schritt zu halten mit unserer Entwicklung auf den anderen Lebensgebieten. Da sind wir schon über vierzig, aber unser Beten verharrt noch auf dem Niveau eines Fünfjährigen und kreist pausenlos um das Bedürfnis nach Geborgenheit, Bestätigung und Beachtung. Nicht, dass wir diesen Bedürfnissen je ganz entwachsen würden, aber unsere gesamte übrige Erwachsenenerfahrung sagt uns doch, dass etwas schiefgegangen ist, wenn unsere Perspektive immer noch so begrenzt ist.

Wo die Gottesbeziehung auf dem kindlichen Niveau verharrt, sucht das Erwachsenen-Ich sich andere Betätigungsfelder, um sich weiterzuentwickeln: Beruf, Studium, Familie, Gesundheit usw. Für einen solchen Menschen wird Gott zunehmend unwirklich, ein Relikt aus einem vergangenen Lebensabschnitt, und jeder Versuch, den »kindlichen Glauben« durch liebe alte Lieder, Bibelsprüche usw. am Leben zu erhalten, kann die Kluft zwischen Gott und dem erwachsenen Menschen eigentlich nur noch vertiefen. Ein echter Durchbruch zum lebendigen Gott ist erst dann möglich, wenn der Mensch anfängt, in seiner eigenen, wirklichen, erwachsenen Sprache mit ihm zu reden.

Martin wird erwachsen

Wenn wir uns unsere Gottesbilder genauer anschauen, entdecken wir ein Muster wieder, das wir von unserem Selbstbild schon kennen:

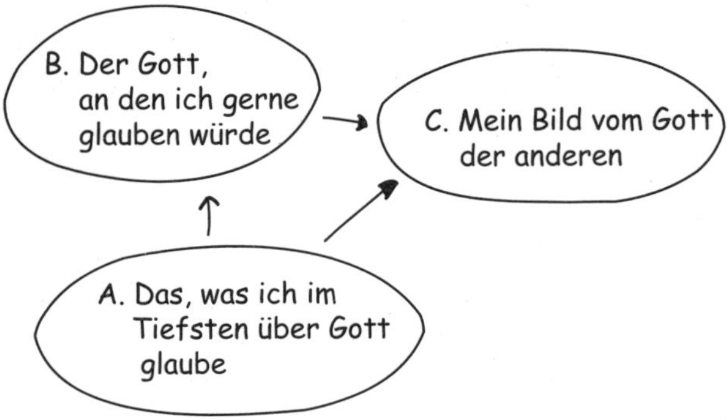

Wir haben uns bisher mit dem Bild A beschäftigt, das (ähnlich wie beim Selbstbild) oft unbewusst ist. Wie gesagt, an meine Brille denke ich erst, wenn sie kaputtgeht ... Das Bild B kann sich auf verschiedene Weise aus dem Bild A entwickeln; es ist das Bild von Gott, das ich »in der Öffentlichkeit« vertrete und vielleicht verteidige.

So wie beim Selbstbild das »Wohnen in zwei Häusern« zu einer doppelten Botschaft führt, führt auch die Spannung zwischen unserem innersten und unserem »öffentlichen« Gottesbild dazu, dass wir widersprüchliche Signale an unsere Umwelt senden. Ich kann mit jedem zweiten Satz beteuern, dass Gott uns so liebt, wie wir sind – wenn ich tief drinnen davon überzeugt bin, dass Gott sich nicht sonderlich für mich (oder für das, was ich für ihn tue) interessiert, sind meine schönen Worte eine Art Beschwörungsversuch gegenüber meinem eigentlichen Gottesbild, der jämmerlich zum Scheitern verurteilt ist.

Stellen wir uns vor, dass Martin im Schatten eines ausgeprägt autoritären Vaters aufgewachsen ist, der seinen Sohn mit strengen Regeln und harter Hand in den christlichen Glauben eingeführt hat.

Der erwachsen gewordene Martin kann im Prinzip vier mögliche Wege gehen, was das Gottesbild betrifft. Es handelt sich hierbei natürlich nicht um eine bewusste Wahl zwischen Alternativen, sondern um einen unbewussten Prozess, bei dem verschiedene Faktoren beteiligt sind und den man mit der Art vergleichen kann, wie wir das Bild, das andere von uns haben, entweder bestätigen oder widerlegen (siehe das Kapitel »Vom Wohnen in zwei Häusern«).

1. Es zieht ihn zu dem autoritären Gottesbild, teils, weil er eine Rebellion gegen seinen Vater nicht zustande bringt, teils, weil dieses Gottesbild zu seinem Selbstbild passt. Sein Unbewusstes signalisiert ihm, dass der autoritäre Gott ihn korrekt behandelt, nämlich so wie sein Selbstbild (»ich bin nichts wert, ich tauge nichts«) es verdient. Die Wunden werden zu Tugenden umgedeutet, nach dem Motto: »Die Schläge, die ich bekam, als ich klein war, haben mir auch nicht geschadet.«

Jeder Gedanke daran, dass Gott vielleicht doch kein himmlischer Prügelvater ist, wird als weichliche Verwässerung der reinen Lehre verworfen. Das Bild C wird zum liberalen Popanz, zur Schreckgestalt der Feinde des rechten Glaubens. Kurz: Martins Glaube kreist um ein Gottesbild, das eine Verlängerung seines Vaterbildes ist.

2. Es zieht ihn zu dem anderen Bildextrem hin: Sein Gottesbild B ist alles, was sein Vater *nicht* war: mild, nachsichtig, tröstend, liebevoll. Gleichzeitig wehrt Martin sich heftig gegen alles auch nur um drei Ecken herum Strenge oder Fordernde, das ihn in seinem Gottesbild an seinen Vater erinnern könnte. Und das Bild C wird zum fundamentalistischen Schreckgespenst, das nur darauf aus ist, den lebendigen Glauben zu ersticken. Auf diese Weise erwächst Martins Gottesbild nicht aus einer Erfahrung, sondern aus einem *Mangel.* Das sanfte Gottesbild soll ein Loch in seiner Seele stopfen.

Doch das Gotteswunschbild ist machtlos gegenüber dem tiefsten, verletzten Bild, das Martin von Gott hat. Der hart errungene Glaube an einen stets vergebenden Gott der Liebe hat im Grunde nur eine sehr begrenzte Wirkung auf die tiefen Konturen, die Martins Vater in seine Seele eingegraben hat. Mag sein, dass Martin eine ganze theologische Bibliothek besitzt und brillant argumentieren kann, aber sobald sein Gotteswunschbild infrage gestellt wird, wird er auf eine Weise aggressiv, die darauf schließen lässt, dass es unter der Oberfläche ganz anders aussieht. Was Martin da verteidigt, ist ein bloßes *Bild* und kein lebendiger Gott, zu dem er eine persönliche Beziehung haben kann.

3. Martin rebelliert gegen seinen Vater, und da er nicht zwischen Papa und Gott unterscheiden kann, sagt er auch Gott ab. Sein Gottesbild ist so erstickend, so mit dem tyrannischen leiblichen Vater verknüpft, dass er es unmöglich mit einem Leben in Freiheit vereinbaren kann. Wenn der erwachsene Martin das Wort »Gott« hört (vielleicht von wohlmeinenden Freunden oder Verwandten, die ihm zum Glauben zurückhelfen wollen), fühlt er sich fast, als ob jemand ihm Handschellen anlegen will. Oder ihn erwürgen; noch einmal auf Papas Knien landen – nein, danke. Falls doch eine heimliche Gottessehnsucht bleibt, führt dies zu einem inneren Zwiespalt: »Ich möchte ja gerne zurück zu Gott, aber ich habe die ganze Zeit das Gefühl, dass mein Vater ihn bewacht.«

Martins ganze Gottesverleugnung ist eine Reaktion auf das väterliche Gottesbild. Mal verdrängt-unbewusst. Mal aggressiv abrechnend. Mal mit mühsam erkämpfter Sachlichkeit (»das habe ich hinter mir gelassen«). Aber unter der Oberfläche eitern die Wunden weiter, und Martin ist alles andere als frei von seinem Hintergrund.

4. Martin lässt sich auf einen Heilungsprozess ein, bei dem in erwachsenen, unzensierten Gesprächen mit Gott und mit einem Seelsorger bzw. Therapeuten das in der Kindheit Geschehene ans Licht gehoben wird. Dieser Weg ist nicht einfach und definitiv nicht schmerzfrei (welcher Weg ist das?). Aber er hilft Martin, Schritt für Schritt frei zu werden von den destruktiven Vorstellungen, die ihn so lange daran gehindert haben, innerlich sein Haupt zu erheben und eine freie, offene Beziehung zum lebendigen Gott aufzubauen.

Bei den drei ersten Wegen bleibt Martin an seinen Vater und dessen Gottesbild gebunden und verschwendet unbewusst große Mengen an Energie darauf, dieses Gottesbild immer wieder zu besänftigen, zu verleugnen oder ihm zu trotzen. Keiner dieser drei Wege führt Martin in jene Freiheit, in der er das, was Gott über sich selber sagt, wirklich *hören* kann, denn alle Signale gehen durch einen dichten Filter aus Selbst- und Vaterbild. Erst wenn dieser Filter entfernt wird, ist eine echte Beziehung zu Gott möglich.

Der schnöde Leib

Doch unsere Gottesbilder werden nicht nur von unserer Familie geprägt. Wir alle leben in einem kulturellen Milieu, das ebenso auf tausend Arten unser Leben und Denken beeinflusst. Der Satz »Mein Glaube ist Privatsache« ist gefährlich naiv. Unser Glaube entsteht immer in einem Dialog mit unserer Umwelt, und auch hier gilt: Je weniger bewusst uns dies ist, umso stärker ist die Prägung. Das Ergebnis sind im Laufe der Geschichte oft Gottesbilder gewesen, die sich bedenklich weit von dem Gott entfernten, der in Jesus von Nazareth Mensch wurde.

Die alte Kirche führte einen harten, aber zuweilen zögerlichen Kampf gegen den Gnostizismus.[18] Die Ursprünge dieser religiösen Strömung sind in orientalischer Religiosität und der griechischen (neu-)platonischen Philosophie zu suchen. Sie nahm christliche Elemente auf und deutete sie um und machte sich ab dem 2. Jahrhundert n.Chr. immer stärker bemerkbar. Im gnostischen Weltbild ist alles Göttliche, Geistliche und Himmlische gut und alles Menschliche, Körperliche und Irdische böse oder bestenfalls irrelevant. Erlösung besteht im Gnostizismus darin, dass der Mensch sich mehr und mehr vom Menschlichen, Körperlichen und Irdischen frei macht und immer göttlicher, geistlicher und himmlischer wird. Diese Befreiung schafft natürlich nicht jeder, und das gnostische Denken hatte denn auch von Anfang an stark elitäre Züge.

In diesem Denken liegt Gott jenseits aller menschlichen Eigenschaften. Er ist unberührt von allem Irdischen, erhaben über alles Leiden, sozusagen frei schwebend in seinem eigenen überirdischen Licht. Diesem Gottesbild entspricht ein Menschenbild, das im Geist das einzig Wichtige am Menschen sieht. Dieser Geist ist im Gefängnis des Körpers und der Seele eingesperrt. Der Weg zu seiner Befrei-

---

18 Vgl. Anmerkung 10.

ung führt über die geistliche Erkenntnis (*gnosis*), die dem Menschen den in seinem Körper eingesperrten göttlichen Funken zeigt.

Das gnostische Denken argumentierte nicht selten mit (entsprechend umgedeuteten) Bibelworten, was in der Reaktion der Kirche auf die gnostische Herausforderung manchmal zu einer gewissen Unschlüssigkeit führte: Das hier klingt ja so biblisch, dann kann es doch nichts Falsches sein ... Die Folge war, dass gnostische Elemente in das Gottes- und Menschenbild der christlichen Kirche einzudringen begannen. Gott wurde immer höher und überweltlicher, während gleichzeitig der Körper und die Sinne des Menschen immer unwichtiger wurden; sein Selbstbild kreiste immer mehr um sein Inneres. Die Beziehung zwischen Gott und Mensch wurde zu einem Verhältnis zwischen zwei nicht körperlichen Wesen, die so frei von jedem menschlichen Beiwerk wie möglich Gemeinschaft miteinander zu bekommen versuchten, und diese rein geistliche Verbindung nannte man »Glaube«.

Das Problem wurde noch verstärkt durch das stoische *Apatheia*-Ideal. Nach dieser heidnischen Philosophie war das Ziel der inneren Entwicklung des Menschen die völlige Freiheit von allen Gemütsbewegungen. Der Mensch soll sich weder über Schönes freuen noch an Bösem leiden, sondern dem Dasein mit unerschütterlichem Gleichmut gegenüberstehen.

Dieses Ideal verband sich mit der gnostischen Leibesverachtung und entfaltete so eine enorme Wirkung im christlichen Bereich. Die neutestamentliche Sicht von der Askese ging häufig in einer ganz und gar nicht christlichen, sehr leibfeindlichen Frömmigkeit unter. Die frühkichliche Literatur wimmelt von Beispielen dafür, wie Menschen sich systematisch darin übten, ihren Leib zu misshandeln, ihre Gefühle zu verdrängen, die Schönheit der Schöpfung zu verachten, gutes Essen lächerlich zu machen usw.

Auf diese Weise pervertierte die biblische Offenbarung vom Schöpfergott zu einer weltabgewandten, abstrakten Seelenfrömmigkeit. Gott schwebte unendlich weit über dem Alltag mit dem kranken Kind, dem unmöglichen Arbeitgeber, den Menstruationsbeschwerden und der leeren Vorratskammer. Wenn der Körper und unsere Sinneswahrnehmungen nicht mehr Brücke, sondern

Barriere zu Gott sind, wird unsere Menschlichkeit zu einem Problem. Kommt es dann nach einiger Zeit zum Aufstand des Menschlichen, wird Gott zum Problem. Die Beispiele in der menschlichen Geschichte für diesen qualvollen Krebsgang sind Legion.

Generationen von Gottsuchern haben versucht, sich durch diesen körperlosen Nebel zu einem festen Gottesbild vorzutasten. Wenn der Zimmermann aus Nazareth sich zu einer überirdischen Abstraktion verflüchtigt, ist es nur logisch, wenn mit der Zeit Bücher und theologische Vorträge zur Hauptquelle der Gotteserkenntnis werden.

Ein so konturenloses Gottesbild wird bald zur leichten Beute wesentlich konkreterer Kräfte. Die uralte Erwartung menschlicher Könige und Herrscher, dass die Priester ihre Machtausübung gefälligst zu segnen und zu legitimieren haben, ist in der Kirche oft auf einen recht halbherzigen Widerstand gestoßen. »Segnet unsere Kanonen! Segnet unsere Handelsschiffe! Segnet den König und alle Obrigkeit! Segnet unsere Eroberungen!« Welches Gottesbild wird den Menschen hier eingehämmert? Und welches Selbstbild hämmert eine solche Ideologie dem armen Bauern ein?

Der Konflikt zwischen diesem Gottesbild und dem lebendigen Gott wird bei vielen der alttestamentlichen Propheten deutlich. Amos spricht zu den Machthabern seiner Zeit:

> *Sie hassen Richter, die ehrlich sind, und sie verachten Menschen, die die Wahrheit sagen. Ihr tretet die Armen in den Staub und nehmt Getreideabgaben von ihnen. Deshalb werdet ihr nie in den prächtigen Steinhäusern wohnen, die ihr gebaut habt. Ihr werdet nie den Wein von den herrlichen Weinbergen trinken, die ihr gepflanzt habt. Denn ich kenne die große Zahl eurer Sünden und Verbrechen. Ihr bekämpft die Ehrlichen, ihr nehmt Bestechungsgelder an und beugt das Recht der Armen. Darum schweigt, wer klug ist, denn es sind schlechte Zeiten. Sucht Gutes und nicht Böses – damit ihr am Leben bleibt! Dann wird der Herr, Gott, der Allmächtige, wirklich mit euch sein, wie ihr es von ihm behauptet. (Amos 5,10-14; NLB)*

Der Repräsentant der offiziellen Religion greift ein:

Als Amazja, der Priester von Bethel, hörte, was Amos sagte, ließ er König Jerobeam die Nachricht melden: »Amos zettelt im Volk Israel eine Verschwörung gegen dich an! Seine Worte werden das ganze Land in Aufruhr versetzen. Denn Amos sagt: ›Jerobeam wird schon bald umgebracht werden und das Volk Israel wird ins Exil gehen müssen, in ein Land fern von seiner Heimat.‹« Amazja sagte daraufhin zu Amos: »Geh weg von hier, du Seher! Flieh ins Land Juda und verdiene meinetwegen dort dein Brot mit deinen Prophetien! Aber belästige uns hier in Bethel nicht mit deinen Weissagungen, nicht hier, wo des Königs Heiligtum steht!« (Amos 7,10-13; NLB)

Ja, so kann es gehen: »des Königs Heiligtum«. Hat da einer geglaubt, es sei *Gottes* Tempel? Wem es gelingt, Gott in die eigene Machtausübung einzubinden, dem eröffnen sich ungeahnte Perspektiven der Manipulation. Das Gottesbild wird dabei so angepasst, wie man es gerade braucht: Mal segnet Gott den König, mal die Firma, dann die Revolution. Und das Selbstbild passt sich an das Gottesbild an.

Heute, wo die Globalisierung unsere Grenzen verwischt und unsere kulturelle Identität aufreißt, wenden sich die Menschen in vielen Ländern wieder der Religion zu. Gott wird zum Gott der Nation, einem Stammesgott, der unser Gemeinwesen stärken und uns vor Einwanderern, fremden Kulturen und militärischen Invasionen schützen soll. Und auch hier ist es erhellend, den Propheten des Alten Testaments zu begegnen und sie mit den falschen Propheten zu vergleichen, die zu allen Zeiten um die Aufmerksamkeit der Leute wetteiferten. Es ist ein Vergleich, der sowohl auf das heutige politische Denken anwendbar ist als auch auf die Krisen der Kirche und unser ganz persönliches Leben:

1. Die wahren Propheten sehen die Probleme und Sünden des eigenen Volkes und rufen zur Umkehr auf

Die falschen Propheten klammern sich an das Selbstbild, dass schon alles gut mit uns ist, und versuchen sich in Bestätigung und Trost. Jeremia klagt Gott dieses Phänomen:

»Herr, du Allmächtiger, ihre Propheten versprechen ihnen doch immer wieder: ›Alles ist gut – es droht weder Krieg noch Hungersnot. Der Herr will euch an diesem Ort immerwährenden Frieden schenken.‹« Da antwortete mir der Herr: »Diese Propheten reden Lug und Trug in meinem Namen. Ich habe sie nicht gesandt, ich habe ihnen keine Botschaften aufgetragen und ihnen auch nicht befohlen zu reden.« (Jeremia 14,13-14; NLB)

Die Verkündigung der falschen Propheten verhindert, dass sich die Beziehung der Menschen zu Gott tiefgehend verändern kann: »Sie bestärken sogar die Menschen in ihrem bösen Lebenswandel!« (Jeremia 23,14)

2. Die wahren Propheten sehen Gottes Größe

Ihr Gottesbild ist weiter als das eines Stammesgottes, der in dem primitiven »Wir und die bösen anderen«-Schema gefangen ist. Sie wissen, dass Gott so groß ist, dass er alle Völker und Situationen für seine Ziele einspannen kann. Die falschen Propheten dagegen sind gefangen in den Projektionen ihrer eigenen Größe und der ihres Volkes und können sich nicht vorstellen, dass Gottes Wirken ihre Grenzen zu überschreiten vermag. Jeremia ruft dem sündigen Volk zu:

Durch meine große Kraft und meinen ausgestreckten Arm habe ich alles geschaffen, die Erde samt den Menschen und Tieren, die auf ihr leben. Und ich gebe diese Erde, wem ich will. Jetzt habe ich alle diese Länder in die Gewalt meines Knechtes Nebukadnezar, des Königs von Babel, gegeben (...) bis auch für sein Reich das Ende gekommen ist. (Jeremia 27,5-7; NLB)

Die falschen Propheten können sich nicht vorstellen, dass ein Feind ihres Volkes ein Teil von Gottes Plan werden kann. Ihr Gottesbild vermag nicht über den Tellerrand ihres Eigennutzes hinauszublicken.

3. Die wahren Propheten haben eine längere Zeitperspektive und keine Angst vor dem Leiden

Die falschen Propheten wollen Leid und Schmerz um jeden Preis vermeiden und versuchen, das Warten auf die Befreiung abzukürzen. Als Jeremia mit einem schweren Joch auf den Schultern umhergeht, um so zu illustrieren, dass die babylonische Okkupation eine Folge der Sünde des Volkes ist, reißt der Prophet Hananja ihm das Joch ab und sagt: »So spricht der Herr: Genauso, noch bevor zwei Jahre vergangen sein werden, will ich das Joch des babylonischen Königs zerbrechen und von dem Nacken aller Völker wegnehmen« (Jeremia 28,10-11). Jeremia hat eine andere Zeitperspektive. In einem Brief an die Deportierten in Babel schreibt er:

> *»Setzt euch ein für den Frieden und das Wohlergehen Babels, wohin ich euch als Verbannte geschickt habe. Betet für das Wohlergehen der Stadt – denn wenn die Stadt, in der ihr gefangen gehalten werdet, Frieden hat, habt ihr auch Frieden.« Der Herr, der Allmächtige, der Gott Israels, spricht: »Lasst euch von den Propheten, die mit euch nach Babel geführt worden sind, und von den Wahrsagern nicht täuschen. (...) Erst wenn siebzig Jahre vergangen sind, werde ich mich wieder liebevoll um euch bemühen. Dann will ich das Gute, das ich euch versprochen habe, in Erfüllung gehen lassen und werde euch wieder in euer Land zurückbringen. Denn ich weiß genau, welche Pläne ich für euch gefasst habe«, spricht der Herr. »Mein Plan ist, euch Heil zu geben und kein Leid. Ich gebe euch Zukunft und Hoffnung.« (Jeremia 29,7-11; NLB)*

Der fruchtbare Garten

Aber ist es wirklich immer falsch, wenn man sich Bilder von Gott macht? Landen wir ohne Bilder nicht zum Schluss genau bei dem abstrakten, unzugänglichen Gott des Gnostizismus? Exakt. Der Versuch, unser Denken von allen Bildern und Vorstellungen zu reinigen, um es so offener für Gott zu machen, entpuppt sich früher oder später immer als Einbahnstraße. Das Ergebnis ist nicht Offenheit (denn ich weise ja alles, was dem Menschlichen ähnelt, ab), sondern Leere, und dieses Vakuum kann zu allem Möglichen führen. Es ist wie bei dem leeren und sauber gefegten Haus, von dem Jesus spricht:

Wenn aber der unreine Geist von dem Menschen ausgefahren ist, so durchwandert er dürre Orte, sucht Ruhe und findet sie nicht. Dann spricht er: »Ich will in mein Haus zurückkehren, aus dem ich herausgegangen bin«; und wenn er kommt, findet er es leer, gekehrt und geschmückt. Dann geht er hin und nimmt sieben andere Geister mit sich, böser als er selbst, und sie gehen hinein und wohnen dort; und das Ende jenes Menschen wird schlimmer als der Anfang. (Matthäus 12,43-45; ELB)

Das Ziel, das wir haben sollten, ist nicht ein kaltes, leer gefegtes Haus, sondern ein Haus, in dem Gott wohnen und eine Beziehung zu uns haben kann. Aber welche Bilder helfen mir in meiner Beziehung zu Gott und welche verstellen ihn mir nur? Mir scheint, dass Gott nichts dagegen hat, wenn wir im Gebet mit ihm und im Gespräch über ihn Bilder benutzen. Die Bibel ist geradezu ein Bildergarten; sie vergleicht Gott mit einem fürsorglichen Vater, einem warmen Mutterschoß, einem tobenden Sturm, einem gewaltigen Berg, den Schwingen eines Vogels, einer Schutzburg, einem Baum, in dessen Schatten man ausruhen kann, einer Quelle in der Wüste und und und ...

Manchmal will es uns schier den Atem verschlagen vor der bunten Sinnlichkeit dieser Bilder. Die Bibel scheut sich nicht, Gott mit einem stockbetrunkenen Soldaten zu vergleichen: »Doch dann erhob sich der Herr, als erwachte er aus dem Schlaf, wie ein starker Held, der aus der Trunkenheit aufwacht. Er vertrieb seine Feinde ...« (Psalm 78,65-66). Oder mit einer gebärenden Frau: »Ich habe sehr lange geschwiegen, ich war still und habe mich zurückgehalten. Doch jetzt werde ich schreien wie eine Gebärende, werde zugleich stöhnen und schnauben« (Jesaja 42,14).

Die Bilder werden dann zu einem Problem, wenn ich mich an einem bestimmten Bild festhake und es zu einem Abgott erstarren lasse. Oder noch schlimmer: wenn ich meine persönlichen Bilder zum Dogma erhebe und jedem, der es hören will, sage, dass Gott so wie meine Bilder ist (aber nicht anders). Es gibt einerseits einen großzügig-barmherzigen Spielraum dafür, welche Bilder von Gott ich in meiner Situation überhaupt vertragen kann, und diese Bilder müssen oft zwangsläufig begrenzt und recht subjektiv sein, damit sie mir helfen können. Doch andererseits gibt es für diese Bilder eine Grenze, die sie nicht überschreiten dürfen: Sie dürfen den Glauben, den die christliche Kirche überall und zu allen Zeiten als die christliche Frohe Botschaft bekannt hat, nicht verändern. Dieser »seelsorgerliche Spielraum« zwischen dem Kampf des Einzelnen mit seinen Gottesbildern und dem gemeinsamen Bekenntnis der Christen ist lebenswichtig. Die Kirchengeschichte zeigt, dass unsere Gottesbeziehung ernsthaft Schaden nimmt, wenn die eine Seite auf Kosten der anderen kultiviert wird.

Aber woran erkenne ich es, ob meine Gottesbilder meiner Gottesbeziehung im Weg stehen? Wann wird ein Bild zu einem Götzen? Hier ein Porträt, das wir im Alten Testament wiederholt finden:

> *Ihre Götzen sind aus Silber oder Gold, von Menschenhand gemacht. Obwohl sie einen Mund haben, können sie nicht reden, obwohl sie Augen haben, sehen sie doch nicht! Mit ihren Ohren können sie nicht hören, mit ihren Nasen nicht riechen, mit ihren Händen nicht fühlen, mit ihren Füßen nicht gehen und aus ihren Kehlen kommt kein Laut hervor! Und die, die sie gemacht haben, sollen ihnen gleichen, alle, die auf sie vertrauen. (Psalm 115,4-8; NLB)*

1. Das falsche Bild sieht menschlich aus, ist aber ohne Leben

Es hat alle menschlichen Züge wie Augen, Ohren usw., aber es ist tot. Diese Leblosigkeit ist typisch für alle Gottesbilder, die eher eine Projektion der Wünsche und Pläne der Menschen denn eine Widerspiegelung von Gottes Herrlichkeit sind. Wir kennen sie, die abgestandene Luft in den eingetrockneten Erweckungstraditionen, an die sich die immer kleiner werdende Schar verzweifelt zu klammern versucht. Wir kennen sie, die akademische Sterilität in den wohlformulierten Auslegungen und Studien, die mit den »alten«, »primitiven« Gottesvorstellungen abrechnen. Es klingt alles ganz nett, aber niemand wird davon berührt, keine Menschenleben werden verwandelt.

2. Das falsche Bild muss ich tragen; der lebendige Gott trägt mich

Der Prophet Jesaja schildert den Unterschied:

> *Ihre Götzenbilder werden Last- und Zugtieren aufgeladen, die unter der Bürde ihrer Last ermüden. Die Tiere krümmen sich und gehen in die Knie. Sie sind weder imstande, die ihnen aufgeladenen Götzen in Sicherheit zu bringen noch die, die sie verehren, denn sie müssen allesamt in die Gefangenschaft ziehen. »Hör mir zu, Haus Jakob, und ihr Israeliten, die ihr übrig geblieben seid. Seit eurer Geburt seid ihr mir aufgeladen, vom Mutterleib an trage ich euch. Ich will euer ganzes Leben lang euer Gott sein – ich werde euch tragen, bis euer Haar vom Alter ergraut. Ich habe es getan und ich werde euch weiterhin tragen. Ich werde euch auf meine Schulter laden und euch retten.« (Jesaja 46,1-4; NLB)*

Wenn ich merke, dass mein Gebetsleben müder wird, meine Argumente und Gedanken dürftiger werden und es mir immer lästiger wird, in der Gemeinde und im Alltag für Gott kämpfen zu müssen, dann ist es vielleicht Zeit, dass ich mir meine Gottesbilder vornehme. Wenn der Druck auf meinen Schultern immer größer wird, sollte ich einmal nachschauen, was mich daran hindert, mich von einer größeren Hand tragen zu lassen. Paulus spricht von dem Zwang, der für die falschen Götzen typisch ist: »Ihr habt euch früher, als ihr noch nicht zu Christus gehörtet, dazu verleiten und mitreißen lassen, stumme Götzen anzubeten« (1. Korinther 12,2). Und er kontrastiert damit die Freiheit, die der lebendige Gott schenkt: »Der Herr aber ist der Geist, und wo immer der Geist des Herrn ist, ist Freiheit« (2. Korinther 3,17).

3. Über das falsche Bild kann man vielleicht meditieren, aber man kann nicht mit ihm reden

Es ist taub und stumm. Wenn mein Gebet nur bis zur Zimmerdecke geht, zeigt mir das, dass ich eigentlich nur Selbstgespräche führe. »Für mich ist Beten wie mit einer Kaffeedose reden«, hat es mal jemand ausgedrückt. Was ich einatme, ist mein eigener verbrauchter Atem und nicht der Leben spendende Geist des Schöpfers. Wieder gibt uns Jesaja eine drastische Schilderung solcher Gottesbilder, die wir uns als Teil unserer eigenen Welt zurechtzimmern, als »religiöse Dimension«, die unweigerlich um meine eigenen Bedürfnisse kreist: Man verheizt einen Teil des Baumes, um sich ein Stück Fleisch zu braten, zu essen und satt zu werden. Man wärmt sich daran und sagt: »Mir wird schön warm, ich spüre das Feuer.« Dann nimmt man die Reste und macht sich daraus einen Gott: ein geschnitztes Götzenbild! Man verbeugt sich, fällt davor nieder, betet es an und sagt: »Rette mich! Du bist mein Gott!« (Jesaja 44,16-17).

4. Das falsche Bild kann man nicht lieben

Es kann nostalgische Gefühle wecken, es kann ideologische Anschauungen vermitteln, es kann mit seiner intellektuellen Schärfe beeindrucken, es kann mir ein Stück Heimat vermitteln. Aber es ist nicht in der Lage, mein Herz mit einer echten Liebe auf Leben oder Tod in Brand zu setzen. Wir kennen das Gottesurteil auf dem Karmel: Der Prophet Elia fordert die Baalspriester zu einem Wettstreit heraus. Er und die Priester bauen je einen Altar, aber keiner von ihnen darf selber das Altarfeuer anzünden, sondern: »Dann ruft ihr den Namen eures Gottes an, und ich werde den Namen des Herrn anrufen. Der Gott, der mit Feuer antwortet, ist der wahre Gott!« (1. Könige 18,24).

Der mit Feuer antwortet. Der mein Herz berühren kann. Der meine tiefste Sehnsucht stillt, der meine Liebe weckt, mich aus mir selber herauslockt und zu sich zieht in einer immer tieferen Liebesbeziehung. *Das* ist das Kennzeichen des lebendigen Gottes. Ich kann die falschen Bilder schätzen, so wie ich auch andere Dinge und Wertsachen in meinem Besitz schätze –; aber *lieben* kann ich nur den, der lebt.

Man beachte, dass die falschen Gottesbilder nicht zu bedeuten brauchen, dass mir jede Gemeinschaft mit dem lebendigen Gott unmöglich ist. Es ist eher so, dass diese Bilder als Bremse für die Entwicklung dieser Gemeinschaft fungieren. Und wie alles Unbewusste im Leben werden mir die Gottesbilder oft erst dann bewusst, wenn ich eine Krise durchlebe. Ich werde älter, betrauere einen Verlust, werde krank oder kann nicht mehr, lerne neue Menschen und Situationen kennen – und plötzlich bekommt das, was mir jahrelang unbewusst und selbstverständlich war, scharfe Konturen, vor denen ich erschreckt zurückweiche: »Wie habe ich an *so etwas* glauben können?«

In solch einer Situation besteht die Lösung *nicht* darin, zu versuchen, zu einem »besseren« Gottesbild zu kommen (ob dies nun aufgeklärter, moderner, konservativer, feministischer, bibeltreuer, liberaler oder was auch immer ist), sondern der einzig richtige Weg ist der, den die Christen in Thessalonich gingen. Paulus erinnert sie daran, »wie ihr euch von den Götzen bekehrt habt, um dem wahren und lebendigen Gott zu dienen« (1. Thessalonicher 1,9).

Für den Gnostiker führt der Weg zu Gott über die religiöse Erkenntnis, denn das Problem des Menschen ist intellektuell: Es mangelt uns an dem rechten Wissen über Gott. Für den Christen geht der Weg zu Gott über die Bekehrung, denn nach der Bibel ist das Problem des Menschen in erster Linie moralisch: Wir wollen selber Gott sein. Diese Bekehrung wiederholt sich im Laufe des Lebens immer wieder, denn ständig stoßen wir auf neue selbst gebastelte Gottesbilder, die einer Beziehung zu Gott im Weg stehen. Wenn wir dann versuchen, das Problem dadurch zu lösen, dass wir ein besseres Bild basteln, verstärken wir es nur. Das falsche Bild will nicht umgebaut, sondern losgelassen werden.

Die Zeit der Unwissenheit

Aber passen diese Bibeltexte denn zu dem, was wir heute über die Rolle von Erbe und Milieu beim Zustandekommen unserer Gottesbilder wissen? Wenn die Menschen in der Antike sich ihre Götzen machten, war das doch wohl kaum etwas Unbewusstes, sondern umgekehrt eine höchst bewusste Handlung, die sie ebenso bewusst auch wieder zurücknehmen konnten. Aber unsere inneren Gottesbilder sind doch das Produkt von Beziehungen und Umständen, die über lange Jahre hinweg unser Unterbewusstsein geprägt haben. Wir können nichts für sie; da sind doch Bekehrungsaufrufe fehl am Platz, oder?

Hier kann uns die Begegnung des Paulus mit den sehr religiösen Athenern vielleicht einen Schlüssel in die Hand geben. Paulus besichtigt die vielen Tempel in der Stadt und hält dann eine Predigt vor den führenden Intellektuellen Athens. Er beginnt damit, dass er den Unterschied zwischen den Gottesbildern und dem lebendigen Gott erklärt:

> *Männer von Athen, ich habe bemerkt, dass ihr den Göttern besonders zugewandt seid, denn als ich umherging, sah ich eure vielen Altäre. Einer davon trug die Inschrift: »Dem unbekannten Gott«. Ihr habt ihn angebetet, ohne zu wissen, wer er ist, und nun möchte ich euch von ihm erzählen. Er ist der Gott, der die Welt und alles, was darin ist, erschuf. Weil er der Herr über Himmel und Erde ist, wohnt er nicht in Tempeln, die Menschen erbaut haben. Er braucht keine Hilfe von Menschen. Er selbst gibt allem, was ist, Leben und Atem, und er stillt jedes Bedürfnis, das ein Mensch haben kann. (Apostelgeschichte 17,22-25; NLB)*

Darauf erklärt er den Zusammenhang zwischen unserer Vergangenheit und unserer Verantwortung dafür, wie wir heute leben:

> *In ihm leben, handeln und sind wir. Wie einer eurer eigenen Dichter gesagt hat: »Wir sind seine Nachkommen.« Deshalb sollten wir uns Gott nicht als Götzenbild vorstellen, das Kunsthandwerker aus Silber, Gold oder Stein anfertigen. Bis jetzt hat Gott über die Unwissenheit der Menschen hinweggesehen, doch nun gebietet er den Menschen auf der ganzen Welt, sich von den Götzen abzukehren und sich ihm zuzuwenden. (Apostelgeschichte 17,28-30; NLB)*

»Bis jetzt.« Lange Zeit haben unsere Gottesbilder unter dem Mantel der »Unwissenheit« gelegen. Sie waren die Produkte unserer Bedürfnisse, Wunden und anderer Faktoren, und wir waren nicht in der Lage, ihre Falschheit zu durchschauen, geschweige denn zu sehen, dass sie Sünden sind, von denen man sich abkehren kann. Sie waren genauso selbstverständlich ein Teil des Lebens wie die Gottesvorstellungen, mit denen die Athener Jahrhunderte lang gelebt hatten, ohne je ernsthaft über sie nachzudenken. Und Gott hat genauso Geduld mit ihnen gehabt wie mit der religiösen Vergangenheit der Athener. Über die »Unwissenheit«, über das, was uns gar nicht bewusst ist, sieht Gott hinweg.

Erst dann, wenn die Bilder in mein Bewusstsein aufsteigen, kann ich sie als etwas Fremdes erkennen, das die Wirklichkeit verdunkelt und meinem Leben schadet. Dies gilt sowohl für meine Selbstbilder als auch für meine Gottesbilder. Gottes Wort und unsere Erfahrungen heben das, was verborgen war, ans Licht, sodass wir es endlich sehen und uns bewusst entscheiden können. Erst jetzt bewegen wir uns auf dem ethischen Terrain von »richtig« und »falsch«, und Bekehrung wird möglich. Ich kann anfangen, mich von meinen falschen Selbstbildern abzuwenden und mein wirkliches Ich kennenzulernen. Und ich kann meine falschen Gottesbilder ablegen und den lebendigen Gott kennenlernen.

Das Verhältnis zwischen diesen beiden Ebenen – dem Unbewussten und dem Bewussten – ist absolut entscheidend. Diese Ebenen miteinander zu *vermischen* schafft nur Verwirrung und schlägt Wunden in unseren Seelen; die Gottesbilder werden zu Sünden erklärt, die Theologie psychologisiert. Und sie strikt *trennen* – hier die Welt der Psychologie, dort die der Theologie – heißt, die Wahrheit aufzuspalten und ihr ihre befreiende Kraft zu nehmen.

Kehren wir zum Schluss zu dem Pauluswort von dem Spiegel zurück:

Als ich ein Kind war, redete und dachte und urteilte ich wie ein Kind. Doch als ich erwachsen wurde, legte ich das Kindliche ab. Jetzt sehen wir die Dinge noch unvollkommen, wie in einem trüben Spiegel, dann aber werden wir alles in völliger Klarheit erkennen. Alles, was ich jetzt weiß, ist unvollständig; dann aber werde ich alles erkennen, so wie Gott mich jetzt schon kennt. (1. Korinther 13,11-12; NLB)

Vom Kind zum Erwachsenen. Vom Spiegelbild zur Wirklichkeit. Von dem Versuch, Gott durch einen Spiegel zu sehen, der unweigerlich Züge von mir selber trägt, zum Schauen seines Angesichts, das mir wie ein vollkommener Spiegel zeigt, wer ich bin.

Heute ist mein Wissen über Gott begrenzt, aber einst werde ich ihn vollständig erkennen, so wie er mich schon jetzt kennt. Er, der mein wahres Angesicht sieht, ohne alle störenden Bilder.

Der zerbrochene Spiegel

Eines schönen Tages, als ich gerade in der Waschküche herumwerkelte, hörte ich aus der Küche einen dumpfen Schlag. Ich lief in die Küche, und richtig, ein Spatz war gegen das Küchenfenster geflogen und lag mit gebrochenem Hals auf der Terrasse. Dergleichen geschieht bei uns nicht sehr oft, trotz der vielen Vögel in unserer Gegend, und der arme Vogel tat mir leid.

Ganz ähnlich fliegt manch ein Mensch in das, was er in seiner Gutgläubigkeit für den offenen Himmel hält. Von dem Kleinkind, das wie selbstverständlich annimmt, die Welt sei gut, bis hin zu der Hoffnung des Erwachsenen, endlich den richtigen Partner fürs Leben zu finden. Der Mensch fliegt los – und statt in offene Arme fliegt er in eine Glasscheibe und stürzt mit zerbrochenem Vertrauen zu Boden. Die Wünsche, Wunden und Bedürfnisse des anderen standen stumm und unerbittlich zwischen Herz und Herz, und einmal mehr endete die Hoffnung auf eine Begegnung in dem Scherbenhaufen der Enttäuschung.

Wie soll ein solcher Mensch je wieder fliegen können? Wie soll er wieder Offenheit wagen? Für einen solchen Menschen sind Predigten und gelehrte Vorträge über Gott unendlich uninteressant. Sein Verhältnis zum Leben ist von einem wohlbegründeten Misstrauen geprägt. Die einzige wirkliche Frage, die er Gott und seinen Mitmenschen gegenüber vielleicht noch hat, lautet: »Nimmst du mich an?«

Möglicherweise sind die Schläge aber auch so hart, dass das Bild zerbricht. Dann wird der Mensch so in seinen Grundfesten erschüttert, dass es ihm vorkommt, als ob alles aus sei. Aber dann erhebt er sich wieder aus dem Trümmerhaufen der Bilder, langsam und zögernd, und beginnt, in der Wirklichkeit umherzutasten, als berühre er sie zum allerersten Mal.

C. S. Lewis war Literaturprofessor in Oxford und Cambridge. Er war als christlicher Intellektueller bekannt, der mit seinen Büchern und Radiovorträgen (u.a. über das Problem des Leidens) vielen Menschen die Tür zum christlichen Glauben und Denken öffnete.

In dem gelehrten Milieu der Colleges hatte er Freunde und Kollegen, mit denen er einen fruchtbar-kreativen Austausch pflegte – so in dem Zirkel der »Inklings«, zu dem J. R. R. Tolkien und andere schriftstellernde Freunde gehörten. In Lewis' Leben erklomm die analytische Klarheit, die die große Gabe der Engländer an die Welt zu sein scheint, neue Höhen.

Bis eines Tages eine Frau in diese Theorie- und Männerwelt einbricht. Joy Davidman hat Lewis' Bücher gelesen, und die Bekanntschaft gerät in tiefere Fahrwasser. Lewis versucht tapfer, sie auf dem Niveau der intellektuellen Freundschaft zu halten. Als die beiden standesamtlich heiraten, ist dies von Lewis als reine Formalität gedacht, um Joy, deren Aufenthaltsgenehmigung in England abgelaufen ist, die Ausweisung zu ersparen.

Aber Joy hat Krebs, und als ihr Zustand sich verschlechtert, lässt die Achterbahn von Hoffnung und Verzweiflung Lewis' letzte Verteidigungsmauern einstürzen. Im Krankenhaus lässt er sich kirchlich mit Joy trauen, »vor Gott und in vollem Ernst«. Es folgt eine kurze, intensive Eheromanze, dann stirbt Joy.

Lewis versucht, sich aus dem Schutt seines eingestürzten Lebensglücks herauszuarbeiten. Wie alle Schriftsteller tut er es mit der Feder. Zuerst erscheint das Büchlein anonym – vielleicht weil das, was in ihm steht, so ganz anders ist als der scharfsinnig-kühle Analytiker Lewis, den die Leute kennen? Der Titel, »A Grief Observed« (»Über die Trauer«) ist möglicherweise ironisch gemeint, als literarischer Seitenhieb auf den »alten« C. S. Lewis, denn wie soll jemand seine eigene Trauer nach dem Verlust seiner Geliebten »beobachten« können? Lewis schreibt:

> Ein Glaube der Fantasie hat mit harmlosen Jetons gespielt, die mit »Krankheit«, »Schmerz«, »Tod« und »Einsamkeit« beschriftet waren. Ich vermeinte dem Seil zu trauen, bis es darauf ankam, ob es mich tragen würde. Jetzt kommt es darauf an, und ich stelle fest: Ich habe ihm nicht getraut.
>
> Von Kartenspielern höre ich, solange nicht um etwas Geld gespielt werde, nehmen die Leute die Sache einfach nicht ernst. So ist's offenbar. Deine Wette – für Gott oder keinen

Gott, für einen guten Gott oder den kosmischen Sadisten, für ewiges Leben oder Nichts – ist so lange nicht ernsthaft, als nicht viel auf dem Spiel steht. Nie wird man das Maß des Ernstes feststellen, ehe der Einsatz nicht grausig in die Höhe getrieben ist; bevor man nicht erfährt, dass es nicht um Spielmarken oder Fünfzig-Cent-Stücke geht, sondern um jeden Cent auf der Welt, den man sein Eigen nennt. Darunter gelingt es nicht, einen Menschen aus seinem bloßen Wort-Denken und seinem bloßen abstrakt begriffenen Glauben aufzurütteln. Er muss halb bewusstlos geprügelt werden, ehe er zu Sinnen kommt. Nur Folter fördert die Wahrheit zutage.[19]

Da unsere Bildsysteme zusammenhängen, kommt es in solchen Krisen immer zu einem Dominoeffekt. Allgemeine Bilder vom guten Leben prallen auf Gottesbilder, die dann die Selbstbilder mit sich reißen. Und selbst wenn man mitten im Fegefeuer des Schmerzes an der Überzeugung festhält, dass Gott gut ist, bekommt diese gleichsam andere Obertöne: »Was meinen die Leute eigentlich, wenn sie sagen: ›Ich habe keine Angst vor Gott, denn ich weiß, er ist gut‹? Waren sie denn noch nie beim Zahnarzt?«[20]

Mit schweren, halboffenen Augenlidern

Es gibt tausend Arten, wie diese Prozesse in Gang kommen können. Jedes Menschenleben ist einzigartig, und was das Bild des einen zerbricht, passt in das des anderen hinein, ohne tiefere Spuren zu hinterlassen. Vielleicht kann man vier Arten von Lebenserfahrungen unterscheiden, in denen wir typischerweise unsere früher so unbewussten Bilder entdecken und ein neues Licht in unserer Wirklichkeit ahnen:

---

19 C. S. Lewis, *Über die Trauer* (Benziger Verlag, Zürich ^{2}1999), S. 55
20 C. S. Lewis, *Über die Trauer,* S. 60

1. Wir werden älter

Da steht Jesus in einem Kreis von Schriftgelehrten und Pharisäern, die Steine in den Händen halten, mit denen sie eine beim Ehebruch ertappte Frau steinigen wollen, und sagt ihnen: »Wer von euch ohne Sünde ist, der soll den ersten Stein auf sie werfen!« Worauf sie einer nach dem anderen kleinlaut davongehen, »die Ältesten zuerst« (Johannes 8,7-9).

Es scheint, dass sich unser Selbstbild verändert, wenn wir älter werden. In dieser Szene bleiben die Jüngeren etwas länger: Wir gehören doch zu den Gerechten, oder nicht? Sie haben noch nicht so viel erlebt, dass die größer werdenden Risse in ihrem Selbstbild den Blick auf eine andere Wirklichkeit freigeben als das sorgfältig gepflegte eigene Image.

Der litauische Dichter und Nobelpreisträger Czeslaw Milosz hat ein Gedicht mit dem Titel »In einem gewissen Alter« geschrieben,[21] in dem es darum geht, dass »wir unsere Sünden bekennen wollten, aber niemand hatten, der uns zuhörte«. Die Wolken und der Wind wollten nicht, auch nicht die Hunde und Katzen. Auch die Menschen hatten kein Interesse, und »es wäre erniedrigend gewesen, einem Experten mit Diplom ein Stundenhonorar für das Zuhören zu zahlen«. Das Gedicht endet mit den Worten:

> Die Kirchen. Vielleicht die Kirchen.
> Aber was soll man beichten?
> Dass wir uns so schön und edelmutig vorgekommen waren
> und dann stattdessen eine abstoßend hässliche Kröte sahen,
> mit schweren, halboffenen Augenlidern,
> und wussten: »Das bin ich.«

Mir scheint, dass mit dem Älterwerden hier nicht so sehr zunehmende Weisheit gemeint ist, sondern die schlichte Tatsache, dass wir mehr Erfahrungen mit engen Beziehungen haben. Für einen Menschen, der ganz allein lebt, kann es durchaus möglich sein,

21 Czeslaw Milosz, *Vid flodens strand* (Brombergs, 2000), S. 9

dass er sein schönes Selbstbild ein Leben lang behält. Alle engeren Beziehungen (ob zu Menschen oder zu Gott) locken früher oder später das hervor, was wirklich in uns ist. Oder genauer gesagt: Sie zwingen es hervor: das Gute und das Böse, das Zarte und das Aggressive, die Gaben und die Sünden.

Unsere Alltagserfahrung zeigt uns, dass etwas nicht stimmt an dem Kanzelklischee von dem Gott, der nur das Gute in uns zum Vorschein bringt. Wer mir genügend nahe kommt, wird früher oder später die Wirklichkeit hinter meinen Bildern sehen. Ich habe dann die Wahl: Will ich flüchten – oder das, was sich hier zeigt, akzeptieren? Hier wird auch deutlich, warum in unserer narzisstischen Gesellschaft die Fixierung auf das Äußere des Menschen so häufig mit seiner Angst vor zu engen Beziehungen gekoppelt ist. Die Kunst, nicht älter zu werden, ist eigentlich die Kunst, sich selber auszuweichen.

2. Wir durchleben Krisen

Viele der umwerfenden Veränderungen im Gottes- und Selbstbild, die die Menschen in der Begegnung mit dem Jesus der Evangelien erleben, haben ihren Ausgangspunkt in irgendeiner Art Krise. Krankheit, Ehebruch, Trauerfälle, Mobbing, Angst und finanzielle Probleme sind nur einige Beispiele für solche Krisen. Unerwartet öffnen sie Türen hinaus aus den fest zementierten Bildern von uns selbst oder von Gott. Beziehungsprobleme mit Eltern, Kindern und Kollegen können die schönste Fassade rissig werden lassen. Eine Arbeitslosigkeit greift tief in unser Selbstbild ein: Wer bin ich, wenn niemand mir eine Stelle gibt? Ähnlich, wenn wir bei einer Beförderung übergangen werden: Was habe ich bloß falsch gemacht?

Heute nimmt das Burn-out-Syndrom geradezu epidemische Ausmaße an, vor allem unter Menschen, die mit anderen Menschen arbeiten. Die üblichen Symptome wie Schlaflosigkeit, Konzentrationsstörungen, Magen- oder Kopfschmerzen sind dabei nur die körperlichen Manifestationen des in der Tiefe ablaufenden Zerbruchs unserer Bilder vom Sinn unserer Arbeit, ja von unserer Identität. Die Konfrontation mit meinen Grenzen verläuft dabei zunächst ähnlich konstruktiv wie der Zusammenstoß mit einer Wand; die

Erfahrung ist rein negativ: Ich kann nicht mehr, ich schaffe es nicht mehr, ich glaube nicht mehr ...

Im schlimmsten Fall bringt die Therapie nicht mehr, als dass ich meinen Terminkalender aufräume, ein halbes Jahre ausruhe und anschließend mit reduziertem Tempo zurück in das Hamsterrad steige, ohne wirklich etwas aus meiner Krise gelernt zu haben. Im besten Fall zwingt mich der Zusammenstoß mit meinen Grenzen dazu, meine zentralen Beziehungen – zu mir selber, zu meinen Lieben, zu meiner Arbeit, zu Gott – von Grund auf neu zu überdenken; hier kann der Zusammenbruch der Anfang einer der positivsten Veränderungen in meinem Leben sein.

3. Wir lernen neue Menschen und Beziehungen kennen

... die von einer tieferen Wahrheit geprägt sind, als wir sie bisher in unserem Leben erfahren haben. So ähnlich muss es gewesen sein, als die ersten Christen anfingen, zum Sauerteig ihrer Umgebung zu werden:

> *Alle Gläubigen kamen regelmäßig zusammen und teilten alles miteinander, was sie besaßen. Sie verkauften ihren Besitz und teilten den Erlös mit allen, die bedürftig waren. Gemeinsam beteten sie täglich im Tempel zu Gott, trafen sich zum Abendmahl in den Häusern und nahmen gemeinsam die Mahlzeiten ein, bei denen es fröhlich zuging und großzügig geteilt wurde. Sie hörten nicht auf, Gott zu loben, und waren bei den Leuten angesehen. Und jeden Tag fügte der Herr neue Menschen hinzu, die gerettet wurden. (Apostelgeschichte 2,44-47; NLB)*

Alle Aspekte des Daseins wurden von diesem neuen Leben berührt. Die theoretischen Glaswände zwischen Gott und Mensch, Religion und Alltag zerbrachen unter dem Gewicht der Gegenwart des lebendigen Gottes. Die Begegnung mit der Liebesgemeinschaft dieser Menschen führte dazu, dass ihre Mitmenschen ihr eigenes Leben zu überprüfen begannen.

Und so ist es weitergegangen, die ganze Geschichte hindurch, in einer ständigen Wellenbewegung zwischen den großen sichtbaren Strukturen und den kleinen Zeichen im Alltag. Bei wie vielen mag die Emanzipation von ihrem scheinbar so selbstverständlichen Gottes- und Selbstbild durch einen christlichen Kollegen begonnen haben, der sich *nicht* hinter einer spanischen Frömmigkeitswand verbarrikadierte, sondern den üblichen Umgangston in der Firma durch seine offene Freundschaft durchbrach?

Der Besuch einer Einkehrfreizeit kann eine konkrete Möglichkeit sein, sich für solche Veränderungen zu öffnen. In einer geschützten Umgebung, in der ich mit mir selber und Gott allein sein kann, kann ich meine Schutzschilde sinken lassen und Muster und Strukturen in meinem Selbst- und Gottesbild entdecken, die ich mir in einer anderen Situation von niemandem hätte unter die Nase reiben lassen.

4. Gott spricht direkt zu uns

Dies geschieht nicht sehr häufig, aber öfter als wir denken. Das klassische biblische Beispiel dafür, wie ein Mensch auf dem Höhepunkt seiner Karriere von Gottes Blitzschlag getroffen wird, einem existenziellen Erdbeben, das in einem Augenblick seine sämtlichen alten Gottes- und Selbstbilder in einem neuen Licht erscheinen lässt, ist natürlich die Bekehrung des Paulus. Soweit wir wissen, steckte Paulus damals in keiner Lebenskrise, es sprach auch kein Mensch zu ihm. Seine Begleiter »standen stumm vor Verwunderung da, denn sie hatten zwar die Stimme gehört, aber niemanden gesehen« (Apostelgeschichte 9,7).

Andere Beispiele sind weniger dramatisch, aber genauso plötzlich und unvermittelt. Es beginnt vielleicht mit einer tiefen, unerklärlichen Sehnsucht, die wieder vergeht, die zurückkommt, die wir immer heftiger zu verdrängen versuchen ... bis wir eines Tages einsehen, wie absurd unser Widerstand ist, und die Waffen strecken: »Okay, Gott.«

Man beachte, dass es bei all diesen vier Typen von Erfahrung keinen Automatismus oder Zwang gibt. In sämtlichen Fällen haben wir auch die Möglichkeit, Nein zu sagen. Wir können uns an unseren alten Vorstellungen festklammern, das »schöne Haus« erbittert verteidigen gegen alle Eindringlinge, die das Bild von mir bedrohen, das ich mir über die Jahre hinweg gebastelt habe. Ich kann aus

»meinem Glauben« ein denkmalgeschütztes Haus machen, an dem ja nichts verändert werden darf.

In solchen Situationen können unsere Mitmenschen sich sehr machtlos vorkommen. Die anderen sehen meine Bilder ja oft schon lange, bevor ich sie selber sehe, aber müssen resigniert feststellen, dass die Auseinandersetzung mit diesen Bildern von innen, aus mir selber kommen muss. Manchmal kann man nur staunen, wenn man erlebt, wie der eine durch seine Krise ein anderer Mensch wird, während bei einem anderen, der die gleiche Krise durchmacht, die alten Bilder sämtlich intakt bleiben.

Richtig schlimm wird es, wenn der Abwehrkampf gegen die Veränderung psychotische Züge annimmt. Zum Beispiel, wenn eine frischgebackene Mutter sich so schwertut, ihr altes Selbstbild mit der neuen, hautnahen Realität, die da in dem Bettchen liegt, in Einklang zu bringen, dass sie mit der Flucht in ihre Bilder reagiert – die sogenannte Laktationspsychose.

Oder wenn der plötzliche Tod der Ehefrau so unfassbar für den Witwer ist, dass er, anstatt seine Trauerarbeit zu leisten, jedem in seiner Gemeinde erklärt, dass eine große Erweckung unmittelbar bevorsteht.

Von außen betrachtet ist die Psychose eine Flucht vor der Wirklichkeit, innen fungiert sie als Schutzschild gegen einen unerträglichen Schmerz. In der akuten Phase helfen oft nur Medikamente, auf Dauer dann eine Gesprächstherapie. Und nicht zuletzt kann die Psychose ein Spiegel der in uns allen wohnenden Neigung zur Flucht in unsere Bilderwelten sein.

Wohl am allerschwersten tun wir uns damit, das Selbstbild des *Opfers* loszulassen. Dieses Bild ist wie ein gemeinsamer Nenner in vielen unserer Lebensgeschichten, eine tragende Wand in den Selbstbildern, die wir uns gezimmert haben: Ich bin der, der als Kind misshandelt wurde. Ich bin die, die nie einen richtigen Vater hatte. Ich war in der Schule immer das Mobbingopfer. Ich stand als Junge dauernd im Schatten einer dominierenden Mutter. Ich bin der, der in einer religiösen Zwangsjacke aufwachsen musste. Oder als armes Arbeiterkind. Ich bin die Frau, die von ihrem Partner mit den Kindern sitzen gelassen wurde, als er eine andere fand. Hundert Varianten und immer dasselbe Grundselbstbild: Ich bin das *Opfer*. Das Opfer der anderen, das Opfer der Umstände.

Das Opfer sucht Mitleid. Für einen Menschen mit sehr lädiertem Selbstbild kann das zum Schluss die einzige Form von Bestätigung sein, mit der er sich identifizieren will. Er kann sich ja nicht vorstellen, dass einer ihn so liebt, wie er ist. Wenn ich aber keine Liebe kriegen kann, dann möchte ich wenigstens Mitleid!

Die Opferrolle kann sich richtig festfressen in einem Menschen. In den Worten des amerikanischen Franziskanerpriesters und Autors Richard Rohr: »Dies ist eine endgültige, uneinnehmbare Stellung. (...) Verletzt sein, leiden, Mitleid verdienen – das bedeutet, dass man eine moralische Schlacht gewonnen hat. Wenn du beweisen kannst, dass du ein Opfer bist, kann man nichts mehr von dir verlangen als das ewige Recht, deine Geschichte zu berichten, und wir anderen haben uns gefälligst schuldig zu fühlen und den Weihrauch der Wiedergutmachung zu verbrennen.«[22]

Warum ist just dieses Element in unserem Selbstbild so zählebig in Krisen, die ansonsten eine so befreiende Wirkung haben können? Eine erste Antwort ist vielleicht, dass mit jeder neuen Krise das Gefühl, das Opfer und der ewige Verlierer zu sein, noch verstärkt wird: Alle sind gegen mich, ich hab's doch gewusst ... Hier stoßen wir auf eine der stärksten Drogen, die es gibt: das *Selbstmitleid*, das so perfekt getarnte schöne Gefühl, das man hat, wenn man sich selber tröstet, denn sonst tut es ja keiner ...

Die Opferrolle ist auch, wie Rohr hervorhebt, ein Stück Machtausübung. Als Opfer habe ich ein Recht darauf, privilegiert behandelt zu werden, ja ein Recht auf eine Art moralische Amnestie: Wer Opfer gewesen ist, kann nicht mit den normalen ethischen Kriterien beurteilt werden. Ein modernes Beispiel ist hier etwa Israel: Nach den furchtbaren Judenverfolgungen der jüngeren Geschichte findet sich jede Kritik am Verhalten des Landes fast automatisch in der antisemitischen Ecke wieder. Die letzte Quelle des Selbstmitleids ist vielleicht die Mutter aller Sünden, der Hochmut, nur dass man

---

22 Richard Rohr: »Why Does Psychology Always Win? – The process of conversion from self-actualization to self-transcendence«, *Sojourners*, Washington D.C., November 1991

ihn hier schwerer entdeckt, da wir ihn gemeinhin mit Stärke und nicht mit Schwäche verbinden.

Die Bibel betont immer wieder, was unsere psychologische Erfahrung jedes Mal bestätigt: Wenn es in unserem Leben zu nachhaltigen Veränderungen kommen soll, müssen wir unsere Bilder loslassen. Es hilft nicht, sie zu pflegen, und auch nicht, sie nach dem Zeitgeist oder meinen aktuellen psychologischen Bedürfnissen umzumodeln. Wir müssen sie zerbrechen. Die Reformation unter König Josia mag uns brutal und gefühllos vorkommen, aber was die Bibel darüber berichtet, ist ein Grundmuster für das, was jeder Mensch mit seinen alten Bildern machen muss, um den Durchbruch zur Wirklichkeit zu schaffen:

> *Im achten Jahr seiner Herrschaft, als er noch sehr jung war, begann Josia, den Gott seines Stammvaters David zu suchen. Im zwölften Jahr dann fing er an, Juda und Jerusalem zu reinigen, indem er die Höhenheiligtümer, die Ascherabilder und die geschnitzten und gegossenen Götzenbilder zerstörte. Er sorgte dafür, dass die Altäre für die Baalsbilder und ihre Räucherstätten niedergerissen wurden. Und er zerschlug die Ascherabilder und die geschnitzten und gegossenen Götzenbilder, zermalmte sie und verstreute den Staub über den Gräbern derer, die ihnen geopfert hatten. (2. Chronik 34,3-4; NLB)*

Zurück zu der Nonne, die zu tanzen begann, als sie merkte, dass »es Gott nicht gibt«: Zuerst hielt sie das zerbrochene Bild für Gott selber. Mit der Zeit entdeckte sie dann den Unterschied zwischen ihrem Gottesbild und dem lebendigen Gott, und der Zerbruch des Bildes war der Anfang – und nicht das Ende – einer lebendigen Gottesbeziehung. Ähnlich erleben wir vielleicht, wie in einer Krise unser Selbstbild zerbricht: »Ich bin ja ein billiger Schauspieler.« Diese Erkenntnis kann sich wie ein Tod anfühlen, ich sterbe gleichsam. Aber tief drinnen weiß ich (wenn auch vielleicht nicht sofort), dass ich ja weiter existiere und das, was jetzt von mir sichtbar wird, viel wirklicher ist als das frühere Bild. Wie die Schriftstellerin Karen Armstrong sagt: »Der Atheismus ist eine Pause zwischen zwei Gottesbildern.«

Der ruhende Punkt

Eine Freundin von mir ist seit vielen Jahren als Krankengymnastin tätig und also auf die Wechselwirkung zwischen körperlichen und seelischen Leiden spezialisiert. Sie erzählte mir, wie man rein physisch vorzugehen hat, um einem Patienten zu helfen, von seinen Verspannungen frei zu werden. Aber wenn diese Verspannungen ihre Ursache in seelischen Spannungen haben und man nicht zuerst diese Spannungen angeht, kann die Therapie dazu führen, dass es dem Patienten am Ende sogar schlechter geht. Er braucht womöglich seine körperliche Verspanntheit als eine Art Stützkragen, und zwar so lange, bis er Hilfe bei seinen inneren Problemen bekommt. Erst wenn er innerlich zur Ruhe gefunden hat, kann er den Widerstand der Muskeln und Fasern seines Körpers aufgeben.

Also: Erst dann, wenn wir einen festen Ruhepunkt in unserem Inneren gefunden haben, können wir anfangen, unsere Fassade zu demontieren; jetzt brauchen wir sie ja nicht mehr. Wenn wir versuchen, die Bilder und äußeren Verhaltensmuster eines Menschen zu demontieren, *bevor* er diesen festen inneren Standort gefunden hat, verteidigt er womöglich die alten Bilder noch verbissener. So kam es in der christlichen Mission manchmal zu verständlichen Rückschlägen, wenn man die Götzenbilder zerstörte, bevor sich die Menschen auf eine feste persönliche Beziehung zu dem Gott, der sich in keine Bilder fassen lässt, eingelassen hatten.

Wir finden das gleiche Muster in der politischen Geschichte. Deutschland lag nach der Niederlage im Zweiten Weltkrieg völlig am Boden: physisch, wirtschaftlich und nicht zuletzt (durch die enorme Schuld des Hitler-Regimes) moralisch. Aber ähnlich wie ein einzelner Mensch, dessen Selbstwertgefühl zerstört ist, nicht in der Lage ist, auf konstruktive Weise seine Schuld zu sehen und zu bewältigen, konnte auch das Nachkriegsdeutschland noch nicht mit der Schuldbewältigung beginnen.

Erst als der wirtschaftliche Wiederaufbau in Fahrt gekommen war – so der britische Historiker Anthony Beevor –, war Deutschland in der Lage, öffentlich über die Schuld der Jahre 1933–1945 zu diskutieren.[23] Erst wenn wir innerlich Boden unter den Füßen bekommen haben, können wir das, was in unserem Leben schiefgegangen ist, in Augenschein nehmen.

Wir sehen dies am allerdeutlichsten bei Jesus. Der Apostel Johannes berichtet: »Er, der das Wort ist, wurde Mensch und lebte unter uns. Er war voll Gnade und Wahrheit, und wir wurden Zeugen seiner Herrlichkeit, der Herrlichkeit, die der Vater ihm, seinem einzigen Sohn, gegeben hat« (Johannes 1,14; NLB).

Man beachte, dass hier in der Reihenfolge die Gnade vor der Wahrheit kommt! Erst als die Menschen sich von Jesus angenommen und geliebt fühlten, konnten sie sich für die Wahrheit über ihr Leben öffnen. Erst als sie in Jesus einen sicheren Stand gefunden hatten, konnten sie ihre wesentlich weniger stabilen Krücken, die ihre mühsam zurechtgezimmerten Selbstbilder des Erfolgs, der Sicherheit und Frömmigkeit ihnen boten, loslassen.

Womit wir beim Thema der Midlife-Krise wären. Da landet ein Mensch, der Geborgenheit in seinem Leben sucht, ausgerechnet in dem Lebensstil, gegen den er in seiner Jugend gekämpft hat; das »Establishment« hat ihn eingeholt. Wo der Zwanzigjährige die Hingabe an Gott und eine bessere Welt suchte, sucht (nach vielen kleinen Zwischenschritten) der Vierzigjährige den Lebenssinn in dem richtigen Aktienfonds. Anstatt auf Gott baut er sein Selbstwertgefühl und seine Zukunftshoffnung jetzt auf den Mammon. Der tief sitzende Trieb, immer mehr Eigentum zu erwerben und zu verteidigen, nimmt all seine Kraft in Anspruch, lenkt seinen Blick von dem lebendigen Gott weg und hin zu »einem guten Leben« – und lässt seinen Alltag immer flacher werden. Er ist immer weniger bereit, die Risiken einzugehen, die mit allem wirklichen Leben verbunden sind. Sein Gottesbild und sein Selbstbild erstarren mehr und mehr.

Richtig tragisch wird es, wenn ein solcher Mensch seine früheren Selbstbilder des religiösen oder politischen Vorkämpfers dadurch loswerden will, dass er seine alten Ideale verachtet oder lächerlich macht. Die Bitterkeit und der Zynismus, die dies mit sich bringt, vergiften seine Seele und verhindern jede Offenheit für Neuanfänge.

---

23 *Newsweek,* 20. Mai 2002

Wie Graham Greene einmal gesagt hat: »Das Feigste, was ein Mensch tun kann, ist, der Radikalität seiner Jugend in den Rücken zu fallen.«

Es ist möglich, das Kind nicht mit dem Bad auszuschütten – aufgeblasene alte Selbstbilder hinter sich zu lassen, aber den guten Kern in ihnen zu behalten. Die Fähigkeit zur bedingungslosen Hingabe gilt in der Bibel kaum als Zeichen jugendlichen Überschwangs – eher als die Freiheit des reifen Menschen, endlich seiner tiefsten Sehnsucht zu folgen, nachdem die romantischen Illusionen der Jugend und die Verpflichtungen des Familienlebens allmählich hinter ihm liegen. Sara, Abraham und Mose waren nicht gerade Teenager, als sie Gottes Ruf hörten und befolgten ...

Wenn wir uns nicht über die Radikalität unserer Jugend mokieren, sondern sie etwas genauer untersuchen, merken wir vielleicht, dass Gott damals ein Ersatz für unser Ich war. Mein Handeln damals kam nicht wirklich aus mir selber, ich war ein Mitläufer, der mit den Wölfen heulte. Später verließ ich dann Schritt für Schritt diese Überzeugung und diesen Lebensstil, die ich mitgemacht, aber nie wirklich gewählt hatte, um mich stattdessen selber zu finden. Es ist so ähnlich wie bei einer verheirateten Frau, die mit fünfzig ihren Geburtsnamen wieder annimmt. Sie hatte ihn bei der Eheschließung abgegeben, weil »sich das so gehörte«, und ihn nie wirklich »besessen« – damit aber auch nicht aus eigenem Antrieb abgeben können.

Wieder gilt: Nur was ich habe, kann ich auch abgeben. Wenn ich Gott etwas gebe, das ich nie wirklich in Besitz genommen hatte, werde ich mir es früher oder später zurückholen. Erst dann kann mein Leben »radikal« in der eigentlichen Bedeutung des Wortes werden: von der Wurzel her.

Das religiöse Gegenstück zum Materialismus ist die Superfrömmigkeit. Äußerlich sein absoluter Gegensatz, ist ihre innere Funktion die gleiche: Beide schirmen den Menschen vom lebendigen Gott ab, indem sie seine Kontaktfläche zu Gott verringern. Der superfromme Mensch verachtet den Reichen (und umgekehrt) und sucht sein Heil in einem Frömmigkeitsbild, das größer, tiefer und asketischer sein will als das aller anderen.

Wie alle geistlichen Führer wurde auch Ignatius von Loyola bei etlichen seiner Mitbrüder mit diesem Problem konfrontiert. Einmal behauptete einer von ihnen, eine prophetische Offenbarung darüber erhalten zu haben, wie dem geistlichen Verfall der Kirche zu wehren sei. In einem langen Brief analysiert Ignatius sowohl den Menschen als auch seine Ansichten, wobei er unter anderem folgende zeitlose Beobachtung macht:

> Ein anderes Zeichen dafür, dass er in die Irre geführt wurde, ist (...), dass er völlig mit seinem eigenen Urteil zufrieden und über alles Maß in seinen eigenen Ansichten eingeschlossen ist. Zu dieser Härte seines Sinnes haben seine ausgedehnten und unregelmäßigen Gebetszeiten und andere geistige Übungen sowie körperliche Kasteiungen beigetragen. Das natürliche Ergebnis von all dem ist: *Je mehr ein vernünftiges Wesen sich der materiellen Dinge entzieht, umso festgefahrener wird der Verstand in seinen Meinungen,* seien diese nun wahr oder falsch. Es geschieht oft, dass solche Personen – vor allem dann, wenn sie (wie dies in diesem Falle zu sein scheint) von den Nebeln einer Leidenschaft verblendet sind –, das Zweifelhafte oder Falsche als die reine Wahrheit annehmen.[24]

Wie viele Dummheiten auf geistlichem, akademischem oder politischem Gebiet hätten uns erspart bleiben können, wenn rechtzeitig eine kritische Beurteilung durch jemanden von Ignatius' Kaliber erfolgt wäre? Bereits die Wüstenväter des 4. Jahrhunderts warnten vor der überkandidelten Frömmigkeit, die die Arbeit mit den Händen verachtet, um sich nur noch der Seele zu widmen. Der Mönch hatte körperlich zu arbeiten, Körbe zu flechten, Landwirtschaft zu treiben oder Ähnliches, selbst wenn er dies streng genommen nicht für seinen Lebensunterhalt brauchte – einfach um nicht den verdrehten Bildern einer Superfrömmigkeit zu verfallen, die ihn selber als Engel und Gott als frei schwebenden Geist zeigen.

---

24 *Letters of Ignatius of Loyola,* red. William J. Young SJ. (Loyola University Press, Chicago 1959), S. 202

Unter der Glasscheibe

»Nichts verdeckt Gottes Angesicht so wie Religion«, sagt Martin Buber. Wenn Gott die Wahrheit ist, können alle Formen der Lüge und Verdrängung Gottes Gesicht nur verdecken – auch dann, wenn sie in Gottes Namen erfolgen und sich gut anfühlen. Und entsprechend können alle Formen der Wahrheit eine mögliche Kontaktfläche zu Gott bilden – auch wenn sie sehr schmerzhaft sind. Und – siehe Buber – mehr als alles andere gibt die Religion der Neigung des Menschen, sich von der Wirklichkeit abzuschirmen, Nahrung.

»Der Mensch kann nicht sehr viel Wirklichkeit ertragen«, schreibt T. S. Eliot. Darum haben falsche religiöse Vorstellungen zu allen Zeiten einen großen Markt gehabt, bieten sie dem Menschen doch die Möglichkeit, sich die Wirklichkeit auf eine Weise vom Leib zu halten, die nicht nach Flucht, sondern nach tiefer Frömmigkeit aussieht. Das Resultat ist eine Selbsttäuschung, die *schlimmer* ist als alle anderen Selbsttäuschungen. Wie Jesus sagt: »Wenn schon das, was du für Licht hältst, in dir Dunkelheit ist, wie dunkel wird dann erst die Dunkelheit sein!« (Matthäus 6,23).

Wenn ich mir in Gottes Namen die Wahrheit über meine psychologische Geschichte vom Leib halte, verdecke ich nicht nur mein eigenes Gesicht, sondern auch das Gottes. Wenn ich in Gottes Namen die Wahrheit über politische und ökonomische Verhältnisse in der Welt von mir fernhalte, verdecke ich nicht nur das Gesicht der Wahrheit, sondern auch das Gottes. Wenn ich in Gottes Namen die Augen für den wirklichen Zustand der Kirche verschließe, verdecke ich nicht nur das Gesicht der Kirche, sondern auch das Gottes. Sich zu weigern, auf die Erfahrungen des Lebens zu hören, weil »wir doch die Antwort haben«, kann nur in die falsche Richtung führen. Der Trappistenmönch Thomas Merton schreibt: »Wir begegnen der Lüge und werden verführt, wenn wir auf das hören, was die Welt über sich sagt – aber nicht, wenn wir auf das Leben selber hören, in seiner Demut, Gebrechlichkeit, Stille und Zähigkeit.«[25]

Ein Mensch, der mit der Wirklichkeit nur dadurch fertig wird,

25 Thomas Merton, *Conjectures of a Guilty Bystander* (Doubleday 1989), S. 349

dass er sich ständig mit frommen Bildern und Liedern umgibt, mit Bibelworten und anderen äußeren Zeichen dafür, dass er Christ ist und dass Gott existiert, verhält sich ungefähr so wie ein kleines Kind, das ständig seine Mutter sehen muss, um zu wissen, dass sie da ist. Die Mutter muss ihm dauernd aufs Neue versichern, dass sie immer bei ihm sein wird; sobald sie auch nur das Zimmer verlässt, fühlt das Kind sich verlassen. Es hat sozusagen noch nicht richtig »Guck-guck« gespielt – das Spiel, bei dem die Mutter ihm langsam beibringt, dass sie auch da ist und sich kümmert, wenn das Kind sie nicht sehen kann. Diese tiefe innere Unsicherheit hindert das Kind an einer gesunden Neugierde auf die Welt draußen.

Hier sehen wir einmal mehr den Zusammenhang zwischen Selbst- und Gottesbild. Das Selbstbewusstsein eines solchen Menschen ist sehr schwach: Ohne äußere Bilder und Krücken schafft er es nicht. Und entsprechend labil ist auch das Gottesbild: Wenn ich nicht ständig die Bilder vor mir habe, dann – ja, dann existiert Gott nicht.

Ein solcher Mensch kann zum millionsten Mal hören, dass Gott ihn liebt und nie verlassen wird – eine Minute später jammert er wieder: »Gott, sieh mich an, Gott liebe mich.« Er ist auf dem Niveau eines geistlichen Kleinkindes stehen geblieben, anstatt das des Jüngers zu erreichen, der die »erwachsene« Frage stellt: »Was möchtest du mit meinem Leben machen?« Nicht, dass wir je aufhören würden, Gottes Kinder zu sein, natürlich nicht. Aber wenn wir nie wachsen und Jünger werden, schirmen wir uns mit unserer Frömmigkeit immer mehr gegen die Wirklichkeit ab, wo sie uns auch begegnet: in unserem eigenen Leben, in der Welt, bei Gott.

»Die Wahrheit wird euch frei machen«, sagt Jesus (Johannes 8,32). Und die Wahrheit finden wir nicht nur im Wort der Bibel, sondern auch in aller ungeschminkten Wirklichkeit. Das ist der Grund dafür, dass die oben erwähnten Lebenserfahrungen – das Älterwerden, Krisen und Verluste, die Begegnung mit neuen Menschen und Beziehungen – die Abschirmwände der Bilder durchbrechen können.

Solche Durchbrüche beginnen oft mit dem Gefühl, dass unsere Welt zusammenbricht – und das tut sie ja auch, denn sie war eigentlich die ganze Zeit ein Kartenhaus. In die richtigen Bahnen gelenkt, führt dieser Zerbruchprozess mit der Zeit zu dem umgekehrten Erlebnis: Endlich fange ich an, die Welt mit offenen Augen zu sehen. In einer einfachen Skizze kann man dies vielleicht so darstellen:

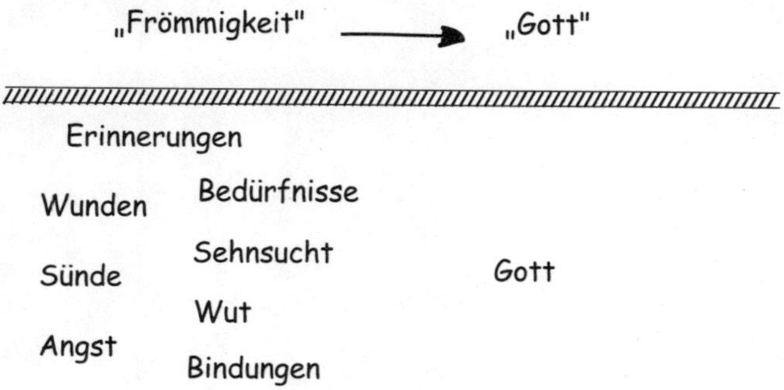

Das Leben oberhalb der »Glasscheibe« ist ungefähr so, wie Paulus es bei den Athenern feststellte: Wir sind »den Göttern besonders zugewandt« (Apostelgeschichte 17,22). Aber um das sein zu können, verdrängen wir (natürlich unbewusst) alles, was unsere Frömmigkeit stören könnte – nicht zuletzt die menschlichen Erfahrungen und Gefühle unterhalb der Glasscheibe. Wir finden diese Art Frömmigkeit in dem ganzen Spektrum christlicher Spiritualität, von charismatisch-überschwänglich bis akademisch-distanziert, und sie prägt nicht nur die Gottesdienste unserer Kirche, sondern auch unser ganz privates Leben.

Man beachte, dass in diesem Stadium alles, was sich unterhalb der »Glasscheibe« befindet, als Störung der Religion empfunden wird. Meine Beziehung zu Gott pflegen heißt, als guter Christenmensch das dumpfe Chaos da unten in Schach zu halten.

Aber in Wirklichkeit liegt das Problem genau anders herum: Es ist die gekünstelte Frömmigkeit oberhalb der Glasscheibe, die mich an einer Beziehung zum lebendigen Gott hindert. Dem äußerlichen, letztlich toten Fassaden-Selbstbild entspricht ein ebenso totes und wirklichkeitsfremdes Gottesbild. Was unserer Gottesbeziehung entgegensteht, sind einmal mehr dieselben Feigenblätter, die auch natürliche Beziehungen zu unseren Mitmenschen unmöglich machen.

Die Quelle zu guten Beziehungen finden wir just dort, wo wir nicht suchen wollen:

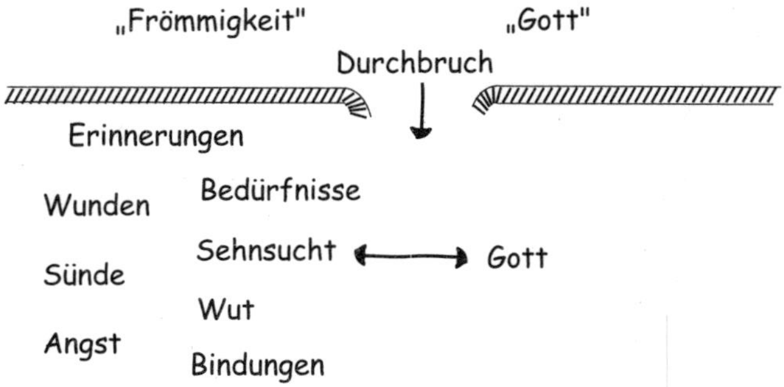

Der konkrete Auslöser des Durchbruchs durch die Glasscheibe kann alles Mögliche sein, aber der Grundmechanismus ist immer der gleiche: Ich steige (oder stürze) in den Keller meiner Seele hinab und sehe dort der Wirklichkeit ins Auge, die ich so lange durch meine »Frömmigkeit« zu verbannen versucht habe. Die zunächst chaotischen Gefühle der Verwirrung und Verlassenheit können mit guter Begleitung durch Seelsorge und Gebet in die Kontaktaufnahme mit meinem wirklichen Ich, meinem »inneren Haus« übergehen. Erst dann, wenn ich in der Sprache der Erwachsenen über meine wirklichen Gefühle und Gedanken zu reden beginne, beginnt das Wunder: Aus den Scherben und Fetzen meiner Bilder erhebt sich langsam ein leibhaftiger Mensch. Erst an diesem Punkt habe ich überhaupt die Voraussetzung dazu, dem lebendigen Gott zu begegnen.

Wir stoßen hier auf einen wichtigen Unterschied zwischen dem Menschenbild der Bibel und dem Menschenbild, das wir zum Beispiel in Esoterik und New Age finden. In dem vielen New-Age-Bewegungen zugrunde liegenden gnostischen Denken ist der Mensch im Kern ein göttliches Wesen. Durch diverse Fehlprogrammierungen (zum Beispiel negative Kindheitserlebnisse) ist diese innerste Identität verdunkelt worden, sodass ich nicht mehr weiß, wer ich »eigentlich« bin. Doch durch die rechte Erkenntnis (griech. *gnosis*) und die richtigen spirituellen Übungen kann ich mich von diesen Fehlprogrammierungen befreien, sodass das ursprüngliche, gute Ich wiederhergestellt wird.

Die Sicht der Bibel ist ganz anders: Der Mensch ist als Gottes Ebenbild erschaffen. Durch seinen Ungehorsam ist dieses Abbild verdreht und beschmutzt worden. Der Mensch nach dem Sündenfall ist zwar nach wie vor Gottes Ebenbild und damit im Prinzip unendlich wertvoll, aber seine Seele ist gespalten zwischen Gut und Böse. Wenn solch ein Mensch sich nun zu Christus bekehrt und dessen Licht in seine Seele hineinlässt, wird in diesem Licht *alles* sichtbar, was in seiner Seele ist. Ich sehe all das Schöne, das meinen Augen bisher verborgen war, aber auch all das Schreckliche. Ich entdecke das Helle, das ich nicht sehen konnte, und das Dunkle, das ich nicht sehen wollte. Wir finden ein ähnliches Phänomen in unseren Beziehungen zu guten Freunden und nahen Verwandten, die ebenfalls früher oder später unsere besten und unsere schlimmsten Seiten ans Tageslicht bringen.

Aber heißt all das nicht, dass ich mich zum Spielball meiner Gefühle mache – dass ich mich meiner Verantwortung, das Gute zu wählen, entziehe und mich stattdessen von Impulsen und Trieben steuern lasse? Nun, genau das Umgekehrte ist der Fall. Es ist ja das Unbewusste und Verdrängte in meiner Seele, das mich steuert und zu allen möglichen zwanghaften Verhaltensweisen treibt. Erst dann, wenn ich meine Impulse kennengelernt habe, kann ich unterscheiden, woher sie kommen und wohin sie führen – und erst dann kann ich *wählen*, welchen dieser Gefühle ich folgen und zu welchen ich Nein sagen möchte. Erst wenn dieser Prozess in Gang gekommen ist, kann ich überhaupt anfangen, Christus in einem tieferen Sinne »nachzufolgen«, anstatt blind irgendwelche Frömmigkeitsklischees zu reproduzieren.

An diesem Punkt kommt es bei vielen Christen zu einer gewissen Abwendung vom Glauben. Wenn es ihnen nicht gelingt, ihre neu entdeckten Gefühle und Bedürfnisse mit den Frömmigkeitsbildern in Einklang zu bringen, mit denen sie aufgewachsen sind, kommen sie zu dem Schluss, dass die Sache mit Gott wohl doch nicht so ganz das Wahre gewesen ist. Dann drehen sie ihren Glauben auf Sparflamme hinunter. Wieder finden wir ein paralleles Phänomen in mancher Ehekrise – ein weiteres Beispiel, wie alle unsere Beziehungen der gleichen Grunddynamik folgen. Der Satz »Ich liebe dich nicht mehr so wie früher« kann das Ende der Beziehung bedeuten oder aber ihren Aufbruch zu neuen Ufern.

Erwachsen und wahrhaftig über mein Leben reden bedeutet, dass ich nicht länger meine *Schwachheit* verdränge, sondern sie ans Licht lasse, aber auch, dass ich nicht länger meine *Stärke* größer oder kleiner mache, als sie ist, sondern ihr ihre richtigen Proportionen gebe. Und drittens bedeutet es, dass ich nicht länger meine *Sünde* verberge oder verteidige, sondern sie vor Gott benenne.

Es bedeutet überhaupt, dass alles, was in obiger Skizze unter der »Glasscheibe« liegt, Eingang in meine Gespräche mit Gott findet, ohne wie früher wegzensiert zu werden. Welche Erinnerungen (positive und negative) kommen hoch? Welche Bedürfnisse (körperliche, seelische, geistige) melden sich? Welche Wunden beginnen zu schmerzen, weil zum Beispiel eine akute Krise an alte Narben rührt? Wovor habe ich Angst? Was liegt hinter der scheinbar unerklärlichen Wut, die mich manchmal überfällt? Wonach sehne ich mich eigentlich im Tiefsten? Welche Bindungen an Menschen, Orte, Gegenstände und Zusammenhänge hindern mich daran, meiner tiefsten Sehnsucht zu folgen?

All dies sind Fragen von maximaler Relevanz für meine Gottesbeziehung. Die Psalmen wimmeln geradezu von diesen Fragen. Warum ist ausgerechnet der Psalter zu allen Zeiten das beliebteste Buch des Alten Testaments gewesen? Vielleicht, weil er so offen und ungeschminkt von Gott *und* dem Menschen redet und daher als ungeheuer befreiend erlebt wird.

Ganz anders jene Frömmigkeitsstile, die man in allen christlichen Traditionen findet und die so gerne von Gott reden, aber das Menschliche ausblenden, bis zum Schluss das Gottesbild nicht mehr stimmt. Man kann die Wahrheit über Gott nicht auf Kosten der Wahrheit über den Menschen verkünden.

Und das Spiegelbild solch falscher Frömmigkeit sind all die Therapieformen und Gelehrtenstuben, in denen man so gerne über den Menschen redet, aber den lebendigen Gott außen vor lässt. Auf diese Weise erhält man ein falsches Bild vom Menschen, den man im Tiefsten doch nur über seinen Schöpfer verstehen kann. Die tiefe Zerrissenheit des Menschen zwischen Gottessehnsucht und Gottesangst, schöpferischem Potenzial und destruktiven Neigungen bleibt so lange ein Rätsel, wie wir ihn nicht im Ernst auf Gott beziehen – auf Gott nicht als eine mögliche Deutung unter anderen, sondern als die entscheidende Wahrheit über das menschliche Mysterium.

Nirgends in der zweitausendjährigen Geschichte des Christentums finden wir die Empfehlung, diese Prozesse alleine durchzustehen. Sämtliche geistlichen Wegweiser der Kirche warnen uns eindringlich davor, uns nur auf unser eigenes Urteil zu verlassen. Die lebenslange Wanderung vom Bild zur Wirklichkeit ist etwas tief Persönliches; man kann sie nicht befehlen, man erlangt sie nicht durch die Mitgliedschaft in einem Verein, und sie verläuft bei jedem Menschen anders – aber sie ist nicht Privatsache, aus dem einfachen Grund, weil auch Gott nicht Privatsache ist, sondern der Schöpfer und Herr des ganzen Universums. Um zu verhindern, dass unsere Gottesbeziehung von Neuem auf dem schwankenden Grund unserer persönlichen Wunden und Wünsche erbaut wird, lautet die in der Geschichte der Christenheit unablässig wiederholte Grundregel: *Suche dir einen Seelsorger.*

Erst in der konkreten Begegnung mit dem erfahreneren Bruder/der erfahreneren Schwester in Christus erlebe ich, was Kirche bzw. Gemeinde zutiefst bedeutet. Erst in der Beichte gewinnt mein Sündenbekenntnis konkrete Gestalt vor einem Menschen, der mir Gottes vollkommene Vergebung greifbar zusprechen kann.[26] Erst im Gespräch bekomme ich die nötige Orientierung im Labyrinth meiner Erinnerungen, Bedürfnisse, Wunden, Bindungen und Sehnsüchte. Erst in der Fürbitte werde ich behutsam zurückgeführt zu der tiefsten Quelle der Veränderung: meinem eigenen Gespräch mit Gott.

---

26 Siehe Dietrich Bonhoeffer, *Gemeinsames Leben* (Chr. Kaiser Verlag, Gütersloh [25]1997), Kapitel »Beichte und Abendmahl«

Inmitten aller Grenzen und Schwächen, die auch mein Seelsorger hat, stoße ich auf eine unerhörte Kraft im Wort der Befreiung, das Jesus seiner Kirche anvertraut hat und das mich durch diesen Menschen erreicht. Dieses Wort zeigt mir auch, dass mein Leben und meine Gottesbeziehung ein Teil der Gottesbeziehung der *Gemeinde* sind. Gewiss hat es die Kirche in den zweitausend Jahren ihres Bestehens immer wieder geschafft, den lebendigen Gott mit ihren Bildern zu verdecken. Das Problem ist nur, dass der sich selbst überlassene Mensch ein noch größeres Talent bewiesen hat, Gott zu verdecken, indem er ihn mit sich selbst verwechselt. Darum baut Paulus in sein Gebet, dass die Christen Gott erkennen mögen, eine wichtige Bedingung ein:

> *So könnt ihr mit allen Gläubigen das ganze Ausmaß seiner Liebe erkennen. Und ihr könnt auch die ganze Liebe Christi erkennen – die größer ist, als ihr je begreifen werdet –, damit der Reichtum Gottes euch immer mehr erfüllt. (Epheser 3,18-19; NLB)*

Wenn »nichts passiert«

Was passiert, wenn meine Gottesbeziehung in Routine festgefahren ist, wenn das Gebet ungefähr so spannend ist wie die Tatsache, dass ich atme, und Gott rein gar nichts mehr mit meinem Alltag zu tun zu haben scheint? Was mache ich, wenn meine Vorstellungen über Gott unter dem Druck neuer Lebenserfahrungen rissig werden und das, was ich in der Kirche höre, lauter Geschwätz ist angesichts der Fragen, die mir unter den Nägeln brennen? Was tun mit der abgrundtiefen Kluft zwischen dem, was die Kirche über Gott sagt, und meiner eigenen Erfahrung seines Schweigens? Es scheint, dass ich nicht der Erste bin, der dieses Problem hat:

> *Als ich in großer Not war, suchte ich den Herrn. Die ganze Nacht habe ich gebetet und die Hände bittend zum Himmel erhoben. Für mich gibt es keine Freude mehr, solange Gott nicht eingreift. Denke ich an Gott, dann stöhne ich. Denke ich nach, dann werde ich mutlos. Du lässt*

mich nicht schlafen, nicht einmal beten kann ich mehr vor Kummer! Ich denke an die früheren Zeiten, an längst vergangene Jahre, als ich beim nächtlichen Harfenspiel fröhlich war. Ich grüble und denke nach. Hat denn der Herr mich für immer verstoßen? Wird er sich nie mehr über mich erbarmen? Habe ich seine Gnade für immer verloren? Gelten seine Zusagen nicht mehr? Hat Gott vergessen, gütig zu sein? Warum verweigert er uns im Zorn sein Erbarmen? Und ich sagte: »Es schmerzt mich, dass sich Gottes Zuwendung in Hass verwandelt hat.« (Psalm 77,3-11; NLB)

Dass die rechte Hand des Höchsten sich so ändern kann. Dass er nicht mehr so handelt wie früher. Dass meine Erwartungen vor einer verschlossenen Tür stehen. Dass ich von Gott enttäuscht bin. Wie gehe ich damit um? Eine Methode ist, Gott einfach den Rücken zu kehren. Ich leugne vielleicht nicht seine Existenz, aber ich wende mich anderen Dingen zu: Beruf, Familie, Politik, Sport, Hobby. Still und leise schiebe ich Gott an den Rand meines Lebens, mache ihn zur Vergangenheit, zu einem »Das war einmal«. Aber gibt das meinem Leben mehr Wirklichkeit?

Ich kann auch einen anderen Weg gehen und hektisch versuchen, das Alte festzuhalten. Den Fragen Schweigen gebieten, mir meinen Glauben ins Gedächtnis rufen, vielleicht die charismatische Schiene wählen und mit der Musik und dem Wir-Gefühl von Lobpreisgottesdiensten gegen den grässlichen Abgrund ankämpfen, den ich da geahnt habe. Muss wohl so eine kleine Depression gewesen sein, so was kann jedem passieren ... Konzentriere dich auf das Positive. Vergrabe dich nicht in deinen Problemen, das hat noch niemand gut getan. Schau nach vorne. Ich fühle mich auch schon viel besser. Aber auch echter?

Eine dritte Strategie ist die intellektuelle: Ich beginne mit der gelehrten Demontage meiner »primitiven Gottesbilder«. Was sagen die Psychologen über meine inneren Triebkräfte, was die Philosophen und die Schriftsteller? Ich studiere Trendtheologen und Bestseller, und wenn ich genügend gelesen habe, beginnt Gott mir richtig sympathisch zu werden. So schön passiv und intellektuell distanziert, dass das Risiko, die nächste Enttäuschung zu erleben, gering ist. Ich erwarte nämlich rein gar nichts von diesem unergründlichen Jemand. Wörter wie »interessant«, »faszinierend«, »unbeschreibbar« öffnen mir die Tür zum gepflegten Flanieren auf dem kulturell-kirchlichen Markt der Möglichkeiten, ohne dass mein Herz sich beteiligen muss. Wird Gott so lebendiger?

Das Problem bei diesem dritten Weg ist nicht, dass ich meinen Verstand anwende. Es ist absolut lebensnotwendig, dass ich mich meinen Fragen stelle und alle Möglichkeiten offen prüfe. Der Versuch, im Namen Gottes meinen Verstand an der Garderobe abzugeben, ist genauso verheerend wie verdrängte Gefühle; ich beraube mich lebenswichtiger Kontaktpunkte zu Gott. Nein, das Problem ist, dass diese intellektuelle Bearbeitung ohne Gebet, ohne das direkte Gespräch mit Gott verläuft. Ich rechne nicht damit, dass Gott selber etwas sagen oder tun könnte. Damit aber sind alle Voraussetzungen dafür gegeben, dass das Resultat immer mehr Bild und immer weniger Beziehung ist.

Genau an diesem Punkt gehen die Psalmen einen anderen Weg. Der Versuch, sich mit Besitz und Schönem zu trösten, ist keine Alternative für den brennenden Wahrheitssucher. Auch nicht, Fragen zu verdrängen und blind Katechismussätze aufzusagen. Und sich vom Gebet abzuwenden, sich ins Grübeln und Philosophieren über die Rätsel des Daseins zurückzuziehen hat noch bei keinem Menschen den Gottesdurst stillen können. Bleibt nur *eine* Lösung: dass ich absolut ehrlich und ungeschminkt bin, *und dass ich dies vor Gott bin.*

> *Herr, ich erinnere mich an alles, was du getan hast, an alle Wunder, die du einst vollbracht hast. Ständig stehen mir deine Taten vor Augen, immer wieder muss ich an sie denken. Gott, deine Wege sind heilig. Gibt es einen Gott, dessen Macht der deinen gleichkommt? (Psalm 77,12-14; NLB).*

Taten ... Wunder ... Werke ... Dass der lebendige Gott eingreift und ganz konkret etwas tut in der Geschichte der Menschheit und im Leben der Menschen, ist für die Bibel kein »primitives Gottesbild«, sondern eines der beiden entscheidenden Kriterien für die Unterscheidung zwischen dem lebendigen Gott und den passiven Gottesbildern. Das zweite Kriterium ist, dass der lebendige Gott redet, während die falschen Götzen stumm sind. Die Erwartung aufzugeben, dass Gott wieder handeln und sich melden wird, ist daher keine Alternative. Eine Theologie des schweigenden, fernen Gottes ist eine Theologie, die Gott in die Schar der stummen Götzenbilder einreiht.

Ich kann nicht die Augen verschließen vor dem, was Gott in der Vergangenheit getan hat. Auch nicht davor, dass er es zurzeit vielleicht gerade nicht tut. Bleibt nur eines: beten und warten.

»Gott, deine Wege sind heilig.« Gottes Heiligkeit ist wie ein verzehrendes Feuer für meine alten Bilder davon, *wie* Gott zu handeln, *was* er zu sagen und *wann* er einzugreifen hat. Die Bilder brennen, und die Hitze macht das Herz weiter. Ist dies vielleicht das, was beim geduldigen Beten geschieht, wenn »nichts passiert«?

»So hat mich noch nie jemand angeschaut«

Die Hände tun mir etwas weh, bin wohl ein bisschen zu schnell den Baum runtergerutscht. Aber fangen wir von vorne an. Hier in der Stadt kennen mich alle. Na ja, kennen vielleicht nicht, sie wissen halt, wer ich bin. Aber egal, ich bin also ziemlich klein. Mir ist das immer peinlich gewesen. Ich weiß noch, wie sehr sich meine Mutter sorgte, weil ich nicht so wachsen wollte wie die anderen Kinder. Ich spüre ihn heute noch, ihren besorgten Blick, wenn ich mit meinen Freunden auf der Straße anspaziert kam. »Kleiner« nannten sie mich, und das war noch der harmloseste Spitzname; schweigen wir von den anderen ...

Wie wehrt man sich, wenn man immer der Kleine ist? Ich lernte bald, härter und schneller zuzuschlagen als die anderen, und siehe da, die Hänseleien ließen nach, und man begann, mir mit Respekt zu begegnen. Ich war wer unter meinen Gleichaltrigen, hatte viele zündende Ideen. Wenn ich größer wäre, würde ich sagen: Sie sahen zu mir auf. Aber einsam war ich. Ich war ein gebranntes Kind und hatte es gelernt, Abstand zu halten. Ich fand das richtig so.

Schon als Teenager lernte ich, wie man Geld machen kann. Ich weiß noch, wie meine Mutter staunte, als ich ihr einen richtigen kleinen Silberring zum Geburtstag schenkte. Ein Juwelier hatte sich das Bein gebrochen, und ich fragte ihn, ob ich ihm helfen konnte. Er merkte bald, dass ich einen Kopf für Zahlen hatte, und wenn meine alten Kumpel vorbeikamen und sahen, wie ich da seine Klunker sortierte, fühlte ich mich gleich fünf Zentimeter größer.

Dann kam das mit dem Zoll. Die römischen Behörden suchten einen neuen Zolleinnehmer; der alte war gestorben. Niemand wollte den Job haben; Zolleinnehmer – das sind Verräter und Quislinge, mit denen ein anständiger Mensch nichts zu tun haben will. Aber das war mir egal. Ich war sowieso schon ein Außenseiter, warum sollte ich dann nicht etwas Geld damit verdienen?

Und ich verdiente nicht schlecht. Ich glaube, es gab kein zweites

Zollbüro, das so eine Buchführung hatte wie meines. Ganz zu schweigen von dem, was *nicht* in die Bücher kam. Heute ist mir das Ganze zuwider, aber damals war es das Selbstverständlichste von der Welt. Ich genoss diese Mischung aus Respekt, Angst und Verachtung in den Augen der Menschen. Diese Blicke zeigten mir, dass ich jemand war.

Warum ich Jesus von Nazareth sehen wollte, weiß ich eigentlich selber nicht. Als es auf einmal hieß, dass er durch mein Viertel kommen würde, verspürte ich einen unbändigen Drang, ihn zu sehen. Ich wusste nicht, wie mir geschah; das mit Gott ist eigentlich nie mein Ding gewesen.

Andererseits fackele ich meistens nicht lange, wenn ich was Interessantes vor die Flinte kriege. Ich habe gelernt, erst zu handeln und dann zu denken; damit bin ich weit gekommen im Leben. Ich bin also auf die Straße gerannt und auf diesen Baum geklettert. Auch das habe ich schon als Kind gelernt, und wenn ich's mir recht überlege, hat das ja mein ganzes Leben geprägt. Wenn man klein ist, möchte man klettern.

Gut, ich sitze also da oben und sehe, wie er vorbeikommt. Das heißt, vorbeigegangen ist er gar nicht. Er blieb nämlich stehen. Gott, was hat mir das Herz geklopft, als er direkt unter mir stehen blieb und vor all den Leuten zu mir hoch schaute und rief, dass ich runterkommen sollte, weil er bei mir einkehren wollte!

In dem Augenblick schien auf einmal die ganze Welt nur noch aus ihm und mir zu bestehen, alles andere war weg. Eigentlich komisch, denn für mich ist es immer mordswichtig gewesen, alles um mich herum im Blick zu behalten: Ist da jemand Gefährliches? Oder einer, dem ich imponieren kann? Oder der mir was zu bieten hat? Aber jetzt war das ganz anders.

Noch nie in meinem Leben hat jemand mich so behandelt wie dieser Mensch. Ich sauste blitzschnell vom Baum herunter, wie von einem großen Magneten gezogen. Mensch, diese Augen ... so hat mich noch nie jemand angeschaut. Sonst genieße ich es, wenn ich den anderen Angst einjagen kann oder wenigstens Bewunderung abverlange; jetzt war mir das auf einmal unendlich egal. Das hier, es war ... als würde ich frisch und sauber aus der Badewanne steigen.

Oder als wäre ich frisch verliebt (ja, das war ich ein paar Mal). Oder wie der erste Morgen der Welt ...

Mein Leben ist so ein Dreckhaufen. Wie konnte der mich so anschauen? Und so mit mir reden? Die Leute können sich nicht darüber beruhigen, was ich nach dem Fest zu Hause mit meinem Geld machte. Aber für mich war das Größte, wie er mich ansah, als ob er mich schon das ganze Leben gekannt hatte. Was für ein Respekt![27]

♦ ♦ ♦

Es fing vor gut zwölf Jahren an, als ich meine Tage hatte. Die Blutung wollte nicht mehr aufhören, und das machte mir natürlich Angst. Erst ließ sie etwas nach, und ich dachte, das gibt sich wieder, aber dann blutete es weiter, und ich ging schließlich zu einem Arzt. Der fragte mich, ob mich mein Mann vielleicht verletzt hätte. Ich fand das komisch; dieser Arzt gefiel mir nicht.

So ging das weiter. Ich ging zu verschiedenen Ärzten und bekam alle möglichen Diagnosen und alle mögliche Medizin, aber nichts half. Dann hörte ich von einem berühmten griechischen Spezialisten, der seine Praxis nördlich von Athen hatte. Die lange Reise verschlang meine ganzen Ersparnisse, ein paar Verwandte halfen mir. Aber auch dieser Arzt konnte mir nicht helfen.

An die ständigen Blutungen gewöhnt man sich irgendwann. Sie kosten viel Kraft und machen müde, aber man kann damit leben. Schlimmer ist die Einsamkeit. In unserem Gesetz heißt es ja, dass eine Frau, die ihre Monatsblutung hat, unrein ist. Könnt ihr euch das vorstellen, was das bedeutet – »unrein« sein?

Zuerst war es für mich ein Opfer, nicht unter die Leute gehen zu können. Die Scham über meine Krankheit war sozusagen auf diesen Teil meines Körpers begrenzt. Ich klammerte sie aus meinem Leben aus und wartete darauf, dass sie endlich zu Ende geht. Ich versuchte, sie mir vom Leib zu halten und zu denken: »Das hier bin nicht ich.«

Aber im Laufe der Jahre wurde dieser Schamfleck gleichsam immer größer, bis er mein ganzes Leben bedeckte. Und es ist komisch,

---

27 Nach Lukas 19,1-10.

aber irgendwann war es kein Opfer mehr, allein zu sein, sondern eine Erleichterung. Sobald ich unter Menschen war, spürte ich so eine Klammer um meine Brust. Ich konnte ihre Blicke nicht ertragen. Und dann mit ansehen zu müssen, wie die Menschen einander berührten – wie die Frauen am Brunnen einander über das Haar strichen, die Männer nach dem Fischfang sich auf die Schultern klopften oder Kinder sich im Schatten hinter dem Haus fröhlich balgten ... es waren lauter Messerstiche, und mein Herz raste jedes Mal, bis ich endlich wieder allein war. Mein Mann stand die ganze Zeit zu mir, aber ich weiß natürlich, dass er selber sein Päckchen zu tragen hatte. *So* hatte er sich das Eheleben nicht vorgestellt ...

Was habe ich gebetet all die Jahre! Ich schrie und weinte und bettelte und litt still vor mich hin. Manchmal war Gottes Nähe ein stummer Trost in meinem Elend, manchmal war seine Ferne wie ein Hohn. Aber ich ließ ihn nie los – und er mich nicht. Gott war der einzige Freund, den ich in meiner Einsamkeit hatte.

Ich weiß noch, dass ich in der Woche, in der alles passierte, besonders intensiv gebetet hatte. Ich hatte von diesem Jesus von Nazareth gehört und bat Gott, mir eine Gelegenheit zu schenken, ihm zu begegnen. Ich hatte viele Geschichten darüber gehört, wie er Menschen geheilt hatte. Aber wie sollte das zugehen – bei mir? So eine wie mich rührte man doch nicht an!

Ich machte mir einen Plan. Wenn er auf der Straße vorbeikam, würde ich mich von hinten an ihn anschleichen und heimlich sein Gewand berühren. Was hatte ich zu verlieren? Und dann kam er, und die Menschen drängten sich um ihn, und ich merkte, wie die Angst mir die Kehle abschnüren wollte, als ich mich nach vorne schob. Ich wusste: Das ist deine letzte Chance, wenn jetzt nichts passiert, stirbst du!

Da war er! Ich schob mich noch näher und streckte die Hand aus. Als ich sein Gewand zu fassen bekam, ging plötzlich etwas wie ein warmer Strom durch meinen Körper, und ich wusste: Du bist gesund geworden. Einfach so.

Ich drehte mich um, um zurück nach Hause zu gehen, als ich seine Stimme hörte: »Wer hat mich da berührt?«

Fast wäre ich gestorben vor Schreck! Mein erster Gedanke war, wegzurennen, aber etwas in seiner Stimme ließ mich stehen bleiben. Und dann drehte ich mich um und ging zu ihm, am ganzen Leib zitternd vor Angst. Alle schauten mich an. Versteht ihr, wie das für mich war, nach all den Jahren? Jahrelang hatte ich mich wie eine Ratte an den Rand gedrückt, und jetzt steht dieser Jesus in der Menschenmenge und ruft mich – mich! – mit Namen.

Ich weiß bis heute nicht, was das größere Wunder war: dass er mich gesund machte oder dass er mich zu sich rief. Es war so, als ob er mitten im Licht stand und mich aus einer kalten, finsteren Höhle herausrief. Ich kniff die Augen zusammen vor dem ungewohnten Licht, aber er stand ganz ruhig da und nannte mich »meine Tochter«. Es war gerade so, als ob ein schwarzer Schatten, der auf all den Menschen um mich herum gelegen hatte, plötzlich verschwunden war. Ich weiß nicht, wie ich es erklären soll, aber irgendwie rief er mich zurück in ihre Gemeinschaft. Und Gott ... ja, wo ist Gott, wenn nicht in diesem Mann?[28]

♦ ♦ ♦

Das Bett war mein Zuhause geworden. 38 Jahre sind eine lange Zeit. Die letzten zwanzig Jahre hatte ich meine Matratze im nördlichen Säulengang. Beide Beine gelähmt und fast der gesamte Rest meines Körpers auch, aber selber essen konnte ich. Ich habe niemandem zur Last fallen wollen, die Leute haben ja genug mit ihren eigenen Problemen.

Wenn nur nicht das mit dem Wasser gewesen wäre. Ein paar Mal im Jahr gerät das Wasser im Teich in Bewegung, und dann wird der Erste, der hineinsteigt, geheilt. Heißt es jedenfalls, und was hatte ich für Alternativen? Aber mir half nie jemand. Die anderen Kranken hatten Verwandte und Freunde, die sie ins Wasser trugen. Ich nicht. Musste halt selber sehen, wie ich zurechtkam. Und so lag ich also dort, jahraus jahrein, und immer war jemand anderes schneller. Ich hatte niemand.

Man hat viel Zeit zum Nachdenken, wenn man so da liegt. Dass

---

28 Nach Markus 5,24-34

das Leben nicht so geworden ist, wie man sich erhofft hat. Keine Angst, ich werde euch nicht erzählen, wie mein Leben aussah, bevor ich krank wurde. Ihr habt sicher selber euer Päckchen zu tragen. Ich lag also da und dachte darüber nach, wie alles hätte werden können, wenn ... Das war so, als ob die Säulengänge auf einmal in meinem Kopf waren und ich im Geist zwischen ihnen hin- und herging. Ich stellte mir verschiedene Szenen vor: Mal war ich der große religiöse Lehrer, der eine Jüngerschar um sich sammelte, dann ein junger Bauer, der stark und wohlgemut mit seinen Ochsen sein Feld pflügte. Oder der große Liebhaber, der seine Frau im Bett begeisterte – na ja, lassen wir die Einzelheiten.

Aber ich wusste natürlich die ganze Zeit, wie unmöglich all das war. Mir war ein anderes Los zugefallen. Es wohnen nicht alle auf der Sonnenseite des Lebens. 38 Jahre hinterlassen ihre Spuren.

Dass plötzlich dieser Jesus von Nazareth aufkreuzen würde, hatte keiner gewusst. Nicht, dass man sich nicht das eine und andere erzählt hatte über seine Wundertaten. Wir hatten richtige Diskussionen darüber geführt. Die einen hielten ihn für einen religiösen Fanatiker, der sich selber zu Gott machte, andere meinten, dass er ein guter Mann war, der die Menschen heilen konnte. Ich glaube, ich hatte keine Meinung – außer, dass dieser Mann niemals in meine Nähe kommen würde; so was passierte nur den anderen.

Aber dann war er also eines Tages da und stand neben mir. Ich war platt. Und der Mann wusste, dass ich seit 38 Jahren krank war! Und dann fragte er mich: »Willst du gesund werden?« Ich hatte Lust, ihm eine runterzuhauen, aber das ging natürlich nicht. 38 Jahre gelähmt, und der fragt mich, ob ich gesund werden will ... Ich versuchte, ihm das mit dem Wasser zu erklären und dass ich niemand habe, der mich hineinträgt. Ich fühlte mich, als ob zum millionsten Mal der Vorhang runterging: Wieder einer, der mich nicht versteht.

Da sagt er, als ob es das Selbstverständlichste von der Welt wäre: »Steh auf, nimm dein Bett und geh.« Und im gleichen Augenblick ist mir, als ob in mir drinnen jemand einen großen Schlüssel dreht, und ich merke: Du kannst aufstehen. Und dann stehe ich auf. Und als ich schließlich auf zitternden Beinen da stehe und den Mann ansehe, verstehe ich plötzlich, warum er mir diese komische Frage stellte. Da war etwas in seinem Gesicht, in seinen Augen ... so, als ob er mich wirklich vor eine Wahl stellte.

Ja, wollte ich wirklich gesund werden? Oder lieber dort liegen bleiben und mir selber leid tun? Ich weiß, das klingt verrückt, aber ich glaube, er legte seinen Finger auf den wundesten Punkt in meinem Leben. Die anderen hatten alle entweder Mitleid mit mir gehabt, oder ich war ihnen egal gewesen. Er tat etwas anderes.[29]

Plötzlich ein lebendiges Gesicht

Die Bilder von Gott, die wir uns schaffen, werden dunkle Spiegelbilder von uns selbst. Und wir von ihnen! Sie mögen noch so bedeutungsvoll und menschlich aussehen, ihre leblose Stummheit ist ein Echo unserer eigenen: »Obwohl sie einen Mund haben, können sie nicht reden, obwohl sie Augen haben, sehen sie doch nicht! (...) Und die, die sie gemacht haben, sollen ihnen gleichen« (Psalm 115,5+8).

Das stumme Gottesbild macht auch den Menschen stumm. Gottesbild und Menschenbild sind wie die beiden Seiten einer Münze, die man nicht nebeneinander halten kann. Bilder, aber keine Beziehung, Worte, aber kein Gespräch. Eingesperrt in der Welt seiner Vorstellungen, ist der Mensch unfähig, zu Gott durchzubrechen. Seine religiösen Bilder verstärken nur noch seine Einsamkeit und Fremdheit in der Welt.

Und darum wurde Gott Mensch:

> *Am Anfang war das Wort. Das Wort war bei Gott und das Wort war Gott. Er war am Anfang bei Gott. Durch ihn wurde alles geschaffen, was ist. Es gibt nichts, was er, das Wort, nicht geschaffen hat. Das Leben selbst war in ihm, und dieses Leben schenkt allen Menschen Licht. Das Licht scheint in der Dunkelheit, und die Dunkelheit konnte es nicht auslöschen. (...) Er, der das Wort ist, wurde Mensch und lebte unter uns. Er war voll Gnade und Wahrheit und wir wurden Zeugen*

---

29 Nach Johannes 5,1-18

seiner Herrlichkeit, der Herrlichkeit, die der Vater ihm, seinem einzigen Sohn, gegeben hat. (Johannes 1,1-5.14; NLB)

Jesus ist nicht das Bild des Menschen von Gott. Er ist Gottes Bild von Gott. Er ist Gottes Ikone für die Welt: »Christus ist das Bild des unsichtbaren Gottes« (Kolosser 1,15). Die Bibel sieht Jesus nicht als weiteres Exemplar in der Reihe menschlicher Gottesbilder, auch nicht als einen Lehrer, der uns das wahre Gottesbild bringt, sondern er ist Gott selber in Menschengestalt, Gottes endgültiger Durchbruch durch die kompakte Wand der Gottesbilder, die seit dem Sündenfall sein Angesicht vor uns verborgen hat. Es ist so ähnlich, als ob man durch eine Porträtgalerie geht und plötzlich vor einem lebendigen Gesicht steht.

So wie die stummen Gottesbilder den Menschen stumm machen, macht Gottes lebendiges Abbild den Menschen lebendig:

Ein Mann, der taub war und kaum sprechen konnte, wurde zu ihm gebracht. Die Leute baten Jesus, dem Mann die Hände aufzulegen und ihn zu heilen. Jesus führte ihn an einen ruhigen Ort, fort von der Menge. Er legte seine Finger in die Ohren des Mannes. Dann benetzte er die Fingerspitzen mit seinem Speichel und berührte damit die Zunge des Mannes. Schließlich blickte er zum Himmel auf, seufzte und befahl: »Öffne dich.« Und im selben Augenblick konnte der Mann hören und normal sprechen! (Markus 7,32-35)

Der Kontrast zu den stummen Gottesbildern könnte größer nicht sein. Hier versucht nicht der Mensch durch seine religiösen Vorstellungen und seine Frömmigkeit, seinen Gottesbildern Leben einzuhauchen, sondern der lebendige Gott rührt sein stummes Ebenbild an und macht es lebendig. Er löst meine Zunge, sodass ich mit ihm reden kann, er öffnet meine Ohren, sodass ich auf ihn hören kann. Beziehung, nicht nur Bild. Gespräch, nicht nur Worte.

Auch hier hängen Gottesbild und Selbstbild zusammen. Aber nicht wie die Einprägungen auf einer Münze, bei der die beiden Seiten niemals zueinander kommen können, sondern in einer lebendigen, wechselseitigen Beziehung. Die drei Beispielgeschichten am

Beginn dieses Kapitels zeigen uns, wie die Begegnung mit Jesus die Art, wie die Menschen Gott und sich selber sehen, radikal verändert. Als der Meister sie anrührt, löst sich der Bann ihrer eingefahrenen Lebensgewohnheiten und Identitäten, und sie beginnen, sich in einem ganz anderen Licht zu sehen.

In einem anderen Licht – nämlich mit den Augen Jesu, die gleichsam durch die Selbstbilder, in die sie eingekapselt waren, hindurchleuchten. Er sieht, was kein anderer sieht: unser inneres, wirkliches Haus, das, was hinter der Fassade liegt. Und so wie er in Zachäus' Haus einkehrte, um mit ihm zu feiern, hilft er heute uns, in unser eigenes Haus zurückzugehen. Im Gleichnis vom verlorenen Sohn heißt es im Urtext, dass er, als er ganz unten angekommen war, »zu sich kam« (Lukas 15,17; ELB) – und erst als er zu sich gekommen war, konnte er zum Vater kommen.

Der Morgen der Schöpfung ist wieder da. Gott geht wieder umher unter den Menschen und fragt: »Wo bist du?« (1. Mose 3,8). So geht Jesus unter uns umher, dort, wo wir wohnen, eingepackt in die Feigenblätter unserer Wunschbilder von uns selber und von Gott. Er ruft uns aus unseren Bildern heraus. Er lädt uns ein, ein Feigenblatt nach dem anderen fallen zu lassen, wenn wir merken, dass sein Blick uns nicht verurteilt, sondern schützt – vorsichtig einen Fuß aus unserem Bild herauszusetzen, zu prüfen, ob der Boden trägt, und das Abenteuer seiner Nachfolge zu beginnen: »Folge mir nach! Ich werde dir zeigen, wer Gott ist. Und wer du bist.«

Wachsender Widerstand

Aber unsere so tief verwurzelte Neigung, uns Bilder zu machen, macht auch bei Jesus nicht Halt. König Herodes fühlte sich schon von dem Neugeborenen bedroht und ließ zur Sicherheit sämtliche männlichen Kleinkinder in Bethlehem töten. Viele sehen in dem erwachsenen Jesus einen politischen Messias und erwarten von ihm, dass er die Römer aus dem Land werfen und das Großreich Davids wiedererrichten wird. Als Jesus klarstellt, dass die Sabbatruhe für den Menschen da ist und nicht der Mensch für den Sabbat, stößt er heftig mit den Gottes- wie auch mit den Selbstbildern der damaligen religiösen Elite zusammen.

Und als die Bilder nicht mit der Realität übereinstimmen wollten, entschieden sich damals wie heute viele für die Bilder, und der Widerstand gegen Jesus wurde immer stärker. Aber nicht nur seine Gegner hatten ihre Bildprobleme; auch seine Jünger mussten wiederholt erfahren, dass ihre psychologisch und religiös bedingten Erwartungen, was Jesus sagen und tun sollte, und das, was er wirklich sagte und tat, nicht übereinstimmten. Auch hier war Petrus der Wortführer: »Aber warum solltest du ... das darfst du nicht ... das geschehe dir ja nicht ...«[30] Der Unterschied zwischen den Jüngern und den Gegnern Jesu besteht nicht darin, dass die Jünger keine Bilder hätten, sondern dass sie ihre Bilder nicht das letzte Wort haben lassen.

Auch in dem gnostisch gefärbten Kulturmilieu des Römischen Reiches der ersten nachchristlichen Jahrhunderte waren die Gottesbilder ein starkes Hindernis, den Jesus der Evangelien zu hören und anzunehmen. Jesu Wort vom Reich Gottes als Sauerteig, der alle Beziehungen des Menschen zu Gott, zu den Mitmenschen, zum Geld, zur Erde und zur Arbeit durchsäuert und verwandelt, passte nicht zu dem gnostischen Bild eines rein überirdischen Himmelreichs. Wenn Jesus sich als das Brot Gottes bezeichnete, das vom Himmel *herab*gekommen war, um der Welt das Leben zu geben, deuteten die Gnostiker das als Methode, aus der schnöden irdischen Welt zu einem Zustand der reinen Geistigkeit zu gelangen. Und aus dem Jesus, der uns auffordert, unser ganzes Leben zu ändern, machten sie einen bloßen Weisheitslehrer, der uns religiöse Erkenntnisse aufschließt. Wir haben uns bis heute noch nicht ganz von den Gnostikern erholt ...

Ein anderes Denkmuster, das zu vielen Problemen in unserer Beziehung zu Jesus geführt hat, könnte man »die Irrlehre der geraden Trennlinie« nennen. In einer einfachen Skizze dargestellt, sieht sie so aus:

30 Siehe z. B. Matthäus 16,21-23, Johannes 13,2-9.36-38. Vgl. auch Apostelgeschichte 10, besonders Vers 9-16.

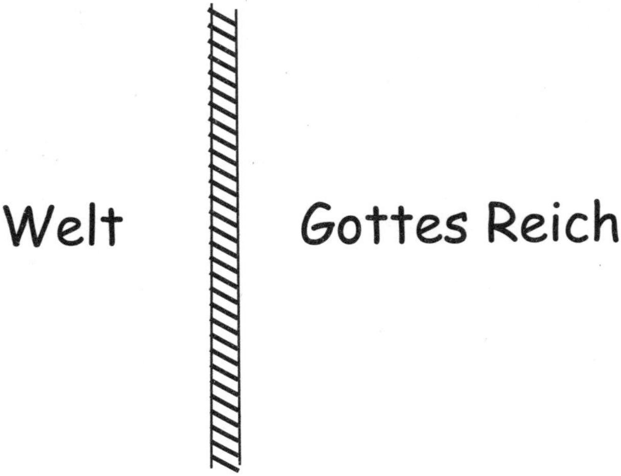

Es handelt sich um die Erwartung, dass der Mensch, der zu Jesus kommt, um sein Jünger zu werden, sozusagen mit einem Schlag frei von der Welt wird und nur noch von Gottes Reich geprägt ist. Die eigene Persönlichkeit wird verwandelt, der Christ ist ein guter Mensch mit keinem Gramm Bösem mehr. Und die Kirche bzw. Gemeinde besteht aus lauter solchen guten Menschen und ist frei von jeglicher Art von Weltlichkeit. Wir sind in Gottes Reich – also angefangen und für die Kranken gebetet, und alle, alle werden gesund ...

Diese erstaunlich zählebigen Bilder vom Christsein haben die Gottesbeziehung unzähliger Menschen zerstört, wenn das Bild einfach nicht mit der wesentlich komplexeren Wirklichkeit übereinstimmen wollte. Ich bin eben *nicht* ein perfekter Heiliger geworden, als ich Christ wurde. Die Kirche ist längst nicht so frei von weltlichen Dingen, wie ich geglaubt hatte. Längst nicht alle Kranken, für die wir gebetet haben, sind gesund geworden. Und so wirft man den Glauben entweder in den Papierkorb oder schraubt ihn auf ein verdrossenes Minimum herunter. Oder man weigert sich, sein Bild loszulassen, verteidigt es mit Zähnen und Klauen und wird zum wirklichkeitsfremden Sektierer.

Wie sagte Jesus noch? »Jetzt ist die Zeit gekommen. Das Reich Gottes ist nahe. Kehrt euch ab von euren Sünden und glaubt an diese gute Botschaft!« (Markus 1,15). Gottes Reich ist *nahe,* aber es ist noch nicht da. Jesus ist ein Einbruch in unsere Welt; durch sein Leben, seinen Tod und seine Auferstehung hat das Reich Gottes *begonnen.* Seine Ankunft ist ein Frühlingszeichen, ein Signal, dass es bald Sommer werden wird. Der Mensch, der ihn als Messias erkennt, erkennt auch die Zeichen seiner Nähe, inmitten all der Zeichen für das Böse und den Zerfall dieser Welt. Vielleicht sollten wir die Grenze zwischen Welt und Gottes Reich besser als Zickzacklinie zeichnen:

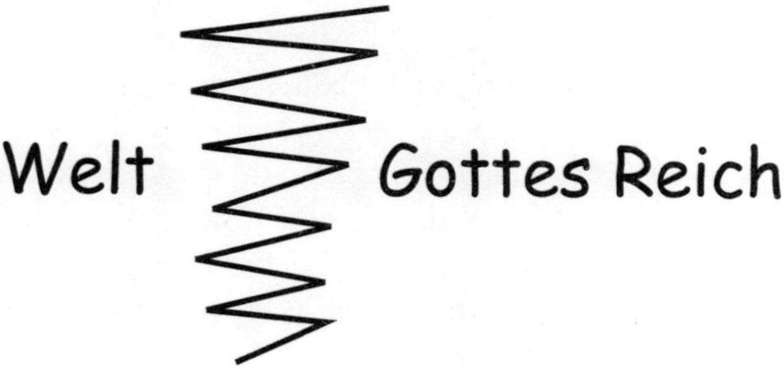

Um seinen Jüngern zu zeigen, wie allmählich und scheinbar widersprüchlich sich die Begegnung zwischen diesen beiden Realitäten vollzieht, gibt Jesus ihnen eine ganz andere Art von Bildern (vgl. Matthäus 13, Markus 4): Gottes Reich ist wie ein Sauerteig, der nach und nach den ganzen Teig durchsäuert. Oder wie ein winziges Senfsamenkorn in der Erde, das niemand sieht, aber das zu einem großen Baum heranwächst. Oder wie Saatgut, das auf verschiedenen Boden fällt und alsbald von Trockenheit, Disteln und vielem anderem bedrängt wird. Jesus warnt uns ausdrücklich vor dem Versuch, durch das Ausjäten der frommen Fälschungen, die sich unter den Samen des Reiches gemischt haben, einen perfekten »Acker« zu schaffen: »Wenn ihr das tut, schadet ihr dem Weizen. Lasst beides bis zur Zeit der Ernte wachsen. Lasst beides zusammen bis zur Ernte wachsen« (Matthäus 13,29-30).

Dies ist ein Beispiel dafür, wie Jesus uns von Bildern, die uns die Wirklichkeit verstellen, zu befreien versucht: Er gibt uns andere Bilder, die uns helfen, mit der Wirklichkeit umzugehen. Anstatt des ungeduldigen »Alles sofort!« lehrt er uns die erwartungsvolle Offenheit der Hoffnung für jedes neue kleine Zeichen, dass Gottes Reich in unserem Leben, in unserer Gemeinde und in der Welt um uns herum aufkeimt. Die scharfe Trennlinie hat er sich für seine Wiederkunft aufbewahrt. Dann, aber erst dann, wird er sagen: »Siehe, ich mache *alles* neu!« (Offenbarung 21,5; LUT).

Im Laufe des 20. Jahrhunderts kam es zu neuen Jesusbildern, in denen sich unsere eingefleischte Neigung, unser Ich und unsere Bedürfnisse auf Gott zu projizieren, in neuen Varianten Luft machte. Die 1968er schufen ihre Anti-Establishment-Jesusbilder, vom Flower-Power-Guru zur Che-Guevara-Kopie, die 1980er-Jahre mit ihrer narzisstischen Nabelschau einen trendpsychologischen Jesus, der auf der Suche nach seiner Identität war.

In der globalisierten Welt von heute gibt es erneut starke Tendenzen zu einem »Stammesgott«-Jesus, der unsere Kultur vor allem Fremden zu beschützen hat. Dies reicht von einer Wiederauflage der byzantinischen Union zwischen Staatsmacht und Kirche in der russischen Orthodoxie bis zu den »christlichen Werten« der amerikanischen Rechten, die bei näherer Untersuchung auffällig oft mit dem Lebensstil, der Wirtschaft und den politischen Werten der weißen amerikanischen Mittelklasse zusammenfallen.

Dass die traditionell so stark mit der arabischen Welt verbundenen Muslime eine Stammesgottreligion vertreten, ist vielleicht nicht weiter bemerkenswert. Auch nicht, dass in Indien Hinduismus und Nationalismus miteinander verflochten sind, oder dass es einen gewissen Zusammenhang zwischen dem Judentum und dem Staat Israel gibt. Aber dass es Christen passieren kann, dass sie Jesus Christus zum Aushängeschild ihrer Nation und Kultur umfunktionieren, ist allerhand.

Petrus bekam eine gründliche Lektion zu diesem Thema, als er zum ersten Mal das Evangelium Nichtjuden (einem römischen Offizier und seinem Haus) verkündigen sollte (Apostelgeschichte 10). Drei Mal lässt Gott ihn in einer Vision Tiere sehen, die in seiner jüdischen Kultur als nicht koscher galten, und befiehlt ihm: »Schlachte sie und iss davon!« Zuerst wehrt er sich, seinen eigenen Bildern gehorchend, doch dann sieht er ein, dass Gott ihm hier etwas zeigen will. Halb widerwillig macht er sich auf den Weg und leitet seine Predigt vor dem Hauptmann Kornelius mit Sätzen ein, die für alle Zeiten zu einem Manifest geworden sind gegen den Versuch, Jesus zum »Stammesgott« zu machen:

> *Jetzt weiß ich, dass es wahr ist: Gott macht keine Unterschiede zwischen den Menschen. In jedem Volk nimmt er jene an, die ihn achten und tun, was gerecht ist. Ihr habt Gottes Botschaft für das Volk Israel gehört: von dem Frieden durch Jesus Christus, der Herr über alle ist. (Apostelgeschichte 10,34-36; NLB)*

Jedes Bild von Jesus Christus, das Nationalismus oder Kulturimperialismus (egal in welchem Land) legitimiert, ist ein Götze, der zerstört werden muss. Jesus erfüllt die ganze Welt mit seiner Gegenwart und spricht alle Sprachen der Menschen (vgl. das Pfingstwunder, Apostelgeschichte 2). Er ist der Herr aller und der Richter jeder Kultur. Vor ihm gibt es im Grunde nur zwei Möglichkeiten: Entweder ich neige mich vor ihm und bete ihn an. Oder ich leiste ihm Widerstand: »Da kam die ganze Stadt zu Jesus hinaus. Und alle baten ihn, fortzugehen und sie unbehelligt zu lassen« (Matthäus 8,34).

Farbe bekennen

Jesus trat mit einer solchen Vollmacht auf, dass er alle anderen Mächte zwang, Farbe zu bekennen. In Christus schob Gott gleichsam die Brechstange unter das Blendwerk der Dämonen, sodass ihre verführerischen Spiegel in tausend Stücke brachen. Seine Wahrheit zwang die unbewussten Lügen aus ihren Löchern.

So zum Beispiel, als Jesus in die Synagoge von Kapernaum kam und zu lehren begann: »mit Vollmacht« und nicht wie die Schriftgelehrten. In der Synagoge ist ein Mann, der von einem Dämon besessen ist, und der schreit: »Was willst du von uns, Jesus von Nazareth? Bist du gekommen, um uns zu vernichten? Ich weiß, wer du bist – der Heilige Gottes, den er gesandt hat!« (Markus 1,24).

Jesus zwingt den Dämon, die Gottesbilder zu enthüllen, mit denen der Teufel seit dem Sündenfall die Menschen verblendet:

1. »Was willst du von uns?«

Die Welt gehört doch uns Menschen; was hat dann Gott mit uns zu tun? Gott ist ein Fremdkörper. Er ist entweder, wie im Marxismus, ein bloßer religiöser »Überbau«, der sich von selber auflösen wird, wenn die Menschheit erst einmal durch die objektiven Wissenschaften mündig geworden ist, oder er fristet (wie im allgemeinen Denken heute) in einer Welt, deren Mitte von den Marktkräften und der Wissenschaft beherrscht wird, ein Randdasein als Objekt der »existenziellen Fragen« und privaten Spekulationen einiger religiös Veranlagter.

Man spricht von »Reduktionismus«, wenn die Wirklichkeit auf ein »nur« oder »nichts als« reduziert wird. Es gibt hier diverse Varianten: »nur die Kräfte des Marktes«, »nichts als biologische Bausteine«, »nichts als Erbe und Umwelt«, »nur Materie«. Der rote Faden ist die Nassforschheit, mit der der Kreis um das, was als »wirklich« gilt, gezogen wird, und der Hochmut, mit dem man Gott außerhalb dieses Kreises platziert: »Was willst du von uns?«

2. »Bist du gekommen, um uns zu vernichten?«

Hier finden wir die ganze Palette destruktiver Gottesbilder, von dem überstrengen Vatergott-Wüterich, der die Menschen kaputt macht, bis zu dem konturenlosen Muttergott, der dem Ich des Menschen dadurch den Garaus macht, dass er seine Grenzen verwischt. Das Gemeinsame ist, dass Gott als Bedrohung für den Menschen empfunden wird – und der Mensch als Bedrohung für Gott, als Machtkonkurrent, den Gott ständig niederhalten muss.

Wer meint, zwischen Gott und dem Menschen wählen zu müssen, lässt sich seine Wahl von den Dämonen diktieren, und so lange wir ihre Lüge nicht durchschauen, scheint die Wahl ganz einfach zu sein.

3. »Ich weiß, wer du bist.«

Wir meinen, uns mit Gott auszukennen. Entweder in der atheistischen Variante: Wir haben die richtigen Bücher gelesen und uns über die Schandtaten der Kirche empört, wir wissen, wie die psychologische Manipulation funktioniert und dass das Ganze ein großer Bluff ist. Oder in der christlichen Variante: Wir kennen unsere Bibel und den Katechismus und sind auch mit der Kirchengeschichte nicht unvertraut; wir wissen, wer Gott ist.

Das religiöse Wissen über Gott ist eines der Bildsysteme, denen am schwersten beizukommen ist, denn es sieht doch so geistlich aus. Aber genau damit wird es zu einer verborgenen und hochwirksamen Sperre gegen jegliche überraschende Begegnungen mit dem lebendigen Gott, ob nun im persönlichen Leben oder in der Gemeinde. Das bloße Wissen über Gott kann sehr wohl (wie damals bei dem Besessenen) etwas Dämonisches sein. Wie A. W. Tozer schreibt: »Der Teufel ist ein besserer Theologe als wir alle zusammen, aber er ist nach wie vor der Teufel.« Mit dem Wissen ist es wie mit der Intelligenz: Es kann dem Bösen wie dem Guten dienen.

Wie endet die biblische Geschichte mit dem Besessenen?

> *»Schweig!«, herrschte Jesus ihn an. »Verlass diesen Mann.« Da schüttelte der böse Geist den Mann hin und her, schrie auf und verließ ihn. Staunen erfasste die Zuschauer, und sie redeten untereinander darüber. »Was ist das für eine neue Lehre, die so viel Vollmacht hat?«, fragten sie einander aufgeregt. »Sogar böse Geister gehorchen seinem Befehl!« Und die Nachricht von dem, was Jesus getan hatte, verbreitete sich rasch in ganz Galiläa. (Markus 1,25-28; NLB)*

Wenn die Spiegelwand des Kreisens um sich selber zerbricht, wird der Mensch frei, die Wanderung mit Christus zu beginnen. Schritt für Schritt führt dieser ihn in Erfahrungen hinein, die seine Antenne für die Wirklichkeit wieder sensibel machen. Die Einbildung, dass Gott nichts mit uns zu schaffen hat, verwandelt sich in die wachsende Einsicht, dass wir in Gottes Welt leben und dass der, der uns erschaffen hat, jetzt an unserer Seite geht, um alles in unserem Leben, das wir von ihm losgelöst hatten, zu ihm zurückzuführen. Die Einbildung, dass Gott gekommen ist, um uns zu vernichten, verwandelt sich in die Erfahrung, dass er uns lebendig macht, unsere Persönlichkeit befreit und uns zu Menschen macht, die Neues schaffen und Verantwortung übernehmen. Die Einbildung, dass wir alles über Gott wissen, wird ersetzt durch die demütige Erkenntnis, wie begrenzt wir sind und wie viel größer und unvorhersehbarer Gott ist, als wir je geahnt haben.

Wie lernen wir Gott kennen? Mit einem gnostischen Bild eines Gottes, der unendlich weit weg und unbeschreibbar ist, muss der Weg zur Gotteserkenntnis logischerweise *weg* von unseren Alltagserfahrungen führen. Jegliche Sinneseindrücke, Erinnerungen, Gefühle und Worte werden zu Störfaktoren, die es zu meiden gilt. Wenn Gott jenseits alles Menschlichen ist, müssen wir ihn auch jenseits der menschlichen Sphäre suchen.

Wenn Gott dagegen, wie die Bibel lehrt, der Schöpfer dieser Welt ist und sich die ganze Geschichte hindurch leidenschaftlich in dieser Schöpfung engagiert hat, bis er schließlich in Jesus von Nazareth körperlich-konkret in sie hineingetreten ist – dann können wir ihn nur dadurch kennenlernen, dass wir ihn *in* unserer Alltagserfahrung suchen. Es gilt, sich abzuwenden von der Sphäre des reinen Geistes, in der wir unsere falschen Gottesbilder platziert haben, und hin zu unserem Körper (den Paulus »Glieder Christi« und »Tempel des Heiligen Geistes« nennt, 1. Korinther 6,15.19; LUT), unseren Erinnerungen, Beziehungen, Sinneseindrücken, Gefühlen und Gedanken.

Der Gott, der in Christus Mensch wurde, begegnet uns *im* Menschlichen, und nicht jenseits von ihm. Erst wenn wir ernsthaft beginnen, »Gott in allem zu suchen und zu finden«, wie Ignatius von Loyola sagt, werden wir anfangen, seine Spuren zu sehen und zu ahnen, wer er ist.

In der Bibel finden wir ein Paradox: Der Unsichtbare offenbart sich im Sichtbaren. Man kann das ganze Alte Testament als eine Art Pingpongspiel zwischen Gottes Eingreifen in die Geschichte seines Volkes und der Antwort dieses Volkes auf und seinem Nachdenken über dieses Handeln Gottes verstehen. Der erste »Fingerabdruck« Gottes ist natürlich die Schöpfung, die eine schier unerschöpfliche Quelle des Nachsinnens über Gott und die Menschheit ist. Der zweite große Fingerabdruck im Alten Testament ist die Befreiung aus Ägypten: »Wir waren Sklaven des Pharaos in Ägypten, doch der Herr hat uns mit großer Macht aus Ägypten geführt. Vor unseren Augen schlug er Ägypten (...) mit schrecklichen Plagen und mächtigen Zeichen« (5. Mose 6,21-22). Diese Befreiung ist eine zweite Quelle des immer neuen Nachdenkens darüber, wer Gott ist und wer wir selber sind. Und im Neuen Testament tut Gott den letzten und entscheidenden Schritt in dieser Bewegung hinein in das Leben und den Alltag der Menschen:

> *Es war von Anfang an, wir haben es gehört und mit unseren eigenen Augen gesehen, wir haben es betrachtet und mit unseren Händen betastet: das Wort des Lebens. Das Leben wurde uns offenbart, und wir haben es gesehen. Und jetzt bezeugen und verkünden wir euch das ewige Leben. Es war beim Vater, und dann wurde es uns offenbart. Wir sagen euch, was wir selbst gesehen und gehört haben, damit ihr Gemeinschaft mit uns habt. Und zusammen sind wir verbunden mit dem Vater und mit Jesus Christus, seinem Sohn. Wir schreiben euch das, damit unsere Freude immer größer wird. (1. Johannes 1,1-4; NLB)*

Der Apostel Johannes beschreibt hier die Kreisbewegung des Evangeliums, bei der das Unsichtbare sichtbar wird und so die Gemeinschaft des Menschen mit dem Unsichtbaren wiederherstellt. Christus ist nicht »die geistliche Dimension« in unserer menschlichen Welt, er ist die geistliche *und* die menschliche Dimension in unserer Welt. In ihm sehen wir, wer Gott ist, aber auch, wer der Mensch ist. Wenn wir mit ihm gehen, lernen wir Gott kennen, aber auch uns selber. Er ist die gute Vereinigung von Gottesbild und Selbstbild – nicht als abstrakte Idee, sondern als lebendige Beziehung. Wie die alte Kirche es formulierte: Christus ist »wahrhaft Gott und wahrhaft Mensch (...) in zwei Naturen unvermischt.«[31]

31 Die Formulierung stammt aus dem Konzil von Chalcedon (451), das den Streit über das Wesen Christi (ist er eher göttlich oder eher menschlich?) mit der Formulierung von den zwei Naturen Christi beendete: Er ist wahrer Gott und wesensgleich mit dem Vater, aber auch wahrer Mensch und von gleichem Wesen wie wir. Die beiden Naturen sind dabei ohne Vermischung, Unterschied oder Veränderung miteinander verbunden.

Dieses Bekenntnis hat zu allen Zeiten seinen Preis gehabt. Am 16. November 1989 wurden in der Nähe einer Universität in El Salvador sechs Jesuiten ermordet, weil sie sich geweigert hatten, das Göttliche und Menschliche in Christus zu trennen.

Sie hatten darauf bestanden, dass Nachfolge Christi bedeutet, sich tief mit Gott einzulassen, aber ebenso tief mit den Menschen, und damit wurde die Unterdrückung der großen armen Mehrheit in El Salvador durch die winzige reiche Minderheit zu einem Problem für ihre Christusbeziehung. Dies gefiel der Führung des Landes, die sich sehr fromm geben konnte (solange das Geistliche und das Menschliche strikt auseinandergehalten wurden), gar nicht, und höchste Kreise gaben Anweisung, die Jesuiten aus dem Weg zu räumen.

Einer von ihnen, Juan Ramon Moreno, war viele Jahre lang als Seelsorger und Leiter von Einkehrfreizeiten tätig gewesen. Einige Jahre vor seinem Tod schrieb er Folgendes über die Menschwerdung Gottes in Christus:

> Diese Inkarnation kann entweder der Überbetonung einer dieser beiden Dimensionen auf Kosten der anderen zum Opfer fallen oder der Trennung, bei der die beiden Dimensionen nebeneinandergestellt werden, ohne dass es zu einer echten Integration zwischen ihnen kommt. (...) Gebet und Handlung sind also nicht voneinander zu trennen. Das Gebet erleuchtet und leitet die Handlung; es ist ein Handeln Gottes durch den Menschen. Und das Handeln des Menschen ist eine historische Antwort auf den Gott, den wir im Gebet erfahren. Gebet wie Handlung erwachsen beide aus der Haltung des Kindes zu seinem Vater, die der Geist in uns hineinlegt, wenn er uns lehrt, *Abba* zu sagen (...)
>
> Eine solche geistliche Perspektive hat eine wunderbar einigende Wirkung. Sie ist ein Bruch mit jener Auftrennung, bei der Augenblicke des »geistlichen Lebens« parallel zum Leben existieren, aber ohne wirklich mit ihm konfrontiert zu werden, und macht das Leben zu einem Opfer, das wir Gott darbringen, zu einer existenziellen Handlung der Anbetung, die

unser ganzes konkretes Menschsein und seine Geschichte Gott weiht.«[32]

Die große Durchkreuzung

Ein Opfer, das wir Gott darbringen. Als Juan Ramon Moreno sein Leben für Christus gab, spiegelte er mit großer Klarheit das entscheidende Ereignis in der Beziehung des Menschen zu Gott wider. Jesus sagte den religiösen Neugierigen seiner Zeit einmal, dass sie kein anderes Zeichen zu sehen bekommen würden als das des Propheten Jona (Matthäus 12,39). Als Jona seinen Auftrag von Gott bekam, beschloss er, Gott davonzulaufen, und bestieg ein Schiff nach Tarsis. Gott schickte einen heftigen Sturm, und in der allgemeinen Panik an Bord »schrien die Seeleute zu ihren Göttern« (Jona 1,5). Erst als Jona sich für die anderen opferte und ins Meer werfen ließ, legte der Sturm sich, und das Schiff war gerettet.

Dieses Bild hat viele Schichten. Unsere Welt, die Kirche, mein eigenes Leben. In unseren Stürmen und unserer Orientierungslosigkeit betet jeder zu seinem Gottesbild. Die Not wird erst in dem Augenblick gewendet, in dem jemand sein Leben gibt; erst jetzt zeigt sich, wer der wahre Gott ist: »Dann packten sie Jona und warfen ihn ins Meer. Und das Meer beruhigte sich. Die Seeleute wurden von tiefer Ehrfurcht vor dem Herrn ergriffen, brachten ihm Opfer und schworen ihm zu dienen« (Jona 1,15-16).

Das Kreuz ist der große Bildzerstörer. Im Schatten des blutigen Stamms verlieren die Bilder ihre Macht über uns. Die Bilder vom guten Leben, das man mit allen Mitteln vor Schwäche, Leiden oder Verlust schützen muss. Die Selbstbilder vom Glücklichen und Erfolgreichen, dem Superfrommen, der alle Antworten kennt, oder dem Radikalen, der seine Ideale hochhält. Die Gottesbilder von dem unberührt und unbefleckt von allem Irdischen und Menschlichen in seiner eigenen Seligkeit im Himmel Thronenden. Die Bil-

32 Juan Ramon Moreno, »Spirituality in the Puebla Document«, 1980, veröffentlicht in: *Review for Religious*, St. Louis (Missouri), November/Dezember 1992

der von der Kirche als der glaubensgewissen Schar, die freimütig Jesus Christus bekennt.

All dies zerbrach an jenem Tag. Nie zuvor oder danach haben die Bildsysteme des Menschen einen solchen Todesstoß erlitten. Keines unserer Bilder hatte mit diesem Schlag gerechnet. Dass die Welt auf diese Weise erlöst würde – es war das Letzte, was wir uns hätten vorstellen können.

Und es kam eine Finsternis über das ganze Land bis zur neunten Stunde, und die Sonne verlor ihren Schein, und der Vorhang des Tempels riss mitten entzwei. (Lukas 23,44-45; LUT)

Der Zerbruch der Bilder machte den Menschen den Zugang zu dem lebendigen Gott frei. All die Feigenblätter der Menschen, all die Verdunkelungen des Gesichtes Gottes in den Religionen – das Kreuz durchkreuzte und zerschnitt sie alle, vom Himmel bis zur Erde (Matthäus 27,51).

Dieses Geheimnis ist so umfassend, dass es nicht möglich ist, es in ein paar Zeilen auszuloten. Aus der Menge der Schlüssel greife ich einen heraus. Paulus beschreibt, wie das uns knechtende Selbstbild, das wir vorhin unter dem Namen »Gesetz« kennengelernt haben, seinen Todesstoß empfing. Der trostlose Fluch, niemals mit sich selber zufrieden sein zu können, ist gebrochen:

Vorher wart ihr tot aufgrund eurer Schuld und weil euer altes Ich euch bestimmt hat. Doch Gott hat euch mit Christus lebendig gemacht. Er hat uns alle unsere Schuld vergeben. Er hat die Liste der Anklagen gegen uns gelöscht; er hat die Anklageschrift genommen und vernichtet, indem er sie ans Kreuz genagelt hat. Auf diese Weise hat Gott die Herrscher und Mächte dieser Welt entwaffnet. Er hat sie öffentlich bloßgestellt, indem er sie durch Christus am Kreuz besiegt hat. (Kolosser 2,13-15; NLB)

Der Durchbruch geschieht nicht dadurch, dass wir alles schaffen oder alles verstehen und begreifen, sondern dadurch, dass wir alles loslassen. Alle unsere Verteidigungskräfte richten sich genau auf diesen Punkt – und genau um diesen Punkt kommen wir nicht herum, wenn wir frei werden wollen. Unter dem Kreuz bricht alles, was wir so mühsam aufgebaut haben, zusammen. Katastrophe. Befreiung.

Jesu Tod am Kreuz eröffnet uns den Direktkontakt mit der Wirklichkeit. In seinem Dunkel erheben wir uns aus den Trümmern unserer Bilder und berühren, noch unsicher, Gottes Hand, die Hand unseres Mitmenschen und die der Welt. Hier nehmen wir auch den Schlüsselcode für unsere Krisen und Verluste entgegen. Alles menschliche Leiden, das in Jesu Hand gelegt wird, wird eins mit seinem Leiden und führt uns heraus aus dem Gefängnis unserer Bilder.

Nicht zuletzt das vielleicht zäheste aller Selbstbilder findet unter dem Kreuz sein Ende: das des Opfers. »Da ist das Lamm Gottes, das die Sünde der Welt wegnimmt«, sagt Johannes der Täufer über Jesus (Johannes 1,29). Nicht *ich* bin das Opfer, sondern *Jesus*. Für den Menschen, der jahrelang in seinem Selbstbild des Opfers seiner Erziehung, der Umstände oder böser Menschen eingesperrt war, öffnet sich hier eine Tür zur Freiheit, die wir nirgends sonst finden. Seine lieb gewordenes Bild des armen Opfers Jesus geben und es von ihm tragen lassen bedeutet dreierlei:

1. Dass ich meine Sünde bekenne

Dies ist der fundamentalste Bruch mit meiner Opferrolle, der möglich ist. Wie schlecht das Leben mich auch behandelt hat, durch mein Sündenbekenntnis erkläre ich, dass ich nicht nur Opfer bin. Ich habe eine Verantwortung für mein Leben, und meine Wahl hat Folgen dafür, wie mein Leben sich gestalten wird.

Das Blendwerk der Dämonen und eine schlechte Verkündigung in der Kirche haben es geschafft, aus dem Sündenbekenntnis eine Art Unmündigkeitserklärung des Menschen zu machen. In Wirklichkeit ist es genau umgekehrt: eine Mündigkeitserklärung, eine Bekräftigung, dass der Mensch als Gottes Ebenbild mehr ist als ein willenloses Opfer der Umstände. Das Paradox der Beichte ist, dass ich in ihr aufhöre, mich vor den Umständen zu beugen, und mich als Mensch erhebe, um mich vor Gott zu beugen.

2. Dass ich denen vergebe, die mir Böses getan haben

Auch dies bedeutet einen Bruch mit meiner Opferidentität. Und einen Bruch mit jener perversen Art Stolz, die den anderen dadurch zu bestrafen versucht, dass sie ihm nicht vergibt – und damit nur sich selber in das Gefängnis der Bitterkeit sperrt.

Man beachte hier dreierlei: Zunächst einmal ist Vergebung nicht dasselbe wie Verdrängung, ja sie ist ihr Gegenteil, denn Verdrängen ist ja eine Form des Vergessens. Nur wer sich an das geschehene Unrecht erinnert, kann es vergeben. Fakten und Gefühle müssen in aller Freiheit an die Oberfläche kommen können, damit ich weiß, was ich da überhaupt vergebe.

Zweitens vergeben wir nicht so sehr mit unseren Gefühlen, sondern mit unserem *Willen*. Wenn ich darauf warte, dass ich zuerst hinreichend positive Gefühle für den Menschen bekomme, der mich verletzt hat, werde ich ihm womöglich nie vergeben. Jesus wird kaum seinen Gefühlen gehorcht haben, als er am Kreuz betete: »Vater, vergib diesen Menschen, denn sie wissen nicht, was sie tun« (Lukas 23,34).

Und drittens ist das Vergeben wie die Erlösung selber beides: Handlung und Prozess.[33] Es ist biblisch, zu sagen: »Ich bin erlöst«, und es ist genauso biblisch, zu sagen: »Ich bin dabei, erlöst zu werden« oder: »Eines Tages werde ich ganz erlöst sein«. Mein Willensentschluss öffnet mich für Gottes Handeln.

3. Dass ich das Fenster der Dankbarkeit weit öffne

Das Opfer reitet ständig auf seinem Selbstmitleid herum: Was ich durchgemacht habe, kann keiner verstehen. Die Dankbarkeit kann sich nicht lassen vor Staunen und Verwunderung: So gut ist Gott zu mir ... Anstatt alles, was geschieht, durch den Negativfilter der Opferrolle zu sehen, sucht die Dankbarkeit ständig nach den Spuren der Güte Gottes, die das gute Selbstbild bekräftigen: Ich bin Gottes geliebtes Kind.

---

33 Vgl. z.B. Epheser 2,8; 2. Timotheus 1,9; Römer 13,11; Philipper 2,12-13; 1. Petrus 1,8-9

Kein Wunder, dass Ignatius von Loyola in einem seiner Briefe schreibt:

> Undankbar sein heißt, die Gnadengaben, Vorrechte und Segnungen, die wir empfangen haben, zu vergessen. Damit aber ist es Ursache, Anfang und Ursprung aller anderer Sünden und Plagen. Sein Gegensatz, das dankbare Erkennen der Segnungen und Gaben, die wir bekommen, wird nicht nur auf Erden geschätzt und geliebt, sondern auch im Himmel.[34]

Für den, dessen Arme sich dankbar nach Gottes Güte ausstrecken, ist das Selbstmitleid des Opfers keine besonders attraktive Option.

Schon als kleiner Junge zog es mich zu Tieren hin. Wenn ich mit Tieren zusammen bin, kann ich mich entspannen, meine Rollen loslassen, mich willkommen fühlen. Wenn ich heute Nachmittag hinaus auf die Koppel gehe, um mein Pferd zu einem Ausritt in den Frühlingswald zu holen, weiß ich, dass es mein Pferd keinen Deut juckt, wie fromm oder nicht fromm ich bin. Es weiß nichts über meine Vergangenheit, fragt mich nicht, welche Bücher ich gelesen und was für eine Universität ich besucht habe, und schnüffelt nicht in meinem Sündenregister. Es will nur wissen, wie ich mich hier und jetzt zu ihm verhalte, und gibt mir eine absolut ehrliche Antwort auf das, was es sieht und spürt. Ich glaube es sofort, wenn ich höre, dass viele jugendliche Straftäter eine erste Ahnung davon bekommen, was Gnade ist, wenn sie sich um ein Tier kümmern dürfen, das sie *nicht* wie alle anderen sofort in die Schublade steckt, aus der herauszukommen ihnen so verzweifelt schwerfällt.

Dies ist ein kleines Mosaiksteinchen der Erfahrung, die ich mit unendlich vielen anderen Menschen teile. Wenn ich zu Jesus komme, weiß ich, dass ich willkommen bin. Allein er ist völlig frei von jeglichen Bildern von mir. Er versucht nicht, mich in ein Klischee zu pressen. Er empfindet mich nicht als Störfaktor, wendet sich nicht ab, versucht nicht, mich auf Abstand zu halten. Er freut sich über mich – nicht weil ich so gut wäre, sondern weil ich zu ihm komme.

---

34 *Letters of Ignatius of Loyola*, S. 55

Er versteht mich. Vor ihm muss ich mich nicht umständlich erklären oder verteidigen und die ganze Zeit Angst haben, dass er es nicht begreift. Er weiß Bescheid, ohne dass ich ihm ein Wort sagen muss.

Er sieht das Gute in mir. Auch dann, wenn er weiß, dass ich es nicht verwirklichen kann, sieht er meinen guten Willen und alles Positive in mir. Ich darf wissen, dass er sich darüber freut.

Er bleibt bei mir. Es gibt nichts in mir, das ihn in die Flucht schlagen könnte. Er schaut nicht ungeduldig auf die Uhr, überlegt sich nicht, wie er die Beziehung beenden kann, will nicht lieber woanders sein, wartet geduldig, wenn ich den nächsten Fluchtversuch mache. Ich darf wissen: Selbst im Dunkeln bleibt er mir zugekehrt.

Wo, wenn nicht hier, können wir unsere Feigenblätter fallen lassen?

Die langsame Reise der Sprache vom Ich zum Du

Ich nehme das Neugeborene auf den Arm. Ich lege den Finger in die kleine Hand und spüre, wie sie sich um ihn legt. Ich suche den Augenkontakt und merke, wie das Kleine mich ansieht, erst zögernd, dann immer fester. Ich spreche mit ihm, bis die kleinen Lippen und das ganze Gesicht sich bewegen, mir Antwort geben wollen. Und dann schließlich: ein kleiner Laut! Mein Kind beginnt, mit mir zu kommunizieren, eine neue Welt tut sich auf.

Dann die langsame Reise vom Lallen zur Silbe, von der Silbe zum Wort. Eine ganze Serie von Schöpfungswundern, in der die diffuse kleine Kinderwelt aus Mama, Papa, Milch, dem eigenen Körper, Spielsachen, nassen Windeln, harten Kanten und weichen Kissen sachte Gestalt annimmt, Konturen bekommt, sich immer festere Grenzen zwischen Ich und Umwelt entwickeln. Und dieses Wunder geschieht vor allem und immer wieder durch das *Wort:* »Mama«, »Hamm«, »Teddy« ...

Wenn aus irgendeinem Grund das Sprechen auf sich warten lässt, ist das, als ob ein verschrecktes Vogeljunges in seinem Nest bleibt und sich nicht traut, seine Flügel auszuprobieren. Wir sagen dann, dass das Kind »etwas spät dran ist«. Und wenn die Worte vielleicht nie kommen – oder nur einige wenige, ständig wiederholte –, sagen wir vielleicht, dass das Kind autistisch ist. Und auch hier ist das Wort ein Spiegel der Seele: So wie beim gesunden Kind das Sprechen Ausdruck der Lust am Kommunizieren und Sich-verständlich-Machen ist, ist beim behinderten Kind das Schweigen ein Signal für das Unvermögen, Beziehungen zur Umgebung zu knüpfen. Die Worte sind so viele Spiegel, wenn die Gedanken sich bilden, eine Tür hinaus aus der eigenen Welt in die große weite Welt, eine Brücke vom »Ich« zum »Du«. Und das Schweigen ist eine Mauer um die eigene Welt, eine verschlossene Tür zwischen uns.

Es ist erstaunlich, wie exakt wir dies im Evangelium wiederfinden:

Am Anfang war das Wort. Das Wort war bei Gott und das Wort war Gott. Er war am Anfang bei Gott. Durch ihn wurde alles geschaffen, was ist. Es gibt nichts, was er, das Wort, nicht geschaffen hat. Das Leben selbst war in ihm, und dieses Leben schenkt allen Menschen Licht. Das Licht scheint in der Dunkelheit, und die Dunkelheit konnte es nicht auslöschen. (Johannes 1,1-5; NLB)

Wie an so vielen anderen Stellen ist das Evangelium auch hier eine Verdichtung und Verdeutlichung der Schöpfung und ihrer natürlichen Gesetze. Wenn Gott »das Wort« genannt wird, ist es nur natürlich, dass sein Ebenbild, der Mensch, seine Identität in hohem Maße durch die Sprache erhält. Wenn die Welt durch das Wort erschaffen wurde, können wir in dem ersten Lallen des Säuglings Spuren von Christus selber finden. So wie das Universum heute noch von der Sprengkraft der Schöpfung vibriert, ist jedes menschliche Gespräch ein Echo des alles erschaffenden und tragenden Wunders: des Wortes.

Die Quelle der Sprache ist Gott selber. Gott ist Beziehung: Vater – Sohn – Heiliger Geist. Die Gottheit ist ein immerwährender Austausch zwischen Ich – Du – Wir. Wie die Liebe und die Freude ist auch das Gespräch ein Ausfluss von Gottes ureigenem Wesen. Und dieses Gespräch nimmt körperliche Gestalt an in dem Wort des Vaters an uns Menschen: »Er, der das Wort ist, wurde Mensch und lebte unter uns« (Johannes 1,14).

Dieses göttliche Wort wartet auf eine Antwort des Menschen. So wie irdische Eltern geduldig auf das erste Anzeichen warten, dass das kleine Wesen in ihren Armen ihnen antwortet, wartet Gott auf uns. Wie antworten wir ihm? Mit Schweigen? Oder mit dem Wort des glaubenden Vertrauens?

Die Bibel vergleicht diese Antwort des Glaubens mit dem Ruf eines kleinen Menschenkindes nach seinem Vater. Zum ersten Mal geschieht dies im Garten Gethsemane, wo Jesus auf die äußerste Vertrauensprobe gestellt wird. Dort in dem Garten betet er: »Abba, Vater, dir ist alles möglich. Lass diesen Leidenskelch an mir vorübergehen. Doch dein Wille geschehe, nicht meiner« (Markus 14,36). Dieses Gebet ist randvoll von dem Geheimnis der innigen Gemeinschaft zwischen Vater und Sohn: eine deutliche Aussage des eigenen Willens, ein tiefes Vertrauen zu dem anderen, ein mächtiger Wunsch, dem anderen entgegenzugehen. Und das gleiche Wort »Abba« finden wir in dem Gebet des Menschen zu Gott: »Weil ihr seine Kinder geworden seid, hat Gott euch den Geist seines Sohnes ins Herz gegeben, sodass ihr zu Gott nun ›lieber Vater‹ sagen könnt (Galater 4,6).

Aus diesem Urwort, *Abba* oder *Papa,* dem ersten kommunizierenden Lallen des Kindes gegenüber seinen Eltern, entwickelt sich die Sprache als Brücke zwischen Mensch und Gott. Über diese Brücke gehen Gefühle, Gedanken und Erfahrungen, in einer wechselseitigen Kommunikation, die wir »Gebet« nennen. Durch dieses Gespräch lernen wir Gott und uns selber kennen. So wie die Sprache entscheidend ist für die Entwicklung des Kindes zu einem reifen, in die Gesellschaft eingebundenen Menschen, ist das Gebet entscheidend für unsere Entwicklung als Gottes Ebenbild. Im Gebet brechen wir das Schweigen und machen vorsichtig einen Schritt heraus aus den stummen Bildern von Gott und uns selber. Wie in allen Beziehungen sind die Worte wie Schlüssel: *Sag etwas!* Noch einfacher als in den Psalmen kann man es nicht beschreiben: »Ich habe dir meine Pläne erzählt, und du hast geantwortet« (Psalm 119,26).

Dieses Gespräch ist heute bedroht durch ein allgemeines Misstrauen gegenüber dem Wort und der Sprache. Die Wurzeln dieses Misstrauens gehen in viele Richtungen. Wir leben in einer sprachmüden Kultur, in der wir täglich unter der »Informationsüberflutung« stöhnen. Und in einer wortmüden Kirche, deren elegante Predigten eine ähnlich abstumpfende Wirkung haben wie das akademische Trockenfutter in den theologischen Seminaren.

Diese Wortverdrossenheit schafft einen Markt für ein gnostisches Gottes- und Menschenbild. Orientalische Spiritualitätsströmungen, in denen das Wort und der Leib als Illusionen und Hindernisse auf dem Weg zur Einheit des Alls gelten, fließen hier zusammen mit den wortlosen Fahrrinnen in der christlichen Mystik, die sich stets als Mägde des Bibelwortes und des kirchlichen Bekenntnisses verstanden haben. Dieses ungleiche Paar erzeugt einen prinzipiellen Widerstand gegen das Wort, der ungefähr so aussieht:

Gott wird als unbeschreiblich und über alle Bezeichnungen erhaben verstanden, und wer sich ihm nahen will, muss folglich die primitiven Grenzen der Sprache hinter sich lassen. Hier werden zwei ganz unterschiedliche Überzeugungen vermischt: dass Gott *mehr* ist als unsere Worte (was für die Bibel eine Selbstverständlichkeit ist) und dass die Worte uns von Gott *trennen* (was für die Bibel undenkbar ist).

Diesem Gottesbild entspricht ein Menschenbild, das von einem inneren Kern reiner Spiritualität ausgeht, den es von den Blockaden, die unser Verstand und unsere Gefühle schaffen, freizumachen gilt. Hier stößt man auf unerwartete Verbindungen und Allianzen, zum Beispiel zwischen dem theologischen Satz: »Der Mensch ist ein Geist, der eine Seele hat und in einem Körper wohnt« und gewissen höheren Meditationsformen, bei denen der Meditierende lernt, nicht auf seine Gefühle und Gedanken zu hören. Der Grundgedanke ist jeweils derselbe: Unsere Sinneseindrücke, Gefühle und Gedanken sind nicht Hilfe, sondern Hindernis für den Kontakt mit Gott.

Dazu gesellt sich heute eine philosophische Kritik der Sprache, die sich unter Schlagwörtern wie »Dekonstruktivismus« u. a. damit beschäftigt, die Worte zu so etwas wie kulturellen Atomen zu machen: In sich selber sagen die Worte nichts aus. Sie sind nicht Träger irgendeiner absoluten Bedeutung, die der Sprecher weitergeben möchte, sondern bloße Chiffren. Der Hörer setzt sie nach seiner persönlichen kulturellen Programmierung neu zu einer Bedeutung zusammen, die für ihn (und nur für ihn) gilt. Ein Text ist also nicht die Botschaft seines Verfassers an den Leser, sondern Rohmaterial für die subjektiven Deutungen des Lesers. Die Worte haben an sich keinen Wert; sie bekommen einen Wert erst dadurch, dass der Leser sie als sinnvoll erlebt.

Auf dem christlichen Territorium verbindet sich diese Sprachkritik mit einer Bibelkritik, die seit dem 19. Jahrhundert infrage stellt, ob die Bibel überhaupt etwas anderes sein kann als reine Menschenworte über Gott. Dass Gott, in welchem Sinne auch immer, ihr Verfasser sein könnte, ist in diesem Denken eine Unmöglichkeit. Übrig bleibt ein literarischer Baukasten aus poetischen Fragmenten, historischen Notizen und originellen Gedanken, und genau wie bei einem Gedicht oder Roman steht es dem Leser frei, wie er aus diesem Material seine eigene Botschaft und eigenen Gottesbilder zusammenbaut.

Man beachte, dass dieser Angriff auf die Sprache sich gegen *beide* Kommunikationsschienen zwischen Gott und Mensch richtet: das Gebet und die Bibel. Beim Gebet gehen heutzutage viele in der Seelsorge wie selbstverständlich davon aus, dass das wortlose Gebet »tiefer« und »spiritueller« ist als das mit Worten formulierte. Seine Gefühle und Gedanken in Worte zu fassen und so vor Gott zu bringen, gilt als eine Art primitives Vorstadium des Gebets, das für den Anfang taugen mag, aber das wir irgendwann hinter uns lassen müssen, wenn wir unser geistliches Leben vertiefen wollen. Man muss kein Religionsexperte sein, um hier die Handschrift des gnostischen Elitedenkens zu erkennen: Frömmigkeit als Weg aus unserem Menschsein mit seinen Grenzen und nicht als Weg zu einem lebendigeren Menschsein.

Und das Gleiche bei der Bibel: Gott kann nicht mit Worten zu uns reden, wir ahnen ihn allenfalls in den Lücken zwischen den Worten. Dergleichen klingt beeindruckend tiefgründig, aber wenn wir etwas an der Oberfläche kratzen, merken wir rasch, was hier wirklich gemeint ist: Die Worte sind eine Barriere zwischen Gott und uns und keine Kommunikationsbrücke. Was wir Gott sagen, hat keine Bedeutung; es ist eine seelische Blockade der wahren Meditation, die jenseits der Sprache liegt. Jede Vorstellung, dass Gott mit Worten mit uns kommunizieren kann, ist in dieser Ideologie ein Relikt aus der Welt der primitiven Gottesbilder. Wir können nicht mit Gott reden und er nicht mit uns. Bleibt nur das Schweigen.

Und dann die Bilder. Es ist auffallend, wie der Wortverdrossenheit in unserer heutigen Kultur eine ungeheure Aufwertung der Bilder gegenübersteht. Der Satz »Ein Bild sagt mehr als tausend Worte« ist da eher schon eine Untertreibung, ob in den Fernsehnachrichten oder der kirchlichen Verkündigung. Der Verachtung, die dem entgegenschlägt, der es wagt, einen Bibelvers zu zitieren, entspricht die kollektive Ehrfurcht vor dem Gottesbild, das irgendein neuer Star in der letzten Fernsehtalkshow aus dem Hut gezaubert hat. Worte sind pfui, Bilder sind hui. Worte sagen nichts, Bilder erzählen Geschichten.

Und niemand scheint zu merken, wie diese Kultur des Schweigens nach und nach jeden Ansatz zu einer wirklichen Beziehung zwischen Gott und Mensch, ja jedes normale, erwachsene Gespräch zwischen denkenden Menschen untergräbt. Wenn nur noch das Erleben jenseits der Worte etwas bedeutet, aber nicht mehr die Worte selber, was hat es dann noch für einen Sinn, miteinander zu reden? Um sich zu streiten? Aber haben wir das in der Kirchengeschichte nicht schon genug getan?

Klingt gut. Das Problem ist nur, dass in jedem beliebigen anderen Kontext – etwa einer Ehe, einer politischen Partei, einer Firma oder einem Operationssaal – dieses Denken den totalen Zusammenbruch jeder Beziehung, ja jeder sinnvollen Tätigkeit bedeuten würde. Der Mensch ist ein Sprachwesen, und die zentrale Rolle der Sprache im menschlichen Leben leugnen heißt, den Menschen selber leugnen.

Und wer die zentrale Rolle der Worte in der Kommunikation zwischen Gott und Mensch verneint, der verneint schließlich auch das Evangelium. Denn das Wort wurde Mensch. Die Worte gehören zu den menschlichen Strukturen, in die Gott sich freiwillig hineinbegab. Die Sprache ist nicht ein menschliches Phänomen, das wir auf Gott projizieren, sondern sie kommt von Gott und kehrt im Gebet zu ihm zurück.

Es steht geschrieben

In krassem Gegensatz zu unserem kulturellen Klima fordert die Bibel uns auf, das Wort zu bewahren – und den Bildern zu misstrauen. Dies beginnt bereits im Paradies. Die Schlange schlängelt sich zwischen Gott und den Menschen und richtet Evas Aufmerksamkeit auf das, was sie *sehen* kann: »Die Frau sah: Die Früchte waren so frisch, lecker und verlockend – und sie würden sie klug machen!« (1. Mose 3,6). Aber um sie wirklich dazu zu bringen, dass sie die Hand nach der verbotenen Frucht ausstreckt, muss die Schlange sie zunächst dazu bringen, zu bezweifeln, was sie *gehört* hat: »Hat Gott wirklich gesagt, dass ihr keine Früchte von den Bäumen des Gartens essen dürft?« (1. Mose 3,1).

So geht das noch heute. Der Teufel ist der Vater der Lüge, der Meister des Scheins, der große Illusionist, der den Menschen die fantastischsten Bilder vormalt – verführerische, bedrohliche, lockende, erschreckende. Bilder eines Gottes, vor dem ich weglaufen oder den ich auslachen möchte. Bilder von mir selber, die zwischen Allmachtsfantasien und »Versager« hin- und herpendeln. Bilder von einem Leben in Saus und Braus oder in Dreck und Elend. Bilder von einer Umwelt, die mir nur Böses will oder mir spöttisch das zeigt, was ich selber nie erreichen kann. Und alle sind es Lügenbilder, die mit der Wirklichkeit wenig oder nichts zu tun haben. *Und ein Wort ist in der Welt des Teufels buchstäblich nichts wert.*

Mit diesem dämonischen Weltbild wird Jesus in den vierzig Tagen in der Wüste konfrontiert. Der Teufel lädt ihn in seine Bilderwelt ein: Schau dir diese Steine an, die du in Brot verwandeln kannst ... Schau, wie tief es hier herunter geht, und stell dir vor, du springst ... Und zum Schluss: »Darauf führte ihn der Teufel mit sich auf einen sehr hohen Berg und zeigte ihm alle Reiche der Welt und ihre Herrlichkeit und sprach zu ihm: Das alles will ich dir geben, wenn du niederfällst und mich anbetest« (Matthäus 4,8; LUT).

Wie antwortet Jesus auf diese Bilder? Ganz undramatisch. Er kommt nicht mit interessanten neuen Ideen und Deutungen, er sagt schlicht: »Es steht geschrieben« und zitiert ein Bibelwort. Wieder und wieder. Bis der Teufel aufgibt. Wir erleben gleichsam eine Umkehr der Sündenfallszene. Damals drängten die Bilder Gott an den Rand, jetzt werden sie mit Gottes Wort in die Flucht geschlagen. Und Jesus verlässt die Kampfarena, um hinaus in die Welt zu gehen und mit seinem Wort die Menschen von den Bildern zu befreien, die sie so lange versklavt hielten.

Die Vorstellung, dass man Gott am besten in der Stille jenseits der Worte sucht, ermangelt, so weit ich das beurteilen kann, jeder biblischen Begründung. In der Bibel ist das Schweigen das Gegenteil von Kommunikation. Die falschen Götzenbilder sind stumm und still. Der Prophet Jesaja spottet: »Niemand hat etwas verkündet, keiner hat etwas angesagt. (...) Sie sind alle nichts. Ihr Tun führt zu nichts. Es sind nichtige, nutzlose Gegenstände. Eure Götzen sind hohl wie der Wind« (Jesaja 41,26.29). Ganz anders der lebendige Gott: »Ich habe nicht im Verborgenen oder an dunklen Orten geredet. Ich habe vom Volk Israel nicht verlangt, mich vergeblich zu suchen. Ich, der Herr, spreche die Wahrheit und verkünde das Rechte« (Jesaja 45,19).

Nein, Gott hat uns nie aufgefordert, ihn im leeren Raum zu suchen. Leere und Schweigen sind in der Bibel mit »Draußensein«, Sinnlosigkeit und Tod verbunden. Für das Alte Testament ist das Totenreich ein Ort des Schweigens: »Die Toten können den Herrn nicht loben, denn sie sind dort, wo man für immer schweigt« (Psalm 115,17). – »Wenn der Herr mir nicht hülfe, läge ich bald am Orte des Schweigens« (Psalm 94,17; LUT). – »Wenn ich rufe zu dir, Herr, mein Fels, so schweige doch nicht, dass ich nicht, wenn du schweigst, gleich werde denen, die in die Grube fahren« (Psalm 28,1; LUT).

Die Sprache und das Wort abweisen heißt in der letzten Konsequenz, Gott selber abweisen: »Weist Gott nicht zurück, der zu euch redet!« (Hebräer 12,25). Als Jesus seine Jünger aussendet, sagt er: »Wer eure Botschaft annimmt, nimmt auch mich an. Wer euch jedoch ablehnt, lehnt auch mich ab« (Lukas 10,16).

Ich darf hier vielleicht hinzufügen, dass ich seit zwölf Jahren mit Einkehrfreizeiten arbeite und dass folglich die Stille zu meinem Berufsalltag gehört. Ich weiß sehr wohl um die zentrale Rolle, die die Stille seit Jahrtausenden für den Gottsucher spielt, und wenn schon zu alttestamentlichen Zeiten die Menschen sich zurückzogen, um zu beten, dann ist dies in unserer reizüberfluteten Welt sicher nicht weniger wichtig. Aber es ist ein himmelweiter Unterschied, ob ich in die Stille gehe, um auf Gott zu hören, oder ob ich sie suche, um auf mein eigenes Innere zu hören ...

... oder ob ich in die Stille gehe, weil ich glaube, dass weder meine eigenen inneren Reaktionen noch die Bibel mir etwas Wichtiges zu sagen haben, weil doch die Wirklichkeit irgendwo in dem Nebelland hinter der Sprache liegt. Diese Art Stille dient oft als Schutzschild gegen Fragen und Kritik. Sie ist eine weiße Leinwand, auf die ich ungestört meine eigenen Gottesbilder projizieren kann.

Ganz ähnlich funktioniert der Versuch, Jesus aufzuspalten in »das Wort« als Person und die von ihm in den Evangelien überlieferten »Worte«, die mehr oder weniger in den Bereich der Legende verwiesen werden. Es klingt für manche Ohren sehr spirituell, sich an die Person zu halten, die doch das Wesentliche ist, und die Worte kritischer zu sehen, aber es ist eine mehr gnostische als christliche Spiritualität. »Wer getrunken hat, vergisst das Gefäß«, ist ein typisch gnostischer Satz. Konkret: Wenn ich eine geistliche Erfahrung gemacht habe, ist doch diese Erfahrung das Wichtige, und den Jesus der Evangelien kann ich außen vor lassen. So denkt ein Gnostiker: Das Wichtige ist meine eigene Spiritualität, und wenn Jesus zu ihr beitragen kann, ist das ganz nett. Ein Christ dagegen ist jemand, der Jesu Ruf in die Nachfolge gehört hat und darum weiß, dass die persönliche Beziehung zu ihm wichtiger ist als eventuelle eigene geistliche Entdeckungen.

Und in dieser Beziehung, wie in jeder anderen menschlichen Beziehung, sind Worte die tragenden Bausteine. Wieder stehen Wort und Bild in einem bestimmten Verhältnis zueinander. Wenn wir das, was ein Mensch gesagt hat, wegnehmen oder verdrehen, können wir anschließend jedes beliebige Bild von dieser Person konstruieren. Man braucht bloß den durchschnittlichen Kollegen- oder Nachbarklatsch zu studieren, um diesen Mechanismus kennenzulernen. So auch bei Jesus: Wenn wir seine Worte relativieren, können wir uns anschließend genau das Jesusbild zimmern, das uns am meisten passt. Wir hören sie wieder, die alte Schlange: »Sollte Jesus gesagt haben ...«

Wer die Evangelien liest, merkt bald, dass man Jesu Person von seinen Worten ebenso wenig trennen kann wie den Blitz vom Donner oder die Frucht vom Baum: »Auf sein Wort hin verschwanden alle Geister, und er heilte auch alle Kranken« (Matthäus 8,16). – »Die Worte aber, die ich euch gesagt habe, sind Geist und Leben« (Johannes 6,63). – »Wenn ihr euch nach meinen Worten richtet, seid ihr wirklich meine Jünger« (Johannes 8,31). »Wer mich liebt, wird tun, was ich sage« (Johannes 14,23). – »Himmel und Erde werden vergehen, doch meine Worte bleiben ewig« (Matthäus 24,35).

Der letzte Vers ist ein Echo aus dem Alten Testament: »Für alle

Zeit, Herr, hat dein Wort im Himmel Bestand« (Psalm 119,89). Deutlicher kann man es kaum sagen. Die Bibel sieht Gottes Wort nicht als unbeholfene religiöse Deutungsversuche des Menschen, als kulturelle Konstrukte, die man je nach den wechselnden Bedürfnissen des Menschen umbauen kann und muss. Das Wort steht vielmehr fest im *Himmel*, es kommt von Gott, so wie auch die Sonne ständig scheint, egal, was wir davon halten. Und so wie das Licht der Sonne sich in unseren Spiegeln bricht, bricht *das Wort* sich in unseren Worten.

Aber woran erkennen wir, dass wir es wirklich mit *dem Wort* zu tun haben? Der Teufel kann ja auch die Bibel zitieren, wie damals, als er Jesus in der Wüste versuchte. Jawohl, er kann Gottes Worte zitieren, aber er kann nicht mit Gottes Stimme sprechen. Wir kennen das doch von uns selber: Da sagt jemand all die richtigen Worte, aber seine Stimme verrät, dass er ganz woanders ist! Jesus benutzt das Bild eines Hirten und seiner Herde, um zu zeigen, dass die Worte und die Stimme die gleiche Sprache sprechen müssen: »Wenn er seine Herde versammelt hat, geht er vor ihnen her, und die Schafe folgen ihm, weil sie seine Stimme kennen. Einem Fremden aber folgen sie nicht, sondern laufen vor ihm weg, weil sie seine Stimme nicht kennen« (Johannes 10,4-5).

Es ist also die Vertrautheit mit Gottes Stimme, die uns in die Tiefe führt, und nicht die äußere Stille an sich. Die Stille hilft uns lediglich, Gottes Stimme besser zu hören und die Stimmen abzuweisen, die uns in die Irre führen wollen.

In diesem Prozess kommt dem Heiligen Geist eine Schlüsselrolle zu. Im gnostischen Denken steht der Geist für die Energie, die den Menschen aus dem Gefängnis seines Leibes befreit, wozu auch gehört, dass er die Grenzen der Sprache hinter sich lässt, um sich zur »reinen« Geistlichkeit zu erheben. In der Bibel geht der Geist genau den umgekehrten Weg: Er macht den Menschen nach Seele *und Leib* lebendig und gibt auch seiner Sprache neues Leben, sodass er mit Gott und seinen Mitmenschen kommunizieren kann.

Das Pfingstwunder macht dies überdeutlich. Hätte Gott ein gnostisches Verhältnis zur Sprache, hätte er niemals den umständlichen Umweg über all die Sprachen und Dialekte der in Jerusalem versammelten Pilger genommen. Die Situation wäre für ihn *die* Gelegenheit gewesen, sich durch ein Wunder des Geistes allen ohne Worte verständlich zu machen. Aber der Heilige Geist nimmt damals wie heute den Umweg über die Sprache, so wie Gott in Jesus den mühsamen Weg ging, sich als Mensch gebären zu lassen: »Wir alle hören diese Leute *in unseren eigenen Sprachen* über die Taten Gottes reden« (Apostelgeschichte 2,11).

Hier wird der Fluch des Turmbaus zu Babel aufgelöst, der im Morgengrauen der Geschichte die Türen zwischen den Menschen verschloss (1. Mose 11,1-9). Das gigantische Projekt, eine Gesellschaft zu schaffen, in der der Mensch die Stelle Gottes einnimmt, führte damals zur Entfremdung zwischen den Menschen, und die Sprache wurde Mauer statt Brücke. Am Pfingsttag kommt Gottes Antwort. Der Heilige Geist nimmt die Sprache nicht weg, er gibt sie uns zurück. Die Worte, die einst Sperrriegel waren, werden ein lebendiges Kommunikationsmittel.

Jahre nach dem Pfingstwunder kann Paulus schreiben, dass unsere Sprache neue Möglichkeiten bekommt, weil der Geist uns Worte gibt (1. Korinther 2,13). Und er schreibt auch, dass der Geist uns hilft, beim Beten über unsere Worte hinauszukommen: »Doch der Heilige Geist betet für uns mit einem Seufzen, das sich nicht in Worte fassen lässt« (Römer 8,26). Das Gebet ersetzt die Sprache nicht, es erweitert sie.

Das Schweigen brechen

All dies hat entscheidende Konsequenzen für die Beziehung des Menschen zu Gott. Wenn Gott nicht jenseits der Sprache ist, sondern zu uns spricht, dann ist es falsch, wenn wir bei unseren geistlichen Übungen davon ausgehen, dass die Sprache ein Problem darstellt. Dann ist vielmehr das Gebet für den Christen genau das Gleiche wie die Sprache für das kleine Kind: eine Übung darin, unser Inneres auszudrücken, unsere Wirklichkeit vor dem anderen deutlich zu machen, indem wir sie in Worte fassen.

Aber weiß Gott nicht schon sowieso alles über uns? Wie es im

Psalter heißt: »Und du, Herr, weißt, was ich sagen möchte, noch bevor ich es ausspreche« (Psalm 139,4). *Und doch sagen wir es!* Beim Gebet geht es nicht darum, Gott über etwas zu informieren, was er noch nicht weiß, sondern darum, eine Beziehung zu ihm aufzubauen. Das ist so ähnlich wie bei einer Mutter, die genau weiß, dass ihrem Kind etwas passiert ist, und jetzt darauf wartet, dass es kommt, um mit ihr darüber zu reden. In einer solchen Lage kann Schweigen etwas höchst Beunruhigendes sein: »Hat es Angst vor mir? Will es mir etwas verbergen? Warum sagt es nichts?« Und dann der erlösende Augenblick, wenn das Kind endlich kommt und anfängt: »Du, Mama, da ist eine Sache ...«

Nach seiner Untat an Bathseba und Urija wurde David schwer von seinem Gewissen geplagt. Die Erfahrung, endlich von dieser Last frei zu werden, ist ein zeitloses Beispiel für die Macht der Worte, den eisernen Griff des Schweigens zu brechen und die Beziehung des Menschen zu Gott und zu sich selber wiederherzustellen:

> *Als ich mich weigerte, meine Schuld zu bekennen, war ich schwach und elend, dass ich den ganzen Tag nur noch stöhnte und jammerte. Tag und Nacht bedrückte mich dein Zorn, meine Kraft vertrocknete wie Wasser in der Sommerhitze. Doch endlich gestand ich dir meine Sünde und gab es auf, sie zu verbergen. Ich sagte: »Ich will dem Herrn meine Auflehnung bekennen.« Und du hast mir vergeben und meine Schuld weggenommen! (Psalm 32,3-5; NLB)*

Solange ich es verschwieg ... Wir können das, was in uns ist, stundenlang in der Seelsorge oder Therapie drehen und wenden, besprechen und diskutieren und analysieren – erst dann, wenn wir unser Schweigen vor Gott brechen und unsere Schuld in Worte fassen, kommt es zum Durchbruch. Jene private Innerlichkeit, die seit der Romantik zu Beginn des 19. Jahrhunderts als der einzig legitime Ort der Frömmigkeit gilt, genügt also nicht. So zentral ist die verbale Kommunikation zwischen Mensch und Gott, dass Paulus ihr eine entscheidende Rolle bei unserer Erlösung gibt:

Wenn du mit deinem Mund bekennst, dass Jesus der Herr ist, und wenn du in deinem Herzen glaubst, dass Gott ihn von den Toten auferweckt hat, wirst du gerettet werden. Denn durch den Glauben in deinem Herzen wirst du vor Gott gerecht, und durch das Bekenntnis deines Mundes wirst du gerettet. (Römer 10,9-10; NLB)

Jede Beziehung beruht darauf, dass die Partner das Schweigen brechen und anfangen, miteinander zu reden. Dass diese simple Regel nicht selbstverständlich auch für unsere Beziehung zu Gott gilt, spricht Bände über den gnostischen Einfluss in der christlichen Kirche. Wenn ich in meinen Gesprächen mit Gemeindemitarbeitern zum Schluss frage, ob sie ihre neu gemachten Erfahrungen und Gefühle schon vor Gott gebracht haben, werden sie manchmal etwas verlegen und antworten etwa so: »Ja, gut, schon, das weiß er ja schon alles.« Wir bitten Gott um seine Hilfe oder Wegweisung, während unsere Gefühle und Gedanken außen vor bleiben – und damit nicht zu Kontaktpunkten mit Gott werden können. Solange ich selber stumm bin, bleibt auch mein Gottesbild stumm.

Beten ist nicht: ein religiöses Ritual ableisten. Beten ist: vor Gott ehrlich und offen werden. Das bloße Ritual hat eher die entgegengesetzte Wirkung: Es verbirgt mein wirkliches Ich vor Gott. »Lass deinen Mund das sagen, was in deinem Herzen ist«, lautet eine der Weisungen der Wüstenmönche.[35] In diesem schlichten Satz liegen große Wahrheiten verborgen. Zunächst, dass es sich hier um etwas handelt, das wir *lernen* müssen; es geschieht nicht von selber, und die Erfahrung zeigt eher, dass es ein Prozess ist, der das ganze Leben dauert. Vielleicht ist das der Grund, warum die Jünger dieser Wüstenmönche vor allem dann zu ihren Meistern strömten, wenn diese auf ihrem Sterbebett lagen, denn was sie dann sagten, war so total frei von jeder Berechnung, von jeglichem Rollenspiel, dass es buchstäblich direkt aus dem Herzen kam – und damit befreiend wahr war.

Weiter: Was in meinem Herzen ist, ist es *wert*, ausgesprochen zu werden. Hier liegt für viele eine weitere hohe Hemmschwelle. Wenn

35 *Ökenfädernas tänkespråk* (Artos, 1982), S. 117

ich nie die Erfahrung gemacht habe, dass meine Gefühle und Erlebnisse etwas Wichtiges sind, das andere hören wollen, habe ich wahrscheinlich auch keine Sprache für sie; oft habe ich sogar eine unbewusste Angst, dass die anderen (ob nun Gott oder meine Mitmenschen) das, was ich fühle, nicht verstehen oder abweisen werden.

Dies ist einmal mehr ein Bereich, in dem unsere Gottesbeziehung von unseren Kindheitserfahrungen geprägt wird: »Mein Vater war immer beschäftigt und hatte nie Zeit für mich ... Zu Hause war ich meistens im Weg ... Mutter war oft gefrustet, und wenn wir uns mal unterhielten, redete sie meistens über sich selber ... Für meine Geschwister war ich immer der kleine Bruder, den man nicht recht ernst nahm ...« Wenn das, was in mir ist, nicht wichtig ist, dann ist es auch nicht wichtig, es auszudrücken, und die Sprache verstummt.

Wo ein Mensch zögernd und tastend beginnt, sich vor Gott auszudrücken, ist dies der Beginn eines tiefen Heilungsprozesses. Da ist jemand, der mir zuhört, ohne mir das Wort abzuschneiden, um über sich selber zu reden. Jemand, der meine Worte geduldig abwartet, ohne mich zu unterbrechen, um die Stille und Unsicherheit zu überbrücken. Der meine Gefühle und Erfahrungen als wichtig betrachtet, ohne mich dauernd zu korrigieren und zu schulmeistern.

An dem Tag, an dem ich merke, dass Gott sich kein Jota für meine »Frömmigkeit« interessiert, dafür aber geradezu leidenschaftlich für das, was ich in meinem Alltag erfahre, wackelt der Boden unter meinen stummen Gottes- und Selbstbildern. Anfangen, mit Gott zu reden, ist eine Art Schöpfungsakt. Ich trete als ein lebendiger Mensch nach vorne ... und begegne einem lebendigen Gott.

Hier können die wortlosen Gebets- und Meditationsformen, die heute so in aller Munde sind, uns gewaltig in die Irre führen – dann nämlich, wenn sie zum Ersatz für das direkte Gespräch zwischen Mensch und Gott werden. Die Stille, das wortlose Einander-Berühren ist ein unerhört wichtiges Element in jeder gesunden Beziehung. Aber wo sie zum Gesprächsersatz wird, wird der Beziehungsstrom nicht tiefer, sondern er versiegt; so war es bis jetzt noch immer. Hedwig Osterhuis, eine Schwester der katholischen St. Josef-Kommunität in Oslo, die seit vielen Jahren in der Seelsorge tätig ist, kommentiert dieses Risiko so:

> Einen Mensch, der tief verletzt ist, zieht es manchmal zu Meditationsformen, die ihm einen Freiraum bieten, in dem er nichts zu spüren braucht und gleichsam aus sich heraustreten kann. Er ist gleichzeitig da und doch nicht da. Anschließend vermag er nicht zu beschreiben, was da geschehen ist, er hat keine Worte dafür. Und in den Tiefen seiner Seele geschieht herzlich wenig, bevor er es nicht wagt, sich seinen Gefühlen zu nähern und sie vor Gott auszudrücken.

Beachten wir die beiden Stufen in diesem Prozess. Die erste ist, dass ich mich meinen Gefühlen nähere, die zweite, dass ich ihnen vor Gott Ausdruck gebe. Das Erste setzt natürlich voraus, dass ich meine Gefühle für etwas Wichtiges halte, was in unseren religiösen Traditionen nicht immer selbstverständlich ist. Kratzt man etwas an dem Putz unserer Kirchenmauern, entdeckt man bei Katholiken, Lutheranern und Freikirchlern ein auffallend ähnliches Misstrauen gegenüber unseren Gefühlen, Sehnsüchten, Träumen und Bedürfnissen, jenen »vage-präzisen Gerüchen«, wie Elisabeth Hermodsson sie nennt. Alle drei Traditionen haben die Gläubigen typischerweise dazu angehalten, *nicht* auf diese Signale zu achten, aus der Vorstellung heraus, dass sie im besten Falle außerhalb des geistlichen Lebens liegen und es im schlimmsten Falle sogar behindern.

Diese Einstellung ist so ähnlich wie die eines Vaters, der seiner kleinen Tochter jeden Abend aus seinem Lieblingsbuch vorliest, aber das Kind nie fragt, wie sein Tag gewesen ist oder wie es sich vor dem Zahnarztbesuch am kommenden Tag fühlt. Sobald das Mädchen versucht, dem Vater etwas von dem, was es erlebt hat, zu erzählen, sagt dieser: »Ach, das ist nicht so wichtig, jetzt lese ich dir mal eine spannende Geschichte vor.« Was wird mit dem Selbstbild dieses Kindes geschehen? Oder mit seiner Beziehung zum Vater?

Beleuchten wir dies mit einer wohlbekannten Szene aus den Evangelien. Jesus ist zu Besuch bei seinen Freunden, den Schwestern Marta und Maria und ihrem Bruder Lazarus. Maria setzt sich zu Jesu Füßen, um ihm zuzuhören, während Marta in der Küche beschäftigt ist, vielleicht mit den Essensvorbereitungen. Marta wird schließlich so frustriert, dass sie zu Jesus geht und sagt: »Herr, ist es nicht ungerecht, dass meine Schwester hier sitzt, während ich die ganze Arbeit tue? Sag ihr, sie soll kommen und mir helfen!« (Lukas 10,40). Worauf Jesus ihr antwortet, dass sie sich zu viele Sorgen und Mühen macht, denn eigentlich ist doch nur eines wichtig: »Maria hat erkannt, was das ist – und ich werde es ihr nicht nehmen« (Lukas 10,42).

Ich weiß nicht, wie viele Predigten über diesen Text die »ungeistliche« Marta in die Ecke gestellt und Maria zum christlichen Ideal erhoben haben: »Und du – bist du eine Marta oder eine Maria?« Dass der Terminkalender des Predigers zuweilen eine verdächtige Ähnlichkeit mit Marta und nicht Maria aufweist, macht die Sache nicht besser. Könnte es sein, dass die dumpfen Schuldgefühle so mancher Gemeinde angesichts ihrer falschen Prioritäten darauf hindeuten, dass hier das Evangelium in dem Korsett eines Selbst- und Gottesbildes gelandet ist, das die Befreiung, um die es Jesus ging, nicht gerade erleichtert?

Nehmen wir einmal an, Marta hätte die Küche verlassen, ohne ein Wort zu sagen, sich neben Jesus gesetzt und versucht, sich in eine meditative Stille zu versetzen. Was wäre geschehen? Wahrscheinlich nicht viel. Was hätte sie vernommen? Wahrscheinlich nur ihren eigenen unterdrückten Frust. Der Versuch, ihre Irritation abzulegen, um schön »geistlich« zu sein, hätte sie nur noch mehr zerrissen. Aber nun hat sie stattdessen ihre Gefühle vor Jesus in Worte gefasst, und damit lässt der Druck nach, und sie wird frei, seine Antwort zu hören.

Die gleiche unverblümte Art zu reden finden wir bei Marta noch einmal, als sie Jesus mit dem scheinbar so unnötigen Tod des Lazarus konfrontiert: »Herr, wärst du hier gewesen, wäre mein Bruder nicht gestorben« (Johannes 11,21). Und auch hier öffnet ihre offene Wut und Trauer den Weg zu einem Gespräch mit Jesus, dessen Tiefe wir kaum ausloten können.

Wir können nur dann Maria werden, wenn wir zuerst Marta waren. Sich hinsetzen und versuchen, still zu werden und auf Gott zu hören, führt nur zu Rastlosigkeit und Frust, wenn ich nicht zuerst erlebt habe, dass Gott *mir* zuhört. Was in mir ist, ist für ihn sehr wichtig.

Ohne fromme Zensur

Es ist wichtig, dass wir *alle* unsere Gefühle wahrnehmen und im Gebet vor Gott ausdrücken: Zorn, Verwunderung, Ungeduld, Zweifel, Angst, Panik ..., aber auch Dankbarkeit, Vertrauen, Freude, Friede, Hoffnung, Erwartung, Gewissheit. Sobald ich anfange, das, was ich da spüre, als »ungeistlich« zu zensieren, stockt das echte Gespräch. Dann fange ich an, mich in der religiösen Unwirklichkeit zu bewegen, in der ich weder Kontakt mit meinem eigenen Inneren noch mit dem lebendigen Gott habe.

Der Heilige Geist wird auch der »Geist der Wahrheit« genannt, aus dem einfachen Grund, weil er sich für nichts interessiert als die Wahrheit – *wie geistlich diese auch scheinen mag.* Wie Jesus sagt: »Doch wenn der Geist der Wahrheit kommt, wird er euch in alle Wahrheit leiten« (Johannes 16,13). *Alle* Wahrheit, d.h. er kann, auf welche Art auch immer, alles benutzen, was in meinem Inneren ist, um mich zu leiten – *wie ungeistlich dies auch scheinen mag.* Die Wahrheit ist die einzige Kontaktfläche für gute Beziehungen, ob zu Menschen oder zu Gott.

Im Gespräch mit Gott ist in gewisser Weise jeder neue Gedanke, jedes neue Gefühl eine Wegscheide. Ich habe die Wahl. Ich kann einen Schritt *zurück* von der Beziehung machen, mich in mich selber zurückziehen und anfangen, meine Reaktionen auf eigene Faust zu analysieren, mit dem Risiko, dass ich in meine Bilder zurückfalle – mein Bild von mir als ungeistlich, ängstlich, zweifelnd oder was auch immer und mein Bild von Gott als distanziert, schweigend, unbegreifbar usw.

Aber ich kann diesen neuen Gedanken oder dieses neue Gefühl auch in mein Gespräch mit Gott hineinnehmen, als Schritt *zu ihm hin:* »Herr, ich sehe das so ... Was meinst du ...« Auf diese Weise kann selbst eine verwirrende Erfahrung zu einer Möglichkeit werden, hinauszutreten aus den stummen Bildern, um zu sehen, wie die innere Wirklichkeit tatsächlich ist.

Kehren wir zu dem Bild von den beiden Häusern zurück: das »äußere« (das, was ich gerne wäre) und das »innere« (das, was ich tatsächlich und zutiefst bin). Das Gebet, das sich im äußeren Haus vollzieht, hat keine Voraussetzungen dafür, eine lebendige Beziehung zu Gott zu eröffnen, geht es in ihm doch darum, mein Selbstbild des (wie auch immer) vorschriftsmäßig Frommen zu bestätigen und zu bestärken. Alles, was nicht zu diesem Bild passt, spare ich aus meinem Gespräch mit Gott aus. Das gleiche Grundmuster findet sich natürlich in meinem Gespräch mit anderen Menschen, mit demselben Ergebnis: Wir finden nicht zueinander.

Dass unsere Frömmigkeit einen solch beharrlichen Hang dazu hat, sich in diesem äußeren Haus aufzuhalten, liegt an unserem Gottes- und an unserem Selbstbild: ein Gottesbild des reinen, unbefleckten Geistes, das alles Menschliche, Gewöhnliche verachtet, und ein Bild von mir selber, das so abstoßend ist, dass ich unmöglich so vor Gott treten kann, wie ich bin. Her mit den frommen Feigenblättern ...

Ich beginne in dem Augenblick wirklich zu beten, in dem ich beschließe, das schöne »äußere« Haus zu verlassen und in mein »inneres« Haus (also das, was ich wirklich bin) zurückzukehren. Aber dafür muss mir dämmern, dass Gott sich nicht für das interessiert, was alles sein sollte, sondern für das, was faktisch ist. Ich sage hier bewusst nur »dämmert«, denn von »wissen« kann in diesem Stadium selten die Rede sein – und schon gar nicht von der Gewissheit, dass (wie wir dies oft so leichthin verkünden) Gott mich liebt, so wie ich bin. Wenn ich auf solche Gewissheiten warte, bevor ich mit dem Beten anfange, kann ich lange warten.

Dass Gott mich in meinem inneren Haus liebt, ist eine Erfahrung, die nach und nach wächst, *während* ich bete. Sie ist kein theoretisches Wissen, das ich in das Gebet mitbringe – wie es im Psalter heißt: »Schmecke und sieh, dass der Herr gut ist« (Psalm 34,9). Wir können einen Brotlaib stundenlang betrachten und uns fragen, ob man ihn wohl essen kann – wie er schmeckt, merken wir erst, wenn wir den ersten Bissen nehmen. Von Grübeln und Zögern wird man nur noch hungriger.

Und das Gleiche gilt für alle unsere Beziehungen. Ich kann die komischsten Vorstellungen über einen Menschen haben – solange ich nichts unternehme, um ihn persönlich kennenzulernen, wachsen die Zerrbilder wie der Schimmel in einem ungelüfteten Keller. Erst dann, wenn wir anfangen, miteinander zu reden – nicht nur fünf Minuten über das Wetter, sondern richtig –, können wir anfangen, unsere Missverständnisse zu korrigieren, und statt der Bilder, die ich hatte, tritt der Mensch vor mich, wie er leibt und lebt.

Solange ich mich in meinem äußeren Haus aufhalte, werde ich meine Probleme als Hindernisse für meine Gottesbeziehung betrachten. Da meldet sich Angst, und ich versuche, sie zu verdrängen. Ich gebiete ihr in Jesu Namen, zu schweigen, ich schleudere ihr ein passendes Bibelwort entgegen, lege eine CD mit beruhigender Musik auf oder bitte Gott einfach, die Angst wegzunehmen. Sie stört die Atmosphäre in dem feinen Haus, und ich versuche mit aller Kraft, sie loszuwerden. Das Ergebnis ist so ähnlich, als wenn ich ein Pflaster auf eine eiternde Wunde lege. Es sieht besser aus, aber die Wunde eitert weiter, und das Pflaster kann die Infektion sogar noch verschlimmern, weil es keine Luft mehr an die Wunde lässt.

Was bedeutet es, in mein inneres Haus zurückzukehren? Es bedeutet, dass ich aufhöre, vor meiner Angst zu flüchten, und stattdessen Jesus in sie einlade. Ich betrachte meine Angst nicht mehr als Hindernis für die Gemeinschaft mit Jesus, sondern als möglichen Kontaktpunkt. Sogar dann, wenn diese Angst sich auf ihn selber richtet! Denn die wirkliche Beziehungsblockade ist ja nicht meine Angst an sich, sondern meine Weigerung, über sie zu reden. Sobald ich das, was ich da fühle, vor Gott in Worte fasse, öffne ich ihm die Tiefen meiner Seele und kann anfangen, mit ihm zu reden und ihn zu fragen: Wo kommt meine Angst her, was sieht er tief drinnen in mir usw.? Erst dann, wenn ich offen sage, was ich auf dem Herzen habe, kann ich hören, was *Gott* auf dem Herzen hat.

So beginnt der Wiedereinzug in das innere Haus. Zusammen mit dem Heiligen Geist fange ich an, aufzuräumen, das Gerümpel hinauszuwerfen, beschädigte Möbel zu reparieren, das Wohnzimmer mit dem Guten einzurichten, das ich für mein Leben brauche, und aus der Bruchbude ein trautes Heim zu machen. Nur so kann mein Leben ein gastfreies Haus für alle meine Beziehungen werden, zu Gott und Menschen.

»Aber es fällt mir so schwer, mich zum Beten zu konzentrieren.«

Das Problem ist so alt wie die Menschheitsgeschichte und hat viele Aspekte. Einer davon ist schlicht, dass unsere Seele keinen Ein-Aus-Knopf hat. Kann gut sein, dass die Engel ihre Gedanken total unter Kontrolle und ständig auf Gott ausgerichtet haben, aber ich habe noch keinen Menschen kennengelernt (einschließlich meiner Wenigkeit), dem dies gelingt. Wenn wir im Ernst verlangen, dass unsere Gedanken ununterbrochen strammstehen müssen, damit das Ganze ein Gebet ist, dann bete ich nicht sehr viele Sekunden pro Jahr. Es gehört ganz einfach zu unserer Menschlichkeit dazu, dass unsere Gedanken und Gefühle dauernd auf Wanderschaft gehen. Der Gott, der uns so erschaffen hat, hat keine Probleme damit, uns so anzunehmen. Die andere Frage ist, ob wir selber uns so annehmen können!

Was nicht bedeutet, dass es nicht auch eine Zerstreutheit gibt, die über dieses Allgemeinmenschliche hinausgeht und gegen die wir etwas unternehmen können und sollen. Wenn ich mich rein höflichkeitshalber mit einem Menschen unterhalte und das Thema des Gespräches mich eigentlich überhaupt nicht interessiert, wie konzentriert werde ich dann sein? Die Gedanken flattern hierhin und dorthin: Was für ein geschmackloses Hemd der anhat ... Hoffentlich hat meine Frau den Brief eingeworfen ... Wie spät ist es gerade ...

Genauso beim Gebet. Je mehr es eine bloße religiöse Pflichtübung ist, die mit meinem eigentlichen Leben nichts zu tun hat, umso zerstreuter bin ich. Ich warte dann nur darauf, endlich »Amen« sagen zu können. Und umgekehrt: Je mehr ich mich im Gebet meinem wirklichen Ich nähere – dem, womit ich eigentlich kämpfe und wonach ich mich eigentlich sehne –, umso konzentrierter werde ich.

Wie merke ich es, ob mein Gottesbild echt oder falsch ist? *Indem ich mit ihm rede.* Das klingt wie eine naive Vereinfachung eines hochkomplexen Phänomens, aber es handelt sich um eine Regel, die den Test von Jahrtausenden bestanden hat. Im Gebet, *und nur im Gebet*, begegnen wir dem lebendigen Gott und entlarven die falschen Vorstellungen, die wir von ihm hatten. Solange ich diesem Gespräch ausweiche, kann ich im Prinzip jedes beliebige Gottesbild behalten und als wahr betrachten. Genauso wie ich jedes beliebige Selbstbild beibehalten kann, solange ich engeren Beziehungen zu anderen Menschen ausweiche.

Erst im persönlichen Gespräch zeigt sich, was Bild und was Wirklichkeit ist. Wenn ich längere Zeit im Gebet Gemeinschaft mit Gott habe, werden meine Wunsch- und Angstbilder nach und nach verblassen. Einer der Grundsätze der ignatianischen Seelsorge lautet: Wenn dir etwas nicht klar ist, bringe es im Gebet vor Gott. So lange, bis es verschwindet oder deutlich wird. Es ist mehr als eine literarische Formel, wenn die Menschen in der Bibel so oft vom Licht des Angesichtes Gottes reden.[36]

Unsere Beziehung zu Gott ist nicht ein geruhsames Puzzlespiel am Gelehrtenschreibtisch, sondern ein Abenteuer auf Leben oder Tod. Wer versucht, seine Gottesbilder von dem reinzuhalten, was sein Herz im Innersten bewegt, läuft kein besonderes Risiko, je dem lebendigen Gott zu begegnen.

Gott will mehr. Die kleine Pflanze der Sehnsucht, die in meinem Inneren aufsprießt, kann mit der Zeit zu einem großen Baum heranwachsen, der alles überschattet, was ich in dieser Welt bin und habe. Wie C. S. Lewis sagt: Es ist Gottes Spezialität, den Einsatz ständig zu erhöhen. Eben glaubte ich noch, ihn in einer kleinen Schachtel zu haben, und schon kommt das nächste Beben, und er ruft mich hinaus in die Weite.

In Sack und Asche

Hiob war ein Mensch, dem das Leben gelungen war. Wirtschaftlich und familiär erfolgreich, gesellschaftlich geachtet und vor allem tiefgläubig. Doch dann kommt eine Katastrophe nach der anderen, und Hiob verliert seinen ganzen Besitz, ja seine Kinder.

> *Da stand Hiob auf und zerriss seine Kleider. Er schor sich den Kopf, warf sich vor Gott zu Boden und sagte: »Nackt bin ich aus dem Leib meiner Mutter gekommen, und nackt werde ich sein, wenn ich sterbe.*

36 Siehe z. B. Psalm 4,7; 31,17; 67,2-3; 80,4; 89,16-17.

Der Herr hat mir alles gegeben und der Herr hat es mir wieder weggenommen. Gelobt sei der Name des Herrn!« Trotz allem, was geschehen war, versündigte Hiob sich nicht gegen Gott und sagte nichts Ungehöriges. (Hiob 1,20-22)

Das Unglück schreitet fort und rückt Hiob buchstäblich auf den Leib:

Daraufhin setzte Hiob sich mitten in die Asche und kratzte sich mit einer Tonscherbe. Seine Frau sagte zu ihm: »Willst du etwa immer noch an deiner Frömmigkeit festhalten? Sag dich von Gott los und stirb!« Doch Hiob antwortete: »Du sprichst wie eine Frau, die dumm und gottlos ist. Sollen wir das Gute aus Gottes Hand nehmen, das Schlechte aber ablehnen?« Und noch immer sprach Hiob kein sündiges Wort gegen Gott. (Hiob 2,8-10)

Man beachte, dass Hiob beide Male seine Anklagen gegen Gott für sich behält. Er sagt das, was »man« als guter Christ zu sagen hat. Er scheint sich in jener Schockphase zu befinden, in der mechanisch irgendwelche angelernten Verhaltensmuster ablaufen und die ganze Wirklichkeit noch nicht richtig zu Bewusstsein kommt. Sein Gebet ist merkwürdig unberührt von dem, was da geschehen ist, und seiner Frau fällt das auf. Für Hiob scheint ein gutes Gebet eines zu sein, das frei von allen Aggressionen gegen Gott ist.

Als Nächstes kommen drei Freunde Hiobs, um ihn zu trösten:

Als sie Hiob von Weitem sahen und ihn nicht wiedererkannten, brachen sie in Tränen aus. Laut klagend zerrissen sie ihre Kleider und warfen sich Staub über den Kopf. Dann saßen sie sieben Tage und Nächte lang bei Hiob auf dem Boden. Keiner sagte ein Wort zu ihm, denn sie sahen, dass sein Leid zu groß war für Worte. (Hiob 2,12-13)

Hier sollten wir zunächst einmal wieder dankbar sein, dass die Bibel im Nahen Osten entstanden ist und nicht in unserer wesentlich gefühlsgehemmteren Kultur. Man vergleiche den Gefühlsausbruch dieser Männer mit unseren krampfhaften Versuchen, den Sturm in uns zu beherrschen. Und als Zweites ist anzumerken, dass die

Freunde hier zu Beginn ihres Besuches, als sie stumm bei Hiob sitzen, ihm vielleicht den wichtigsten Dienst leisten. *Bevor* sie etwas sagen.

Denn jetzt kommt es: Einer nach dem anderen ergreifen sie das Wort und versuchen das, was da geschehen ist, zu erklären und in ein theologisches System einzuordnen. Mit jeder Faser seines Körpers spürt Hiob, wie wenig das mit seiner Situation zu tun hat. Die frommen Ermahnungen, doch auf Gott zu trauen, um Vergebung für seine Sünden und die seiner Kinder zu bitten und das Leid gefälligst aus einer höheren Perspektive zu betrachten, machen ihn nur immer frustrierter und verbitterter, bis es schließlich aus ihm herausbricht und er seinen Freunden frei von der Leber antwortet.

Zum Schluss wird Hiobs Frust so stark, dass der fromme Deckel mit einem großen Knall abspringt. Mit der gleichen unverblümten Sprache wie gegenüber seinen Freunden öffnet er seine inneren Schleusen vor Gott:

> *Darum will ich nicht schweigen, sondern aussprechen, was mich quält. Meine Seele ist voll Bitterkeit, ich muss meine Klagen loswerden. (...) Wie lange willst du mich noch so beobachten? Kannst du mich nicht in Ruhe lassen – nur einen Augenblick? Habe ich gesündigt? Was habe ich dir getan, du Wächter der Menschheit? Warum machst du mich zur Zielscheibe deiner Angriffe? Bin ich dir eine Last? (Hiob 7,11.19-21)*

Darf man so mit Gott reden? Hiobs Freunde scheinen das Gleiche zu denken; streng weisen sie ihn zurecht: »Du zerstörst damit die Gottesfurcht und verdirbst dir selbst die Fähigkeit, vor Gottes Angesicht zur Stille zu kommen« (Hiob 15,4). Die Freunde wohnen weiter in dem »äußeren« Haus, in dem alles geschmackvoll und aufgeräumt ist, schön fromm poliert und ohne Macken und Kanten. Aber bei Hiob ist das äußere Haus so gründlich eingestürzt, dass ihm nur noch das innere bleibt. Im Gegensatz zu seinen Freunden hat er nichts mehr zu verlieren, wenn er die Wahrheit sagt. Sein Leben liegt buchstäblich in Trümmern; sich die Wahrheit vom Leib halten geht nicht mehr.

Für die frommen Freunde ist das zu viel. Sie antworten mit einer wohlformulierten Predigt nach der anderen – Hiob wird schier rasend:

Ihr lullt mich mit Lügen ein, und als Ärzte seid ihr billige Quacksalber. Ihr solltet besser schweigen, das könnte man euch noch als Weisheit anrechnen! (...) Wollt ihr Gott mit Lügen verteidigen und mit falschen Aussagen für ihn eintreten? Wollt ihr Partei für ihn ergreifen oder seinen Rechtsbeistand spielen? Passt auf, dass er euch nicht einmal genau unter die Lupe nimmt! (...) Eure Lehrsätze sind so wertlos wie Asche, eure Verteidigung ist so brüchig wie Lehm. (Hiob 13,4-12; NLB)

Hiob ahnt, dass sie im Tiefsten vielleicht gar nicht Gott verteidigen, sondern ihre eigene Unsicherheit. Und er weiß – ja, jetzt weiß er es –, dass diese fromme Fassade bricht, wenn der Druck des Lebens zu stark wird.

Und so wendet er sich direkt an Gott. Er merkt, dass Gott das aushält, was die Freunde nicht ertragen: dass er offen sagt, wie es in ihm aussieht. Und die Fragen strömen:

Ich will alle Zurückhaltung aufgeben, selbst wenn ich damit mein Leben riskiere. (...) O Gott, zwei Dinge erbitte ich von dir, damit ich dir gegenübertreten kann: Nimm deine Hand von mir und jage mir mit deiner Gegenwart nicht Angst und Schrecken ein. (...) Sag mir, wie viel Unrecht und wie viele Verfehlungen ich begangen habe! Lass mich meine Vergehen und Sünden erkennen! Warum wendest du dich von mir ab? Warum siehst du einen Feind in mir? (Hiob 13,14.20-24)

»Angst und Schrecken ...« Hiob hat Angst vor Gott – aber nicht Angst davor, ihm dies zu sagen. Damit aber ist seine Angst kein Hindernis für seine Gottesbeziehung. Hiob setzt sie mit allem anderen, was er hat, ein in diesem Spiel, denn jetzt betet er auf Leben oder Tod.

Antwortet Gott auf Hiobs Fragen? Drehen wir die Frage um: Hätte Hiob es gehört, wenn Gott ihm in dieser Situation geantwortet hätte? Wir wissen doch selber, was es heißt, wenn unser Inneres wie ein Dampfkochtopf des Schmerzes ist und jemand versucht, uns einen klugen Rat zu geben. Da hören wir nur das Tohuwabohu unserer eigenen Gedanken und wissen anschließend noch nicht einmal mehr, was der andere uns da sagen wollte. Vielleicht ist das mit Gott genauso. Wie oft mag das Schweigen Gottes, von dem wir manchmal reden, in Wirklichkeit sein geduldiges Warten darauf sein, dass wir erst alles ausspucken, was uns daran hindert, seine Stimme zu hören? Gott weiß, dass in Hiob noch viel mehr ist, das nach draußen muss – und er wartet, und Hiob fährt fort:

> *Mein Leben ekelt mich an. Ich will meiner Klage freien Lauf lassen und über meine tiefe Verbitterung reden. (...) Was gewinnst du, wenn du mich quälst? Du hast mich selbst geschaffen. Warum verwirfst du mich, während du die bösen Menschen zu Ehren bringst? (...) obwohl du weißt, dass ich kein Bösewicht bin und dass es niemanden gibt, der mich vor dir retten kann? Du hast mich mit deinen Händen geschaffen, du hast mich gemacht – und trotzdem umstellst du mich von allen Seiten, um mich zu vernichten. (Hiob 10,1-8; NLB)*

Hiob schüttelt die Faust gegen Gott mit einer Sprache, die wir vielleicht bei einem atheistischen Autor wie Sartre oder Camus erwartet hätten, aber nicht in der Bibel: »Er lacht über die Angst der Unschuldigen, die plötzlich von einer tödlichen Plage heimgesucht werden. Fällt ein Land in die Hände eines Gottlosen, dann macht er die Augen der Richter blind für das Recht« (Hiob 9,23-24).

Was antwortet Gott darauf? Er fängt damit an, dass er Hiob einen Ratgeber schickt, der besser ist als die drei Freunde. Elihu kommt und fängt an, andere Gedankensamenkörner in Hiobs aufgewühlten Seelenacker zu säen. Erst fast zum Schluss, im 38. Kapitel des Buches, hört Hiob Gottes Stimme:

> *Da antwortete der Herr Hiob aus dem Sturm: »Wer ist es, der Gottes weisen Plan mit Worten ohne Verstand verdunkelt? Tritt vor mich hin wie ein Mann! Ich will dir Fragen stellen und du sollst mich belehren. Wo warst du, als ich die Grundfesten der Erde legte? Sag es mir, sofern du Bescheid weißt! Weißt du, wer ihre Maße festlegte oder wer das*

Maßband über ihr ausspannte? (...) Hast du jemals in deinem Leben den Morgen herbeigerufen oder der Morgenröte befohlen, sich im Osten zu zeigen, damit ihr Glanz die Enden der Erde erfasst und die Gottlosen verscheucht?« (Hiob 38,1-5.12-13; NLB)

Ist dies eine Antwort auf Hiobs Fragen? Nein und ja. Einerseits klingt es wie der reine Hohn: Hier sitzt ein Mensch, der nicht mehr kann, und Gott hält ihm einen Vortrag über die Erschaffung der Welt! Aber wenn wir uns von unserer ersten Reaktion erholt haben und etwas genauer hinschauen, nimmt ein Muster Konturen an.

Hiob hatte Gott gefragt, warum er all dies Unglück zugelassen hat. Er hat in seinem Gebet gleichsam einen Kreis gezogen und zu Gott gesagt: »Stell dich in diesen Kreis!« Und jetzt antwortet Gott mit einer Gegenfrage: »Wer bist *du*?« Und er nimmt den kleinen Kreis, den Hiob gemalt hat, und malt ihn in einen zweiten, viel größeren Kreis. Er stellt sich nicht in Hiobs Kreis, aber er nimmt ihn ernst und beleuchtet ihn, indem er ihn in einen größeren Zusammenhang stellt. All die Fragen über das Leiden, den Sinn des Lebens und all das andere, wovon Hiobs und unsere Gebete so voll sind, verstummen zum Schluss angesichts der beiden Kardinalfragen in jeder Beziehung. Ich frage Gott: »Wer bist du eigentlich?« Und Gott fragt mich: »Wer bist *du* eigentlich?«

Vielleicht ist es so: Das, worum wir im Allertiefsten beten, ist immer Gott selber. Im Lichte dessen, wer er ist, wird klarer, wer wir selber sind. Es ist nicht sicher, dass unsere äußere Situation sich durch das Gebet verändert, aber sie erscheint in einem anderen Licht. Als Hiob Gottes Antwort verdaut hat, spricht er mit einer anderen Stimme: »Ich bin ein Nichts – wie könnte ich dir etwas erwidern? Ich lege mir die Hand auf den Mund. Ich habe einmal geredet und werde nicht wieder damit anfangen, ein zweites Mal und ich will es nicht mehr tun« (Hiob 40,4-5).

Es ist wie bei allen menschlichen Beziehungen: Es ist ein Unterschied, ob wir schweigen, weil wir nicht miteinander reden können ... oder ob wir schweigen, weil wir alles beredet haben. Jetzt kann Hiob sich in das stumme Gebet begeben, das nicht ein zum Schweigen gebrachtes Chaos ist, sondern eine ruhige Offenheit. Und er resümiert:

> *Ich habe in Unkenntnis über Dinge geurteilt, die zu wunderbar für mich sind, ohne mir darüber im Klaren zu sein. (...) Bisher kannte ich dich nur vom Hörensagen, doch jetzt habe ich dich mit eigenen Augen gesehen. Darum widerrufe ich, was ich gesagt habe, und bereue in Staub und Asche. (Hiob 42,3-6; NLB)*

Zwei Dinge werden im Gebet klar: wer der lebendige Gott ist und wer ich bin. Als Hiobs Freunde ihm seine Grenzen und Sünden vorgehalten haben, hat er sich wie wild verteidigt und sein Selbstbild festgehalten. In seinem Ringkampf mit Gott ist dieses Selbstbild zerbröselt und Hiob reifer geworden; jetzt weiß er, wer er wirklich ist.

Ganz ähnlich sind die angelernten Gottesbilder, all das, was Hiob vom frommen Hörensagen kannte, unter dem Druck seiner Verluste zerbrochen, und stattdessen ist er dem lebendigen Gott begegnet und hat ihn »mit eigenen Augen gesehen«. *Gesehen?* Wir finden kein Wort darüber, dass Hiob eine Vision gehabt hätte. Den lebendigen Gott sehen wir im Gespräch mit ihm.

Und dieses Gespräch erfährt zum Schluss eine erstaunliche »Benotung«, als Gott Hiob auffordert, für seine Freunde zu beten, denn sie haben »nicht richtig von mir gesprochen, im Gegensatz zu meinem Diener Hiob« (Hiob 42,7). Aber hat Hiob wirklich die Wahrheit über Gott gesagt? Ist es wahr, dass Gott uns mit Freuden niederdrückt, dass er ein launischer Tyrann ist, ein kosmischer Sadist? Nein, das ist nicht wahr. *Aber Hiob war wahrhaftig, als er das sagte.* Und das scheint Gott wichtiger zu sein als eine Eins im Katechismusunterricht.

Erst dann, wenn ich Gott ganz ehrlich sage, was in mir ist, kann ich das empfangen, was Gott über sich selbst sagt. Ich trete aus meinem Schweigen heraus vor Gott. Er tritt aus seinem Schweigen heraus vor mich. Wir begegnen uns im Wort.

Lass uns Gott begegnen

Die Angehörigen hatten sich in der Leichenhalle versammelt. Vater hatte sich aus Verzweiflung auf die Gleise gelegt. Was von ihm übrig war, lag unter einem Tuch. Die Diakonisse beugte sich vorsichtig zu der Tochter hin, die von Weinkrämpfen geschüttelt wurde, und fragte sie, ob sie zum Abschied ihre Hand auf ihren Vater legen wolle. Sie schüttelte den Kopf.

»Aber wenn ich meine Hand auf ihn lege, legst du dann deine Hand auf meine?«

Die Diakonisse legte ihre Hand auf das Bündel. Zögernd legte die Tochter ihre Hand auf die ihre. Dann zog die Diakonisse ganz langsam ihre Hand zurück, bis die Hand der Tochter auf ihrem toten Vater ruhte.

Die stumme Szene ist ein Bild für die Aufgabe der Kirche in der Welt: dem kämpfenden Menschen zur Seite zu stehen und ihm zu helfen, sich der Wirklichkeit zu nähern. Der *ganzen* Wirklichkeit, wie sie in Christus zusammengefasst ist: all das, was wahrhaft menschlich ist, und all das, was wahrhaft göttlich ist. Das kann zunächst einmal bedeuten, dass die Kirche eine Vermittlerrolle einnimmt und ihre Hand auf die Wirklichkeit legt, sodass der Mensch wagt, sich ihr zu nähern.

Doch dann muss die Kirche ihre Hand vorsichtig wieder zurückziehen, sonst riskiert sie es, der Wirklichkeit im Weg zu stehen. Irgendwann muss es dahin kommen, dass der Mensch selber das Unerhörte berührt.

Die lebenslange Wanderung vom Bild zur Wirklichkeit kann man vielleicht als den Weg beschreiben, auf dem wir immer weniger produzieren und stattdessen immer mehr entgegennehmen. Vor seinen Bildern ist der Mensch ständig der Produzierende: Er stellt sie her, er pflegt sie, er versucht, sie mit hundert Opfern und Mühen zum Leben zu erwecken und gegen Angriffe zu verteidigen.

Sich von der Sklaverei der Bilder ab- und dem lebendigen Gott zuwenden bedeutet, sein Leben neu auszurichten. Der klassische biblische Schlüssel für diesen Prozess in unserem Leben ist der Auszug Israels aus Ägypten. Mose erklärt:

Das Land, in das ihr nun zieht, um es zu erobern, ist nicht wie Ägypten, aus dem ihr kommt. Dort musstet ihr eure Felder nach der Saat künstlich bewässern wie einen Gemüsegarten. Hier gibt es jedoch Berge und Täler und es fällt genügend Regen. Der Herr, euer Gott, sorgt selbst für dieses Land. Er wacht darüber Tag für Tag, das ganze Jahr über. (5. Mose 11,10-12; NLB)

Innerhalb der Sklaverei gab es auch ein Stück heiles Leben. Ich wusste, woran ich war; das Risiko, Überraschungen zu erleben, war minimal. Ich hatte viel Arbeit und Mühe, sicher, aber wenigstens hatte ich die Arbeit selber in der Hand. Jetzt gehe ich unter einem offenen Himmel und habe plötzlich gar nichts mehr in der Hand. Auf den Regen des Himmels zu warten ist natürlich nicht so anstrengend, wie Wassereimer zu schleppen, aber sehr viel unberechenbarer. Was, wenn der Regen nicht dann kommt, wenn ich ihn brauche? Und Gott wacht über das neue Land, steht da. Fühlte ich mich nicht sicherer, als ich selber den Überblick hatte und mit eigenen Augen sah, was alles gemacht werden musste?

Wir reden so begeistert von der Freiheit, aber wenn dann die wirkliche Freiheit kommt, merken wir, wie tief die Sklavenmentalität in uns steckt. Es brauchte eine Nacht, um Israel aus der Sklaverei zu befreien. Es brauchte vierzig Jahre Wüstenwanderung, um das Volk aus der Bilderwelt der Sklaverei zu befreien. Immer wieder versuchten die Bilder, die Macht über die Israeliten zurückzuerobern, mit immer fantastischeren Vorspiegelungen, wie gut sie es in Ägypten gehabt hatten, mit Nahrung satt und ohne Gefahren ...[37] Sicherheit, Sicherheit ...

Wo lande ich, wenn ich meine fertigen Bilder von mir selber, vom Leben, von Gott, von meinen Mitmenschen verlasse? Was bedeutet es, wenn ich mein Leben nicht mehr selber gestalte, sondern von Gott entgegennehme, in radikaler Offenheit für ihn?

---

37 Vgl. z. B. 2. Mose 16,1-3 und 4. Mose 11,4-6.

Wohl kein Mensch hat dies deutlicher umgesetzt als Maria. Der Gott, der eines Tages seinen Boten in ihre Küche schickt, um ihr zu sagen, dass sie dazu ausersehen ist, den Erlöser der Welt zu gebären, ist alles andere als eine Projektion ihrer eigenen Wünsche. Plötzlich steht sie auf der Schwelle zu einer anderen Welt, werden ihre Pläne von einem normalen, trauten Familienleben mit Josef umgestoßen, und sie wird hineingezogen in ein Geschehen, das sie sich in ihren wildesten Fantasien nicht hätte vorstellen können.

»Doch auch durch deine Seele wird ein Schwert dringen«, prophezeit ihr der greise Simeon (Lukas 2,35) und deutet damit an, dass sich der, der sich für Gott öffnet, für die ganze Wirklichkeit öffnet, für das Wunderbare und für das Schmerzliche in ihr. Von der ersten Stunde an klopfen Schmerz, Gefahr und Risiko an Marias Tür:

Die öffentliche Schande einer Frau, die vor ihrer Heirat schon schwanger ist. Die Flucht vor den Häschern des Herodes. Der erste »Abschied« von Jesus, als der Zwölfjährige ihr erklärt, dass er einen anderen Weg gehen wird als den, den seine Mutter sich dachte (Lukas 2,41-51). Sein erstes öffentliches Wunder, auf der Hochzeit zu Kana, als er seine Mutter erneut zurechtweist (Johannes 2,1-5). Dann der ganze lange Weg nach Jerusalem, der in einem Leiden und einem Tod gipfelt, wie ihn sich eine Mutter in ihren schlimmsten Albträumen nicht grässlicher vorstellen könnte. Und dann das, was sich erst recht niemand hatte vorstellen können: Sie sieht ihn wieder, und er lebt ...

Wie viele Selbst- und Gottesbilder musste Maria wohl ausrangieren auf diesem Weg? Wie oft hatte sie das Gefühl, in etwas hineingezogen zu sein, das sie nicht verstehen und erst recht nicht steuern konnte? *Und doch sagte sie Ja.* Als der Engel ihr eröffnet, dass sie durch den Heiligen Geist schwanger werden wird, gibt sie ihm die für alle Zeiten gültige Antwort des Menschen, der sich Gott öffnet: »Siehe, ich bin des Herrn Magd; mir geschehe, wie du gesagt hast« (Lukas 1,38; LUT).

Hier war nichts, was Maria hätte leisten oder mit ihrer Frömmigkeit hätte produzieren können. Sie konnte sich nur mit ihrem ganzen Wesen weit für Gottes Handeln öffnen. So wird sie zum ersten Jünger Jesu und zum Vorbild der christlichen Gemeinde: die Frau, die in ihrem Leib *das Wort* entgegennimmt, es in ihrem Leben Gestalt gewinnen lässt und der Welt weitergibt.

Die Bilder, die wir selber schaffen, sind eindeutig. Paradoxien, Widersprüche und dunkle Rätsel empfinden wir als Bedrohungen unserer Sicherheit und merzen sie aus. Auf diese Weise halten wir unser Selbstbild frei von störenden schwarzen Strichen, das Feindbild frei von störenden positiven Zügen, das Gottesbild rein von allem, was unerwartet und unerklärlich ist. Doch der Weg der Maria scheint sich ständig von diesen eindeutigen Bildern zu entfernen und hineinzuführen in eine Wirklichkeit des Paradoxen. Als sie mit dem Neugeborenen in Bethlehem sitzt, umgeben von Worten und Menschen, die ihr noch nie begegnet sind, heißt es bei Lukas: »Maria aber bewahrte alle diese Dinge in ihrem Herzen und dachte oft darüber nach« (Lukas 2,19). Als Josef und sie den Zwölfjährigen nach langem Suchen im Tempel finden und er ihnen erklärt, dass er im Haus seines Vaters sein muss, versteht sie nicht, was er meint. Aber auch jetzt hört ihr Vertrauen nicht auf: »Seine Mutter bewahrte all diese Dinge in ihrem Herzen« (Lukas 2,51).

Marias Ja zu Gott hat sich zu einer radikalen Offenheit für Gottes Wirken entwickelt. Die vierzig Wochen der Schwangerschaft (deswegen kommt in der Bibel so oft die Zahl 40 vor: die Zeit bis zur Reife) haben sie dieses Grundmuster gelehrt: Lass Gott wirken. So wie das Kind dort im Dunkeln heranwächst, beginnt alles Wirken Gottes im Verborgenen. Es scheint, dass Marias körperliches Erleben ihr eine Vertrautheit mit dem Heiligen Geist geschenkt hat, die sie später nicht in Panik geraten ließ, als in ihrem Leben Dinge geschahen, die sie nicht verstehen konnte. Sie wusste, dass der Heilige Geist uns manchmal die Hand auf unsere Augen, Ohren und Mund legt und sagt: »Vertraue mir; ich führe dich durch das, was du nicht verstehst, zu dem, was du im Tiefsten willst.«

Dies bedeutet auch eine radikale Offenheit für das, was in meinem eigenen Inneren geschieht. Wer im Ernst glaubt, offen für Gott werden zu können, indem er sich angewöhnt, seine Sinneswahrnehmungen auszublenden, hat ein anderes Gottesbild als das der Bibel. Wenn ich mein Gewissen als moralistische Blockade betrachte, die ich beiseitelegen muss, um besser meditieren zu können, und meine

Worte als kulturellen Staub, den ich aus dem Gebet fortfegen muss, halte ich mich eher an den »Gott« der Esoteriker und Gnostiker als den Gott, der in der Bibel zu den Menschen spricht. Wer Gefühle, Gedanken und Gewissen aus dem Gespräch mit Gott ausschließt, öffnet nicht Türen zu dem lebendigen Gott, sondern schließt sie.

Schauen wir uns an, wie Ignatius von Loyola geistliche Übungen definiert:

> Unter dem Namen »geistliche Übungen« versteht man jede Art, das Gewissen zu erforschen, sich zu besinnen (meditar), zu betrachten (contemplar), mündlich und rein geistig (mental) zu beten und andere geistliche Tätigkeiten, wie später noch erklärt wird. Denn so wie Spazierengehen, Marschieren und Laufen körperliche Übungen sind, nennt man gleicherweise geistliche Übungen jede Art, die Seele vorzubereiten und dazu bereit zu machen (disponer), alle ungeordneten Neigungen (affecciones) von sich zu entfernen, und nachdem sie abgelegt sind, den göttlichen Willen zu suchen und zu finden in der Ordnung (disposición) des eigenen Lebens zum Heil der Seele.[38]

Hier wird im Inneren des Menschen keine scharfe Grenze gezogen zwischen Wort und Schweigen, Gewissen und Gotteserfahrung. Und das Ziel der geistlichen Übungen ist denn auch nicht eine Art Stillstand des Bewusstseins, sondern ein aktives Leben in der Nachfolge Christi. Die Offenheit für Gottes Wirken in unserer Seele und für sein Wirken in der Welt um uns herum gehorchen bei Ignatius dem gleichen Prinzip: »Gott in allem suchen und finden«. Dies bedeutet, dass ich die Signale meines Gewissens, dass ich falsch gehandelt habe, nicht einfach als Relikte von Verletzungen aus meiner Kindheit abtun kann; sie können sehr wohl von Gott kommen. Es bedeutet auch, dass der etwas schwierige Gast, der mich den ganzen Abend, den ich eigentlich mit Lesen verbringen wollte, in Beschlag

---

38 Ignatius von Loyola, *Geistliche Übungen* (Verlag Herder, Freiburg 1999), S. 15

genommen hat, vielleicht keine Störung war, sondern ein Einbruch Gottes in meine Ichbezogenheit.

Der Geist ist in der Bibel kein Fluchtweg aus dem Körper und meiner Menschlichkeit, sondern das, was meinen Körper und meine Menschlichkeit lebendig macht. Darum kann ich davon ausgehen, dass im Gebet, wo ich dem lebendigen Gott gegenüberstehe, meine Gefühle, Erinnerungen, Fantasien, Sinneseindrücke, Worte und Gedanken deutlicher und nicht verschwommener werden. Mein *ganzes* Ich begegnet dem *ganzen* Gott. Wie der Kirchenvater Irenäus in seinem großen Werk gegen die Gnostiker schreibt: »Denn Gottes Ruhm ist der lebendige Mensch.«[39]

Ohne Feigenblätter

Dies bedeutet auch, dass ich im Gebet bereit sein muss, mich auf Erfahrungen einzulassen, die *jenseits* von Worten, Gefühlen und Vorstellungen liegen. Ein erster Schritt kann hier sein, dass ich mir anschaue, wie viele von meinen Worten im Gebet das ausdrücken, was in meinem Herzen ist – und welche bloße verbale Feigenblätter sind, mit denen ich meine Unsicherheit, Rastlosigkeit oder mein schlechtes Selbstbild vor Gott zu verstecken versuche. Vielleicht gehören diese Feigenblätter sogar zu meinem Gottesbild dazu und sind ein krampfhafter Versuch, einen Luftballon namens »Gott« aufzublasen, der ohne meinen frommen Wortschwall nur eine schlaffe Hülle wäre.

Wieder finden wir eine Parallele in unseren menschlichen Beziehungen. Jeder kennt den Unterschied zwischen einem richtigen, ernsthaften Gespräch, bei dem man die Worte prüft und abwägt, um sicherzugehen, dass der andere mich auch versteht, und einer leeren Konversation, die als Tünche für eine oberflächliche oder belastete Beziehung dient. Ein Mensch, der viel redet, *kann* natürlich viel zu sagen haben, aber die Erfahrung zeigt, dass er meistens zu-

39 Irenäus von Lyon, *Gegen die Häresien,* Buch IV, 20.7 (Verlag Herder, Freiburg 1995), S. 167

tiefst verunsichert ist und dass die verbalen Feigenblätter vor allem sein inneres Nacktheitsgefühl verbergen sollen. Wie oft geht es bei meinen Gesprächen darum, beim anderen einen guten Eindruck zu machen – und wie oft darum, wirklich Beziehungen zu bauen?

Wenn wir so betonen, wie wichtig die Fürbitte ist – tun wir dies, weil uns die Not unserer Mitmenschen wirklich ans Herz geht, oder haben wir nur Angst vor dem großen Schweigen, denn worüber soll man denn sonst mit Gott reden? Wie viel an meinen Worten im Gebet drückt wirklich mein Inneres aus, und wie viel ist nur ein Versuch, mir selber und Gott vorzuführen, wie fromm ich bin? »Lass deinen Mund das sagen, was in deinem Herzen ist ...«

Manche Gebete sind wie ein Obstbaum, den man wild hat wuchern lassen, bis er schließlich jede Menge Blätter trägt, aber kaum noch Früchte. Ein erfahrener Gärtner weiß, dass er hier zu Säge und Gartenschere greifen muss, um den Baum auf seinen fruchtbringenden Kern zurückzuschneiden. Ähnlich lädt der Heilige Geist uns ein, unsere Wortmassen im Gebet zurückzuschneiden. Weniger Worte, mehr Wahrheit.

»Wer hat dir gesagt, dass du nackt bist?«, fragt Gott die Menschen, als sie nach dem Sündenfall in ihren Feigenblättern vor ihm stehen (1. Mose 3,11). Wann wurde die Wirklichkeit zum Problem? Woher kommt die Vorstellung, dass ich nicht so zu Gott kommen kann, wie ich bin? Warum muss ich mich im Gebet frömmer machen, als ich bin?

Wir ahnen die Antwort: Das Gebet ist nicht ein Randsiedler des Lebens, sondern es liegt direkt in seiner Mitte. Es ist kein Reservat für religiöse Übungen, sondern der Ort in der Mitte des Lebens, an dem ich die Feigenblätter der unnatürlichen Religiosität und das ganze andere Versteckspiel, das meine Beziehungen zu Gott und Menschen behindert, fallen lassen kann. Das Gebet ist der geschützte Raum, in dem ich beginnen kann, wahrhaftiger zu werden – in meinem eigenen Tempo und vor jemandem, den das, was er da an mir sieht, nicht aus der Fassung bringt.

»Wer will uns scheiden von der Liebe Christi?«, fragt Paulus, und er fährt fort: »Trübsal oder Angst oder Verfolgung oder Hunger oder Blöße oder Gefahr oder Schwert? (...) Aber in dem allen überwinden wir weit durch den, der uns geliebt hat« (Römer 8,35-37; LUT). Hier nähern wir uns unserer allertiefsten Scham. Hier geht es nicht darum, was ich alles falsch gemacht oder was für Mängel ich habe, hier geht es darum, dass ich von Grund auf falsch und sündig *bin*. Dass ich es nicht wert bin, dass mich einer liebt, ja nicht einmal wert, dass es mich gibt. Diese existenzielle »Blöße« weckt eine tiefe Urangst, die mich in die Flucht vor Gott und vor allen anderen intimen Beziehungen treibt. Und genau von diesem Zustand sagt Paulus hier, dass er mich nicht von der Liebe Gottes trennen kann!

Liebe ist wie Freiheit. Wir reden oft leichtfertig über sie dahin, aber wenn sie uns dann auf den Leib rückt, regt sich in uns nicht selten ein tiefer Widerstand. Da verlieben sich ein Mann und eine Frau ineinander. Sie lernen einander immer besser kennen, ihre Beziehung vertieft sich zusehends. Eines Tages merkt der Mann, wie bei der Frau gleichsam eine Tür zugeht. Er kann sich keinen Reim darauf machen und fragt sich, ob er sie vielleicht verletzt hat. Die Antwort ist Nein, aber diese Mauer des Schweigens steht plötzlich zwischen den beiden, er kommt nicht mehr an seine Freundin heran. Zwei Wochen später ist die Beziehung zu Ende, und der Mann ist tief verunsichert und enttäuscht.

Viele Jahre später – sie sind beide längst anderweitig verheiratet – begegnen sie sich wieder. Es ergibt sich ein klärendes Gespräch. Die Frau sagt: »Weißt du, ich hatte damals in meinem Leben noch nie wirkliche Liebe kennengelernt. Als wir in unserer Beziehung an den Punkt kamen, an dem mir dämmerte, dass du mich wirklich liebtest, mit all dem, was du über mich wusstest, hab' ich das nicht gepackt. Ich musste flüchten, es ging nicht anders.«

Ist es möglich, vor dem zu flüchten, wonach man sich sein ganzes Leben gesehnt hat? Offenbar ja. Wenn der Liebeshungrige jemandem begegnet, der ihn wirklich liebt, öffnet das in ihm so tiefe Wunden, dass der Schmerz zu groß werden kann. Und nicht nur der Schmerz, sondern auch der Zusammenstoß mit dem Selbstbild, das da lautet: »So jemanden wie mich kann man nicht lieben.« Und dann sagen wir: »Der/die versteht mich nicht« und beenden die Beziehung. Vielleicht ist dieses Dilemma der tiefste Kern aller tragischen Liebesgeschichten, ob in der Wirklichkeit oder im Kino.

Beten heißt, vorsichtig und bewusst ein Feigenblatt nach dem anderen vor Gott abstreifen, bis mir dämmert, dass er nicht wegläuft, sondern bei mir bleibt und mich weiter liebt. Der Weg zu diesem Punkt geht *durch* meine Nacktheit hindurch, nicht um sie herum.

Jede Aufforderung (wie fromm und verständnisvoll sie auch klingen mag), dieser Begegnung auszuweichen, kommt von dem altbösen Feind, dem Teufel. Der Heilige Geist hilft mir, bei Jesus zu bleiben – nicht die Flucht vor ihm zu ergreifen, sondern mich von ihm lieben zu lassen, auch wenn dies anfangs wie Feuer brennt. Es ist vielleicht kein Zufall, dass das kleine griechische Wort *menein*, das »bleiben«, »nicht weggehen« bedeutet, im Johannesevangelium so oft vorkommt. Wie in jener Szene, in der Jesus sagt: »Ich habe euch genauso geliebt, wie der Vater mich geliebt hat. Bleibt in meiner Liebe« (Johannes 15,9).

Erst wenn ich hier festen Grund unter den Füßen habe, kann ich es wagen, meine Bilder nach und nach loszulassen. Wieder: Vor der Wahrheit kommt die Gnade. Erst wenn ich merke, dass Gott mich voller Gnade und Erbarmen ansieht, wage ich es, mich der Wahrheit über meine Bilder zu nähern, ohne sie verteidigen zu müssen. Und ich beginne zu ahnen, wie alles zusammenhängt: »Ich bin der Herr, dein Gott, der dich aus der Sklaverei in Ägypten befreit hat. Du sollst außer mir keine anderen Götter haben. Du sollst dir kein Götzenbild anfertigen« (2. Mose 20,2-4).

Aus der Sklaverei befreit ... Sieh zu, dass du dich nicht von neuen Bildern versklaven lässt ... Tausche die Wirklichkeit nicht gegen Bilder ein ... Lass Gott Gott sein, dann lässt er dich dich sein. Das erste Gebot und das Bilderverbot hängen auf das Engste zusammen. Wir haben eine ungeheuer hartnäckige Neigung, Gott durch andere Dinge zu ersetzen – und im Tiefsten ja durch uns selber, durch das, was wir alles sind und alles tun. An diesem Punkt berühren sich die Gedankengebäude, die der Atheist gegen Gott errichtet, und das Vertrauen des Gläubigen auf seine Frömmigkeit und theologischen Systeme. Hier berühren sich auch Konservative und Liberale, nämlich in der Versuchung, Gottesbilder zu malen und festzuhalten, die bei all ihrer Verschiedenheit dieses gemeinsam haben: dass sie den lebendigen Gott ersetzen.

Am Meeresstrand

Kommen Sie mit an den Meeresstrand, an eine Felsenküste. Stellen Sie sich vor, das Verhältnis zwischen dem Menschen und Gott sei wie Klippen und Meer. Wir stürmen mit unserer Frömmigkeit, unseren Gebeten und unserem Glauben wie die Brandung gegen Gott an, der ruhig und unerschütterlich bleibt. Ein nicht enden wollender, aussichtsloser Kampf darum, eine Antwort von jemandem zu bekommen, der sich kein bisschen für mich zu interessieren scheint.

Aber jetzt drehen wir das Bild um: Gott ist das Meer und der Mensch die Klippen. Geduldig rollen Gottes Wellen gegen meine Verteidigungsmauern an, eine Gnadenwelle nach der anderen schleift die Steine ab und spült Leben in ihre Ritzen. Es ist die Brandung der Güte Gottes. Paulus schreibt: »Ist es dir gleichgültig, wie freundlich, geduldig und nachsichtig Gott mit dir ist? Siehst du nicht, wie Gottes Freundlichkeit dich zur Umkehr bewegen will?« (Römer 2,4).

Wenn diese Brandung Gottes eine Realität in meinem Leben ist, was kann ich dann ganz konkret tun, um mich ihr auszusetzen? Wie wende ich mich ihm ganz offen zu, ohne dass dies erneut zur Leistungsschau wird, zum Beispiel nach dem Motto »Beim Beten habe ich von einem tiefen Frieden, innerer Harmonie und guten Gedanken erfüllt zu sein«? Und in Wirklichkeit fühle ich mich rast- und ruhelos und frustriert ... Ja, was kann ich tun?

Dasselbe wie bei allen Beziehungen: Ich setze mich hin und spreche mich mit dem anderen aus. Im Prediger Salomo heißt es: »Reden hat seine Zeit, und Schweigen hat seine Zeit« (Prediger 3,7). Einen Menschen, mit dem wir noch nie geredet haben, werden wir kaum zum Kaffee einladen, um zwei Stunden lang mit ihm zu schweigen. Schon gar nicht dann, wenn wir etwas gegen diesen Menschen haben, nicht wissen, woran wir bei ihm sind, oder Angst vor ihm haben oder uns von ihm enttäuscht fühlen. Wie bei Hiob, so geht auch bei uns der Weg zum offenen Herzen durch das offene Gespräch. Und das braucht seine Zeit.

Irgendwo in diesem Prozess fangen wir vielleicht an, uns, sagen wir, zwanzig Minuten oder eine halbe Stunde still hinzusetzen. Haben Sie keine Angst, äußere Symbole zu benutzen, die Ihnen helfen, sich besser zu sammeln – etwa eine Kerze, eine Ikone, ein Kruzifix oder dergleichen. Ein fester Platz, den Sie für diese Andachten reserviert haben, ist ebenfalls eine Hilfe. Manche finden einen Gebetshocker hilfreich, andere nicht. Suchen Sie sich die Sitzposition aus, die Sie am wenigsten ablenkt. Bedenken Sie, dass Ihr Leib nicht ein Hindernis für das Gespräch mit Gott ist, sondern der Ort, an dem es stattfindet, »ein Tempel des Heiligen Geistes«.

Beginnen Sie Ihr Gebet damit, dass Sie Gott willkommen heißen. Vielleicht mit einem (bitte kurzen!) Bibelwort, das Ihre innerste Sehnsucht zum Ausdruck bringt und das Sie auswendig gelernt haben und jetzt als Fundament Ihrer stillen Zeit benutzen. Und dann lassen Sie die Stille kommen. Das bedeutet nicht, dass all Ihre Gedanken und Gefühle plötzlich stoppen (denn das werden sie nicht tun), aber Sie achten nicht mehr auf sie. Sie haben keine besonderen Erwartungen an diesen Termin mit Gott, Sie sitzen einfach still vor ihm. Was geschieht, das lassen Sie geschehen, im Vertrauen darauf, dass der Heilige Geist sein gutes Werk in Ihnen tut.

An manchen Tagen ist diese Übung ungefähr so aufregend, wie vor einer Betonwand zu sitzen. Sie haben den Eindruck, dass rein nichts geschieht, Ihre Gefühle registrieren keine Spur von Gottes Gegenwart. Die Dämonen des Stresses und der Nützlichkeit gaukeln Ihnen diverse plausible Fluchtwege vor: »Das hier ist nicht dein Ding.« – »Du kannst Gott auf eine andere Art kennenlernen, die besser zu dir passt.« – »Es gibt effektivere Methoden, dreißig Minuten zu verbringen.« – »Diese stillen Zeiten waren eine nützliche Phase in deinem Christenleben, aber jetzt ist es Zeit, zu neuen Ufern aufzubrechen.« Und so weiter und so fort. Und Jesus hört es und antwortet: »Bleibe in meiner Liebe.«

In den alten Benediktinerklöstern konnte man nicht einfach so Novize werden. Die Regel des Hl. Benedikt schreibt vor, den Aspiranten, der an die Klostertüre klopft, nicht sofort einzulassen:

> Wenn er also kommt und beharrlich klopft und es nach vier oder fünf Tagen klar ist, dass er die ihm zugefügte harte Behandlung sowie die Schwierigkeiten beim Eintritt geduldig

erträgt, aber trotzdem auf seiner Bitte besteht, gestatte man ihm den Eintritt.[40]

Darauf soll man ihn klar und deutlich über die Mühen des Klosterlebens aufklären. Warum diese hohe Eintrittsschwelle? »Man achte genau darauf, ob der Novize wirklich Gott sucht.«

Es gab nämlich diverse andere Gründe, warum manche Menschen ins Kloster wollten: die Flucht aus einem schwierigen Zuhause, der Wunsch nach einem behaglichen, auskömmlichen Leben, die Flucht vor Verantwortung oder vor der eigenen Sexualität, der Wunsch, jemand zu werden in der Gesellschaft oder tiefe geistliche Erlebnisse zu haben usw. Und die Mönche wussten aus langer und schmerzlicher Erfahrung, dass all diese Motive nicht als Fundament für ein Leben im Kloster taugten. Das einzige tragfähige Fundament war die Suche nach Gott, und solche Hindernisse halfen dem Aspiranten, sich darüber klar zu werden, was seine wirklichen Motive waren.

Das Gleiche beim Gebet: Was suche ich? Innere Harmonie? Ein höheres spirituelles Bewusstsein? Mehr Wissen über mich selbst? Das alles ist nicht zu verachten, aber darum geht es beim Gebet nicht, ja diese Dinge entpuppen sich beim näheren Hinschauen oft gerade als die Bilder, die uns von Gott abschirmen und in einer geistlichen Nabelschau gefangen halten. Wer in den Dürreperioden des Gebets (die sehr anstrengend sein können) durchhält, merkt bald, dass seine schönen Frömmigkeitsbilder eben dies waren: Bilder. Die Wirklichkeit sieht anders aus.

Und so kommen wir schließlich an einen Punkt, an dem wir nichts mehr erwarten von unserem Glauben oder unserem Gebet oder unserer inneren Sammlung und Andacht. Wir kratzen über den Boden unserer inneren Armut und stellen schmerzhaft fest, dass die Schüssel leer ist. Und dies ist der Punkt, an dem wir Gott begegnen.

Zunächst wehren wir uns gegen dieses Erlebnis: Und ich habe

40 *Die Regel des Hl. Benedikt* (Beuroner Kunstverlag, Beuron ^{15}1990), Regel 58, S. 115f.

doch immer geglaubt, dass ich ein frommer Mensch war, mit dem Gott zufrieden sein muss ... Aber wenn wir jetzt nicht fortrennen, hilft der Heilige Geist uns, uns nach und nach mit der Wirklichkeit zu versöhnen und zu sehen: Jawohl, *so* sieht es in mir aus.

»Selig seid ihr Armen; denn das Reich Gottes ist euer«, sagt Jesus (Lukas 6,20; LUT). Reich sein bedeutet, dass ich etwas besitze, und sobald ich etwas besitze, fange ich an, es zu verteidigen; es ist ja mein Eigentum. Wenn Jesus zu solch einem Menschen kommt, hat dieser das Gefühl, dass er ihm etwas wegnehmen will. Auch dort, wo der Reichtum religiöser Art ist, greift dieser Verteidigungsmechanismus tief in unserem Unterbewusstsein: *Halt, Gott! Bis hierhin und nicht weiter!* Für einen solchen Menschen ist das Reich Gottes nicht lauter Evangelium, sondern etwas Bedrohliches. Was soll werden, wenn ein anderer das Ruder meines Lebens übernimmt?

Der wirklich arme Mensch hat nichts zu verteidigen und nichts zu verlieren. Er kann nur gewinnen, wenn Jesus zu ihm kommt. Ein solcher Mensch ist weit offen für Gott. Nein, es ist nicht so, dass unsere Stärke eine Bedrohung für Gott wäre, ein Konkurrent, den er ausschalten muss, um uns beherrschen zu können. Sondern sie ist ein Hindernis für uns selber, weil sie uns in einer Abwehrhaltung gegen Gott einschließt. Wenn wir Gott in uns hineingelassen haben, bedient er sich, gemeinsam mit uns, mehr als gerne unserer Stärken und Möglichkeiten.

Ein Bild aus dem Alten Testament kann uns helfen, eine Ahnung von dem zu bekommen, was geschieht, wenn Gott einen betenden Menschen anrührt. Der Tempel Salomos stand kurz vor der Einweihung, und die Priester hatten die Bundeslade in ihm aufgestellt:

> *In der Lade waren nur die beiden Steintafeln, die Mose am Horeb hineingelegt hatte. Dort hatte der Herr einen Bund mit dem israelitischen Volk geschlossen, als es Ägypten verließ. Als die Priester aus dem Heiligtum heraustraten, erfüllte eine Wolke das Haus des Herrn. Die Priester konnten deswegen ihren Dienst nicht fortsetzen, denn die Herrlichkeit des Herrn war im Haus des Herrn gegenwärtig. (1. Könige 8,9-11)*

Der Tempel ist mein Leib, in den ich, wie damals Maria, Gottes Wort aufgenommen habe. Man beachte die Formulierung »nichts ... als«. Keine anderen religiösen Bilder, keine frommen Erinnerungen, goldenen Zitate oder Meditationstechniken. Allein Gottes nacktes Wort, in einem Menschen, der jeden Gedanken an seine eigene Vortrefflichkeit aufgegeben und verloren hat. Zum Schluss müssen selbst die »Priester«, will sagen: meine religiösen Rollen vor Gott, hinausgehen. Es ist mir nicht mehr möglich, meinen »Dienst zu verrichten«, also Gott fromme Leistungen vorzulegen. Vor ihm bin ich nur ein gewöhnlicher Mensch. Und dann kommt er und füllt mich mit seiner Herrlichkeit.

Woran kann ich Gott erkennen?

Woran erkennen wir den lebendigen Gott, wenn er kommt? Wie können wir eine echte Gotteserfahrung von anderen Erlebnissen, Gefühlen und Wunschgedanken unterscheiden, die durch unser Gehirn geistern? Woher wissen wir: Das hier ist keine Suggestion, keine Illusion, nicht die nächste Fata Morgana unseres eigenen Innenlebens? Schauen wir uns dazu eine der beliebtesten Geschichten des Neuen Testaments an: die Wanderung nach Emmaus.

Es war ein schwerer Weg. Die beiden Jünger hatten gerade Jerusalem und all ihre Hoffnungen hinter sich gelassen. Eine furchtbare Woche lag hinter ihnen, ein reißender Strudel der Gefahr und Angst, des Verrats und der Machtspiele, der Erniedrigung, Folter und Hinrichtung. Eine Woche, in der tausend Bilder zerbrochen waren. Selbst- und Gottesbilder waren zu Staub zermahlen worden von den Mühlrädern der Macht. Woran konnte man jetzt noch glauben?

Auf dem Weg sprachen sie über alles, was geschehen war. Plötzlich kam Jesus selbst, schloss sich ihnen an und ging mit ihnen. Aber sie wussten nicht, wer er war, weil Gott verhinderte, dass sie ihn erkannten. »Worüber redet ihr?«, fragte Jesus. »Was beschäftigt euch denn so?« Da blieben sie voller Traurigkeit stehen. Einer von ihnen, Kleo-

pas, sagte: »Du bist wohl der einzige Mensch in Jerusalem, der nicht gehört hat, was sich dort in den letzten Tagen ereignet hat.« »Was waren das für Ereignisse?«, fragte Jesus. (Lukas 24,14-19; NLB)

Hier finden wir zwei wichtige Kriterien für eine echte Gotteserfahrung. Erstens: Jesus ist da – ob wir das merken oder nicht. Es sind also nicht die geistlichen Fähigkeiten eines Menschen, die Jesus oder das Gefühl seiner Nähe herbeirufen. Und zweitens: Jesus bittet die Jünger, ihm alles zu erzählen, obwohl er es natürlich längst weiß. Genau wie bei Hiob beginnt Jesus damit, dass er den Menschen sein Herz ausschütten lässt. Erst wenn der Mensch sich dem stellt, was in ihm ist, und es vor Gott bringt, öffnet sich in ihm eine »Landebahn« für Gottes Handeln. Ignatius von Loyola drückt diese Offenheit so aus:

Für den, der die Übungen macht, ist es von großem Nutzen, in sie einzutreten mit großmütigem Geist (con grande ànimo) und Freiherzigkeit (liberalidad) gegenüber seinem Schöpfer und Herrn, indem er Ihm seine ganze Willenskraft und Freiheit darbringt, damit Seine göttliche Majestät sich sowohl seiner Person wie alles dessen, was er besitzt, entsprechend Ihrem heiligsten Willen bediene.[41]

Der die Seele des Menschen erschaffen hat, weiß, dass diese Offenheit nicht möglich ist, solange eingesperrte und verdrängte Gefühle unser Herz ausfüllen. Den ganzen Weg bis nach Emmaus dauert das Gespräch zwischen Jesus und den Jüngern an. Endlich erreichen sie das Dorf:

Da trat er mit ihnen ins Haus. Als sie sich hinsetzten, um zu essen, nahm er das Brot, segnete es, brach es und gab es ihnen. Da gingen ihnen die Augen auf und sie erkannten ihn. Doch im selben Augenblick verschwand er! Sie sagten zueinander: »War es uns nicht seltsam

---

41 Ignatius von Loyola, *Geistliche Übungen,* S. 16

warm ums Herz, als er unterwegs mit uns sprach und uns die Schrift auslegte?« (Lukas 24,29-32; NLB)

Wir finden hier mehrere wichtige Kriterien für eine echte Begegnung mit Gott. Dies ist ein Thema, über das die geistlichen Führer der Kirche im Laufe der Geschichte viel nachgedacht haben, und von der Emmausgeschichte ausgehend, können wir folgende kleine Checkliste zusammenstellen (hier hat mir unter anderem Schwester Hedwig Osterhuis von den Josefsschwestern in Oslo sehr geholfen):

1. Eine echte Begegnung mit dem lebendigen Gott kommt unerwartet

Jesus zu begegnen – es war das Letzte, was diese Jünger sich hatten vorstellen können! Ein solches Erlebnis kann man nicht planen oder steuern. Man kann es mit keinen psychologischen, frommen, medizinischen oder sonstigen Methoden »machen«, sondern es muss dem Menschen von Gott *geschenkt* werden. Wir können die Grenze zum Unsichtbaren nicht durchbrechen; das kann allein Gott.

2. Man kann sie nicht festhalten

So gerne wir dies auch möchten – es geht nicht. Die Gottesbegegnung dauert exakt so lange, wie Gott will, dann hört sie auf. Wir können sie auch nicht wiederholen. Selbst wenn die äußere Situation exakt die gleiche ist, wird das Gotteserlebnis nicht das gleiche sein – teils, weil Gott unendlich kreativ ist, teils auch, weil ich mich inzwischen an einem anderen Punkt in meinem Leben mit ihm befinde.

3. Sie dauert nicht lange

Die Jünger sahen, dass es Jesus war – und im nächsten Augenblick war er weg. Aber Gottes Licht ist so klar, dass ein Augenblick genügt. Wie es in den Psalmen heißt: »Seine Blitze erhellen die Welt« (Psalm 97,4). Nach dem Blitz wird es vielleicht wieder dunkel, aber der Blitz hat die ganze Landschaft auf eine Art beleuchtet, die mein ganzes Weltbild verändert. Jetzt kann ich auch im Dunkeln sehen.

4. Sie beleuchtet die Vergangenheit

Als die Jünger unterwegs waren, spürten sie Jesu Nähe nicht, und ihr Inneres war ein Nebel aus Trauer, Zweifeln und Fragen. Aber als ihnen dann ein Licht aufging, merkten sie es plötzlich: »War es uns nicht seltsam warm ums Herz, als er unterwegs mit uns sprach?« Eine echte geistliche Erfahrung legt keinen Deckel auf unsere Vergangenheit, sondern durchleuchtet sie.

5. Sie tut uns keine Gewalt an

Die Jünger sind die ganze Zeit bei vollem Bewusstsein und führen ein normales Gespräch über real geschehene Dinge. Ihre Vernunft und ihr Wille werden nicht vergewaltigt, ihre Gefühle werden respektiert. Dies steht in schroffem Gegensatz zu den ungesteuerten Trance- oder Ekstaseerlebnissen heidnischer Kulte, auf die Paulus anspielt, wenn er schreibt: »Ihr habt euch früher, als ihr noch nicht zu Christus gehörtet, dazu verleiten und mitreißen lassen, stumme Götzen anzubeten« (1. Korinther 12,2).

6. Erst kommt das Erlebnis, dann kommen die Worte

Es ist typisch für echte Gotteserlebnisse, dass der Betreffende nach Worten sucht, um zu beschreiben, was da geschehen ist. Das Nachdenken über das Geschehene ist wichtig, aber nur zweitrangig. Das Wort »Nachdenken« sollten wir hier ganz wörtlich nehmen: nachdenken. Wir schauen zurück auf das, was da geschah, versuchen, es zu verstehen und in Worte zu fassen. Je zögerlicher die Worte hier kommen, umso wahrscheinlicher ist es, dass wir uns das Geschehen nicht bloß eingebildet haben. Bei Bernhard von Clairvaux finden wir folgende klassische Beschreibung des echten geistlichen Erlebnisses:

> Das Wort wird nicht in irgendeiner äußeren Gestalt erfahren, sondern durch seine Wirkung. (...) Er ist ein Wort, das man nicht hört, aber das durchdringt; er redet nicht, aber er wirkt; er offenbart sich nicht den Ohren, aber im inneren Drang des Willens; sein Antlitz ist nicht eine Form und drückt doch seinen Abdruck in den Menschen; er wird nicht

von den leiblichen Augen gesehen, sondern erfüllt das Herz mit Freude.[42]

7. Eine echte Gottesbegegnung steht im Einklang mit der Schrift und der zweitausendjährigen Erfahrung der Kirche

Gott widerspricht sich nicht. Wenn zum Beispiel jemand behauptet, dass Jesus ihm erschienen ist und ihm gesagt hat, welchen Christen er sich zum Seelsorger nehmen soll, können wir davon ausgehen, dass dieses Erlebnis nicht von Gott kommt. Es sind immer die Heiligen, die auf Jesus zeigen, und nicht umgekehrt. Man beachte, dass in der Emmausgeschichte das ganze Geschehen bis hin zu dem Augenblick, in dem die Jünger den Auferstandenen erkennen, vom Zeugnis der Schrift über ihn begleitet ist. Die Heilige Schrift bestätigt die Erfahrung, und die Erfahrung bestätigt die Schrift.

8. Sie verändert unser Leben

Die Niedergeschlagenheit der Jünger wird von dem lebendigen Christus durchbrochen, ihr Leben nimmt eine neue Wendung. Eine Gottesbegegnung ist nie etwas, das sich nur in den grauen Zellen abspielt und uns hilft, die Wahrheit besser zu verstehen. Sie ist auch nicht nur ein Gefühlserlebnis, das die Seele erfrischt. Diese Dinge sind schön und gut, aber wir können sie auch auf andere Art bekommen. Die Begegnung mit dem lebendigen Gott ist ein umwerfender Zusammenstoß mit einer Wirklichkeit, die unendlich viel größer ist als die Schubladen unserer Gefühle und Gedanken. Teresa von Avila nennt drei einfache Regeln für die Unterscheidung zwischen der Berührung durch Gott und den eigenen geistlichen Ambitionen des Menschen:

- Wenn Gott spricht, gibt er auch die Kraft, das, was er uns aufträgt, zu verwirklichen. Unsere eigenen Ambitionen dagegen bauen auf unsere eigene Kraft.
- Wenn Gott spricht, wird der Mensch innerlich ruhig und bekommt spontan Lust, zu beten und Gott zu danken. Unsere eige-

42 »Facies est non formata sed formans ...« Der Text stammt aus Bernhards Kommentar des Hoheliedes und wird zitiert in: Thomas Merton, *The Waters of Siloe* (HBJ 1979), S. 294.

nen Projekte dagegen führen oft zu Krampf, Erschöpfung und zu Schuldgefühlen, wenn sie im Sande verlaufen.

- Wenn Gott spricht, bleibt sein Wort von allein in unserem Gedächtnis haften. Unsere eigenen Gedanken dagegen müssen wir uns immer wieder bewusst in Erinnerung rufen.[43]

9. Eine echte Gottesbegegnung stellt den lebendigen Gott ins Zentrum, nicht den Menschen und seine Erlebnisse

Das Entscheidende für die Jünger war nicht, dass sie ein religiöses Erlebnis hatten, sondern dass sie dem lebendigen Christus begegnet waren. Es ist überhaupt auffällig, wie wenig die Auferstehungszeugen in den Evangelien und der Apostelgeschichte von ihren Gefühlen reden. Ihre Sprache ist äußerst nüchtern und sachlich, und im Zentrum der Berichte steht nicht ihre eigene Person, sondern der auferstandene Christus.

Wenn ein Mensch durch seine geistlichen Erlebnisse egozentrischer wird und von den anderen verlangt, dass sie auf sein Kommando hören, deutet dies darauf hin, dass sein Erlebnis andere Quellen hat als Gott. Jemand, der dem lebendigen Christus begegnet ist, ist anschließend weniger von sich selbst eingenommen – und nicht mehr.

10. Sie trägt den Stempel des Abendmahls

Der Höhepunkt der Emmauswanderung kommt, als Jesus das Brot bricht. Jetzt öffnen sich die Augen der Jünger, und sie erkennen ihn. Das Licht seines Angesichts spiegelt sich in jedem echten geistlichen Erlebnis, aber nie so, dass es das Abendmahl überstrahlt. Das Abendmahl ist und bleibt die deutlichste Manifestation Jesu in unserer Welt. Es ist der göttliche Zollstock, mit dem wir alle Formen der Frömmigkeit messen können. »Er nahm das Brot, segnete es, brach es und gab es ihnen ...« Er behält das Leben nicht für sich, sondern gibt es für die anderen hin.

Das ist der Grund, warum zum Beispiel die Wüstenmönche

43 Die Kriterien finden sich in Teresas *Wohnungen der inneren Burg* und sind zusammengefasst in: »The Christian Ministry of Spiritual Direction«, *Review for Religious* (St. Louis, Missouri 1996), S. 350.

streng ins Gericht gingen mit jeder Superfrömmigkeit, die die eigenen Erfahrungen über das Abendmahl stellte. »Ich bedarf des Abendmahls nicht, denn heute habe ich Christus gesehen«, sagt einer von denen, die sich in ihren eigenen Gefühlen verlaufen haben, worauf die Brüder ihn kräftig korrigieren.[44] Es sind nicht unsere geistlichen Erfahrungen als solche, die uns das Leben geben, sondern das Brot, das vom Himmel herabgekommen ist, um der Welt das Leben zu geben. Dieses Brot macht uns nicht unabhängiger und selbstgenügsamer in unserem Glauben, sondern bindet uns fester in die Gemeinschaft der Kirche ein.

Zurück im Straßengewühl

Es ist eine lange Reise gewesen. Die brutale Begegnung mit der Wirklichkeit unter dem Kreuz, wo die zählebigen Bilder endlich zerbrochen sind. Die trostlose Wanderung durch die Ruinen des Lebens, durch das, was früher so selbstverständlich war. Dann die Begegnung mit dem Fremden, der sich den beiden anschloss und mit ihnen zu reden begann. Der lange Weg hin zu der Erfahrung des Auferstandenen, die alles veränderte. Und jetzt gehen sie zurück, und nichts ist mehr so wie es war.

Und damit sind wir dort, wo wir in diesem Buch angefangen haben: im Straßengewühl der Städte. Die Schlagzeilen posaunen uns den Bösewicht der Woche entgegen, den alle prompt hassen, und den Helden, dem alle huldigen. Die eindimensionalen Bilder spinnen ihre Fäden um eine immer engere Wirklichkeit. Die Models der Reklamebilder sind genauso tiefgründig wie das Papier, auf das sie gedruckt sind, die glänzenden Werbeversprechen von Status und Sicherheit so verlässlich wie die Börsenkurse, die politischen Schlagworte genauso nuanciert wie die Machthaber, die sie bekämpfen wollen. Es ist, als ob wir durch ein Spiegelkabinett gehen, in dem am Ende eines jeden Gangs nur der nächste Spiegel wartet: mein eigener Egoismus in anderem Gewand ...

---

44 *Ökenfädernas tänkespråk*, S. 91

Wie gestaltet sich die Begegnung mit dieser Welt für einen Menschen, der die Reise durch die Oberfläche seiner Bilder begonnen und den Fuß in die Wirklichkeit hinter ihnen gesetzt hat? Wenn die Bilder uns von der Realität getrennt haben, dann muss ihr Zerbruch doch bedeuten, dass wir nicht nur unsere innere Wirklichkeit mit neuen Augen sehen, sondern auch die äußere, die uns umgibt. Der Schluss liegt nahe, dass ein Mensch, der die Götzenbilder von sich selber wie von Gott in seinem Leben umgestürzt hat, sich fortan nicht mehr so leicht von den Lockbildern der Welt verführen lässt. Er weiß jetzt, was gespielt wird, er lässt sich nicht mehr vom schönen Schein blenden, er sieht hinter die Fassade, entlarvt die wirklichen Kräfte und leistet ihnen Widerstand.

Paradoxerweise ist dieser Mensch nicht der »starke« Mensch, sondern der »schwache«. Der Mensch, der sich für stark hält, ist weiter in der Gewalt der Bilder, vergeudet weiter Unmengen an Kraft, um seine Stellungen zu verteidigen, fällt nur zu leicht den verführerischen Offerten zum Opfer, die seine Stellung zu stärken scheinen, aber ihn in Wirklichkeit in die Bilderwelt des Feindes hineinziehen. Nein, es ist der Schwache, Arme, der die Bilder durchschaut – der Mensch, der nichts mehr zu verteidigen oder zu verlieren hat. Er hat festen Grund unter den Füßen, ob in seinem religiösen Leben oder in den gesellschaftlichen Konflikten. Denn neben ihm geht ein anderer, der auf alles verzichtet hat.

Ein solcher Mensch hat kein Interesse an einer medienwirksamen Hochglanzkirche, die in die Welt der Bilder aufgenommen werden will und dies damit begründet, wie relevant sie ist, wie politisch korrekt sie denkt und welche Vorteile der hat, der ihre Produkte kauft. Der geistlich arme Mensch sucht eher die Katakombenkirche, jenen unterirdischen Pflanzgarten, der sein Licht nicht von Blitzlichtkameras und Studiostrahlern bezieht, sondern von Gottes Angesicht, das im Verborgenen leuchtet. *Diese* Kirche ist, wie zu allen Zeiten schon, eine Bedrohung der Machthaber des Scheins und eine Zuflucht für alle, die die Befreiung von ihrer Knute suchen.

Nur eine solche Kirche ist in der Lage, die Abgötter zu entlarven, ob sie nun in politischen Parteien, Großkonzernen oder militärischen Strukturen auftreten. Die Kirche dagegen, die in ihr eigenes

Spiegelbild verliebt ist, lässt sich nur zu bereitwillig in das allgemeine Bildsystem des »ansprechenden Äußeren« einfügen. Erst dann, wenn sie zurückkehrt zu dem, der sie liebt, und sich Christus, seinem Ebenbild, anvertraut, wird sie immun gegen die Versuche der Bildermächte, sie dem großen Konsens einzuverleiben.

Wenn wir nicht zuerst mit den Bildern in unserem eigenen Leben Schluss gemacht haben, können wir die Kirche nicht aus ihrer Sklaverei unter den Bildern befreien. Und auch nicht die Gesellschaft, in der wir leben. Wenn wir in unseren Bildern gefangen bleiben, werden wir unerbittlich dem, was wir eigentlich hassen, immer ähnlicher, wie sehr wir auch das Gegenteil beteuern mögen. Erst der Mensch, der entschlossen und im Aufsehen auf Christus die Bilder, die er von sich selber hat, zu demontieren beginnt, kann auch seine Bilder von der idealen Kirche oder Gemeinde loslassen. Dann erst gewinnt er die Freiheit, sich in seinem Alltag außer Reichweite der erstarrten Bilder der Gesellschaft zu bewegen.

Dies setzt eine radikale Abhängigkeit von Gott voraus. Die Bilder haben eine solch dämonische Haftwirkung, dass wir sie unmöglich aus eigener Kraft abschütteln können. Es ist mehr als wahrscheinlich, dass der oben geschilderte Schwache und Arme bald in einem neuen Bild von sich selber gefangen sein wird: dem »Ich durchschaue die Bilder«-Bild. Keine religiöse Methode, politische Ideologie oder psychologische Therapie kann uns aus dieser Falle befreien. Allein Jesus erlöst uns, und das nicht nur einmal, sondern jedes Mal, wenn wir uns vor ihm niederwerfen und ausrufen: Rette mich!

Von diesem völligen Angewiesensein auf Gott aus können wir vielleicht eine einfache Strategie formulieren (man beachte, dass »einfach« nicht immer das Gleiche ist wie »leicht«):

1. Ich gestalte mein Handeln nicht auf der Grundlage meines Wunsch-Selbstbildes, sondern auf der Basis dessen, wer und was ich wirklich bin. Das Wunsch-Selbstbild zehrt nur an meinen Kräften, weil ich ja ständig damit beschäftigt bin, es intakt zu halten. Es macht mich zum Opfer der Lüge, weil es mich zwingt, alle Wahrheiten auszublenden, die nicht mit ihm übereinstimmen. Es verhindert jedes echte Gespräch mit Gott wie mit anderen Menschen. Und darum werde ich die Wahrheit über mich selber zur Grundlage mei-

nes Handelns machen und demütig meine Schwächen, Möglichkeiten und Grenzen akzeptieren. Nur so werde ich frei dazu, offen vor Gott und den Menschen zu leben.

2. Ich behandele andere Menschen (vor allem die, die ich als meine Gegner betrachte) niemals so, dass das Feindbild, das ich oder das andere von ihnen haben, verstärkt wird. Ich will mit Gottes Hilfe die Wahrheit auch über den anderen Menschen, die andere Gesellschaftsschicht, die andere Ideologie, die andere Religion, das andere Volk suchen. Das verpflichtet mich auch dazu, dem anderen zu helfen, sein eigenes wahres Selbstbild auf die gleiche Art zu finden, wie ich das meine gefunden habe: indem ich ihm einen Freiraum der Gnade und der Achtung gewähre. Die Gnade öffnet die Tür zur Wahrheit.

Die Bilder werden aus der Distanz, dem Mangel, der Erwartung, der Unwissenheit und der Angst geboren. Die Bilder können es nicht mit der Wirklichkeit aufnehmen. Erst wenn die Wirklichkeit uns fern und unzugänglich erscheint – »der, die, das da drüben, die anderen« –, ergreifen sie die Macht.

Der Mensch ist ein Beziehungswesen, und das in einem solchen Maß, dass er ohne das *ständige* Gespräch mit dem anderen sofort unter die Gewalt neuer Bilder fällt, die die Wahrheit verstellen. Darum schreibt Paulus: »Hört nicht auf zu beten« (1. Thessalonicher 5,17).

Zwei Gebete

Gott –

nicht als Abbild der zersprengten Ideale der Welt,
sondern als das schlichte Ebenbild Deines Wesens

nicht so, wie meine Umgebung mich sieht,
sondern wie Du mich erschaffen hast

nicht wie das Bild meiner Eltern von mir,
sondern so wie Du mich von Ewigkeit siehst

nicht so, wie ich selber gerne wäre,
sondern wie du weißt, dass ich bin

– lass mich ohne Furcht nach vorne treten
mit all dem, was ich bin
vor alles, was Du bist
und in Deiner Liebe bleiben

Gott –

nicht so, wie der Zeitgeist Dich machen will,
sondern wie Deine Kirche zu allen Zeiten Dich bekannt hat

nicht so, wie ich in meiner Ichbezogenheit Dich gerne hätte,
sondern so, wie Du Dich in Deinem Wort offenbart hast

nicht so, wie meine Angst mir Dich in meinen dunkelsten Stunden vormalt,
sondern wie Du Dich in Deinem Sohn gezeigt hast

– tritt hinein in meine Begrenzungen
und erleuchte mein ganzes Sein
mit Deiner göttlichen Gegenwart